정보전략계획 ISP 수립 실무

KB191875

정보전략계획 ISP 수립 실무 개정판

초판 발행일   2023년 3월 24일
개정판 발행일 2025년 3월 21일

지은이   한필순
펴낸이   손형국
펴낸곳   (주)북랩
편집인   선일영   편집   김현아, 배진용, 김다빈, 김부경
디자인   이현수, 김민하, 임진형, 안유경   제작   박기성, 구성우, 이창영, 배상진
마케팅   김회란, 박진관
출판등록 2004. 12. 1(제2012-000051호)
주소   서울특별시 금천구 가산디지털 1로 168, 우림라이온스밸리 B동 B111호, B113~115호
홈페이지   www.book.co.kr
전화번호   (02)2026-5777   팩스   (02)3159-9637

ISBN   979-11-7224-553-5 13000 (종이책)   979-11-7224-554-2 15000 (전자책)

잘못된 책은 구입한 곳에서 교환해드립니다.
이 책은 저작권법에 따라 보호받는 저작물이므로 무단 전재와 복제를 금합니다.
이 책은 (주)북랩이 보유한 리코 장비로 인쇄되었습니다.

(주)북랩 성공출판의 파트너

북랩 홈페이지와 패밀리 사이트에서 다양한 출판 솔루션을 만나 보세요!

홈페이지 book.co.kr   •   **블로그** blog.naver.com/essaybook   •   **출판문의** text@book.co.kr

작가 연락처 문의 ▸ ask.book.co.kr

작가 연락처는 개인정보이므로 북랩에서 알려드릴 수 없습니다.

개정판

정보전략계획 ISP 수립 실무

환경 분석에서 이행계획 수립까지
실패하지 않는 ISP 컨설팅 노하우

한필순 지음

북랩

개정판을 내면서

이 책은 IT 분야에서 일하는 분들 중 기획이나 컨설팅을 하는 분들을 대상으로 출간한 책이다. 물론 관심 있는 프로그래머도 해당되지만, 독자층이 많지 않아서 몇 권 팔리고 나면 곧 관심 밖으로 사라질 것으로 생각했지만 예상외로 많은 독자들의 관심을 받게 되었고, 그분들의 의견과 보완 요청 그리고 몇 차례 강의를 하면서 내용의 보강이 필요함을 느껴서 이렇게 개정판을 출간하게 되었다. 그동안 관심을 가져 준 독자분들께 진심으로 감사의 마음을 드린다.

이 개정판은 초판에 비해 전체 그림의 선명도를 높였고, 외부 환경 분석부터 이행 계획 수립에 이르기까지 여러 가지 사례와 내용을 보완했다.

그리고 인터넷 강의를 개설했다. 이 책을 기본으로 했고, 보다 상세한 내용과 실제 프로젝트에서 작성한 산출물 예시를 단계별로 여러 가지 제시했기 때문에 ISP 실무 이해에 더 많은 도움이 될 것이다.

인터넷 강의는 전문 사이트 '인프런(Inflearn)'에서 이 책 이름과 같은 제목인 '정보전략계획 ISP 수립 실무'로 제공하고 있다. (url: https://inf.run/ibZac)

그리고 『IT 등에 메고 지구 한 바퀴』라는 책도 발간했다. 이 책은 그동안 12개 해외 개발도상국가를 대상으로 IT 분야에 컨설팅한 내용을 사진과 글로 담은 것이다.

서문

A4 1장에 50만 원의 가치

ISP(Information Strategic Planning, 정보전략계획) 컨설팅을 하면서 내가 작성한 보고서가 과연 1장에 50만 원이라는 가치가 있을까? 내가 고객이라면 그 돈 주고 이 보고서를 살까? ISP 컨설팅 비용은 물론 규모와 성격에 따라 다르지만, 3개월 정도 수행하는 소규모에서는 대략 3억 원~5억 원 정도 소요된다.

이때 고객에게 제출하는 컨설팅 결과 보고서는 파워포인트 횡서식으로 작성하면 본문만 평균 500장에서 800장 정도 된다. 계산해 보면 대략 A4 크기 원고 1장에 50만 원 정도이다.

돌이켜 보면 내가 프로그래머로 시작해서 컨설턴트로 일하는 지금까지 37년간 이 분야에서 일하고 있고 컨설팅 부문만 15년째이지만, 이러한 질문에 자신 있게 긍정적으로 답해 본 적이 별로 없다. 프로젝트가 끝나면 늘 아쉽고, 후회가 되기도 한다.

ISP 컨설팅은 창작하는 것이다. 문학의 경지는 아니지만 항상 새로운 것을 탐구해야 한다는 뜻이다. 또한 연구보고서 작성과 유사해서 그 과정에 논리가 있어야 한다. 획일적이지는 않지만 방법과 규칙이 있어야 한다.

ISP는 컨설턴트의 경험과 지식을 자유롭게 펼치는 작업이다. 그런데 그 컨설턴트 중에는 대학이나 대학원에서 전문적인 교육을 받은 사람도 있지만, 대다수는 프로젝트 현장에서 선배가 일하는 과정을 어깨너머로 보고 따라 배우면서 성장한다. 이 책은 그러한 과정에 도움이 되고자 나의 경험을 바탕으로 작성한 것이다.

그리고 나는 이 책을 쓰면서 1장에 50만 원짜리 보고서를 작성하기 위해서 얼마나 많은 노력이 필요한지 다시금 느끼게 되었다.

이 책은 ISP 컨설팅을 하는 초급과 중급 컨설턴트는 물론이고, 기업이나 공공분야에서 IT 기획을 하는 분들에게 많은 도움을 줄 것이라고 확신한다. 또한, ISP 컨설팅에 관심이 있는 프로그래머에게도 꼭 권하고 싶다.

정보시스템과 건설의 유사성

정보시스템 분야는 기획에서부터 개발에 이르기까지 오래전부터 발달한 건설 방법과 절차를 많이 참고한다. 건설 과정을 ISP와 비교하는 이유는 ISP에 대한 이해를 돕고자 하는 것이다.

공정률과 같은 건설 용어를 비롯해 계획, 설계, 구현, 테스트, 유지·보수에 이르기까지 발주자(사용자)의 요구에 맞게 완성품을 제공하는 일이라 그런지 정보시스템과 건설은 그 진행 과정이 유사하다. 예를 들어, WBS(Work Breakdown Structure, 작업분할구조)의 경우, 건설 분야에서 가장 먼저 시작한 것으로 알려져 있다.

〈표 1〉 건설과 정보시스템의 진행과정 비교

건설		정보시스템		공통내용
과정	수행	과정	수행	
기본설계	건설사 설계 사무소	ISP	컨설팅 회사	규모, 방법 기간, 예산
실시설계	시공사 (건설회사)	설계	소프트웨어 개발 회사	상세설계, 시공(개발)
시공		개발		

ISP 컨설팅을 건설에 비유하자면 청사진을 그리는 일이다. 아마도 독자 중에는 공사장 입구에 있는 조감도를 본 기억이 있을 텐데, 그것과 유사하다고 생각하면 된다. 건물주 요청에 따라 30층의 건물을 지으려고 할 때, 설계 회사는 관련 법률의 규제 검토를 하면서 토지 이용에 대한 검토, 용적률, 조망권 등을 분석한다. 30층의 규모에서부터 내·외부에 이르기까지 설계하고 조감도와 청사진을 그리며 공사비를 산정한다.

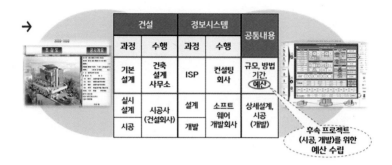

건설		정보시스템		공통내용
과정	수행	과정	수행	
기본 설계	건축 설계 사무소	ISP	컨설팅 회사	규모, 방법 기간, 예산
실시 설계	시공사 (건설회사)	설계	소프트 웨어 개발회사	상세설계, 시공 (개발)
시공		개발		

후속 프로젝트
(시공, 개발)를 위한
예산 수립

[그림 1] 건설의 기본설계와 정보시스템 ISP 수행 비교

즉, 호텔을 짓고 싶지만 주거 지역에 지을 수 없는 것과 같이 관련 법을 검토하고 전체 규모를 산정하며, 내부 시설 용도와 건설 예산 등에 관하여 포괄적인 계획을 수립하는 것이다. 건설에서는 이러한 과정을 기본설계라고 한다.

그 이후에 시공업체에서 공사를 시작하기 전에 실시설계를 함으로써 구체적인 설계를 하고 비로소 착공하는 것이다. 기본설계와 실시설계는 건축법에 정해져 있는데, 건설과 같이 법적인 의무 사항은 아니지만 정보시스템 개발도 이와 유사하다. ISP를 건설의 기본설계에 비유할 수 있고, 개발 단계에서 수행하는 것을 실시설계라고 할 수 있다.

이러한 과정이 없이 고객의 요구대로 건설공사를 시작하면 각종 법적인 문제가 발생하기도 하고 건설주나 시공사의 공사 변경에 따라서 비용이 급증하게 될 것이다.

정보시스템 개발도 계획(기본설계) 없이 고객의 요구에 따라 바

정보전략계획 ISP 수립 실무

로 개발에 착수하면 건설과 마찬가지로 예상치 못한 문제에 직면할 가능성이 크다. 이런 문제는 이미 개발 계약을 하고 시작한 상황에서는 돌이키기 어렵고, 결국 계약 파기나 비용 증가, 소송으로 이어질 수 있다.

어떤 이는 ISP 보고서를 보며 너무 개념적이라 개발에 별 도움이 안 되고, 그림만 화려하게 있어 쓸모없다고 불평한다. 심지어 사기라고 표현하기도 한다. 하지만 이는 ISP라는 활동의 본질을 이해하지 못해 생기는 문제일 뿐이다.

ISP의 목적은 구체적인 개발 설계서를 작성하는 게 아니라 업무의 정보화 범위와 대상을 선정하고 예산을 수립하는 것이다. ISP에서 기능, DB, 구조, 보안을 설계를 하는 주된 이유는 규모와 방법 그리고 예산을 수립하기 위해서다. 이는 개발자가 기대하는 그런 설계서가 아니다. ISP는 앞으로 필요한 정보화 대상을 발굴하고 모형을 설계하는 것을 의미하는 것이기 때문이다.

물론 개발자가 이 ISP 보고서를 참고할 순 있지만, 구체적인 개발을 위한 설계는 개발자의 몫이다. 이는 건설 분야에서 작성하는 기본설계서에 나사못의 규격까지 설계하지 않는 것과 같은 이치다.

국방 분야에서는 ISP를 개념설계라고 부른다. 이런 체계적인 과정 없이 필요에 따라 부분적으로 개발된 시스템들은 중복 개발, 기능 간 연계 부족, 비표준으로 인한 혼란을 피할 수 없다. 또한 나중에 이를 보완(재개발)하는 데 드는 비용은 ISP를 통해 체계적으로 진행하는 것보다 훨씬 더 많은 자원(비용, 시간 등)이 들게 될 수도 있다.

차 례

ISP 컨설턴트는
IT 전문가가 아니어도 된다

ISP 컨설팅은 당연히 전문성이 필요하다. 주먹구구식으로 어설프게 계획을 수립하면 차라리 하지 않은 것만 못하기 때문이다. 그래서 전문 컨설팅 회사에 의뢰해 수행할 수도 있지만 그럼에도 불구하고 비전문가도 충분히 할 수 있는 영역이다. IT 분야에 다소나마 경험이 있는 사람이라면 이 책을 통해 기본적인 수행이 가능하도록 구성했다.

나는 전자공고에서 통신을 배웠고, 대학에서 전자계산학을, 대학원에서는 산업정보를 전공했다. 그 이후로 계속 이 분야에서 일하고 있으니 거의 평생을 IT 분야에서 배우고 일하고 있는 셈이다. 하지만 돌이켜 보면 학교에서 공부했던 내용들이 프로그램 개발이나 ISP 컨설팅에서 써먹은 건 별로 없었던 것 같다.

학교에서 배운 컴파일러나 OS 구조, 수치 해석 등이 일하면서 어떤 도움이 됐는지 기억나지 않는다. 아마 그런 지식은 그것들을 개발하는 일에 관여했다면 당연히 도움이 됐겠지만, 애플리케이션 개발이나 ISP 컨설팅에는 그저 이력서에나 보탬이 될 뿐이었다. 그래서 IT 분야에 전공과 경험을 한 사람만이 ISP를 할 수 있다는 건 결코 아니라는 것이다.

IT 분야, 특히 ISP 컨설팅 분야에서 IT를 전공한 사람이 몇이나 되겠는가? 아마 불과 10% 이하일 것이다. ISP가 정보기술을 전제로 하는 컨설팅은 맞지만, 반드시 정보기술을 보유한 자만이 ISP 컨설팅을 할 수 있는 건 아니라는 것이다.

그래서 ISP 분야는 정보 기술 측면보다 논리적인 접근이 더 필요하다. 물론 서버, 네트워크 등에 대해 일부 IT 지식을 필요로 하지만 그것은 ISP 전체에서 불과 10% 이하를 차지할 정도로 비교적 그 영향 범위가 좁다고 할 수 있다. 그 10%는 기반구조(Infrastructure)를 설계하는 것으로, 서버, 네트워크, 각종 유틸리티 소프트웨어(WAS 등)의 설계를 의미한다.

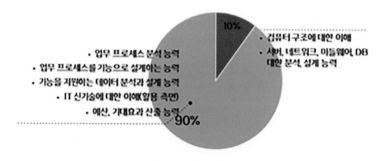

[그림 2] ISP 수행에 영향을 미치는 컨설턴트의 역량 분포도

그래서 이 책은 가능한 IT 전공과 무관하게 읽을 수 있도록 구성했고, 관심 있는 독자라면 누구나 이해가 쉽도록 구성하려고 노력했다.

정보전략계획 ISP 수립 실무

ISP는 전체 최적화를 지향

ISP는 일부 업무에 국한해 부분 최적화하는 게 아니라 가능한 전체 최적화를 통해 경영 효율성과 효과성을 극대화하기 위해 정보화 방향성을 제시한다. ISP는 조직의 비전, 비즈니스 목표 및 요구 사항을 고려해 정보기술(IT)을 활용하여 조직의 경영 전략과 일치시키는 계획을 수립하는 일이다.

그래서 ISP는 모든 조직의 정보화 계획에 필요하며, 기업은 물론 공공 부문에도 동일하게 적용하고 있다.

ISP의 정의와 목적, 배경

정보전략계획 수립은 조직의 업무를 지원하는 정보화 계획을 수립하는 것으로, 전사적 또는 특정 업무에 대해 정보시스템을 개발하기 위한 기초 설계를 하는 것을 말한다.

전사적이란 대상 조직 전체의 정보화 요구 사항에 대한 타당성을 분석하고, 신규 또는 개선점을 발굴하는 것을 의미한다. 특정 업무에 대해서는 정보기술을 적용해 그 업무의 효율성이나 효과성을 배가하거나 경쟁에서 앞서 나가기 위한 방안을 수립하는 것을 뜻한다.

기초 설계란 정보화하기로 결정된 업무에 대해 기능(응용 프로그램), 데이터, 기반(서버 등 하드웨어와 DBMS 및 유틸리티 소프트웨어 등), 보호(관리적 보안, 물리적 보안 등)에 대한 요건을 정의하는 것이다. 이를 바탕으로 시스템 구축을 위한 전략, 예산, 일정, 방법, 기대효과 등에 대해 체계적으로 계획을 수립한다. 이러한 활동들의 결과물은 추후 실제 개발(구축) 때 기준으로 활용될 수 있다.

전쟁에 비유하자면 ISP는 도상훈련이라 할 수 있고, 개발은 실제 전투라 할 수 있다. 전략적 작전 계획 없이 또는 이를 간과하고 곧바로 전투에 진입하면 어떤 문제가 생길까? ISP를 진행하는 데 돈과 시간이 들긴 하지만, 통상 개발비의 1%에서 5% 정도다. 물론 자체적으로 하면 1% 미만으로 수행할 수도 있는데, 그것을 무시하고 바로 개발에 착수하는 경우를 상상해 보자.

SI[1] 회사와 외주로 계약을 하는 순간부터 그 SI 회사는 납기에 모든 사활을 걸고 프로젝트를 진행할 것이고, 범위 확대나 변경을 극도로 경계할 것이다. 때로는 검증되지 않거나 안정적이지 않은 신기술의 적용이나 개발할 시스템이 법적인 문제가 있음에도 발주자와의 계약대로 개발을 진행할 것이다.

프로젝트가 원만하게 끝나면 서로가 좋지만 그렇지 못하면 양측이 모두 피해자가 될 뿐이다. 나는 약 3년간 정부의 소프트웨

---

1) SI는 System Integration의 약자로, 소프트웨어 외주 용역 개발 전문회사를 뜻한다.

정보전략계획 ISP 수립 실무

어 분쟁 조정위원으로 활동한 적이 있었다. 이는 기업 간 모든 하도급에 관한 분쟁이 발생했을 때 법원에서 다투기 전에 하도급법에 의해 우선 당사자 간에 합의하도록 유도하는 제도다.

당사자가 억울함을 호소해 조정신청을 하면 분쟁조정위원회가 개최되는데, 약 3~4명 정도가 조정위원으로 참여한다. 1차는 서류를 검토하면서 분쟁 당사자 없이 진행하며 각자의 조정 역할을 맡는다. 분쟁조정위원장이 정해지고 조정위원들은 각 분쟁 당사자의 입장에서 그 역할을 담당한다.

조정위원들이 조정 목표 의견을 제시하면 조정위원장이 판사 역할을 하며 조정 의견을 결정한다. 2차 회의에서는 당사자 모두가 참석해 위원장의 조정 의견을 듣고 수용 여부를 결정한다. 여기서 양측 합의에 실패하면 공정거래위원회에 이 건을 이첩하고 다시 공정거래위원회에서 2차 조정 권고를 한다. 여기서도 실패하면 법원으로 이첩되는 제도다. 여기까지 가면 해당 기업은 회사채 이자율이 상승하므로 가능한 합의하는 게 유리하다. 주로 약자인 하도급자가 조정 신청을 하는데, 가끔 발주자가 신청하는 경우도 있다.

누가 신청하든 공통점은 계약의 범위와 납기, 품질 불만족에 따른 손해배상금의 조정 요청이다. 결국 이는 프로젝트 내용에 대해 서로의 기대감이 어긋나는 문제인데, 이 중에는 발주자의 모호한 요구가 문제의 핵심인 경우가 많았다. 물론 ISP를 했다고 해서 그 문제가 모두 예방되진 않겠지만, 개발 전에 세밀한 계획을 세운다면 그런 문제가 줄지 않을까?

1980년대에 ISP 혹은 마스터 플랜(Master Plan)에 대한 개념이

미국에서 나오기 전에는 체계적인 계획 없이 개발자의 설계대로 개발을 진행해 시행착오를 많이 겪었다. 다만 그 시절에는 전 세계 대부분의 기업이나 공공기관들이 중앙집중식 메인프레임(Mainframe)을 사용했기 때문에 중복 개발이나 업무 기능 간 상호 연계에 문제점이 비교적 적었을 뿐이다.

하지만, 1980년대 후반부터 전 세계에 불어닥친 다운사이징(Downsizing) 바람으로 인하여 클라이언트-서버(Client-Server) 방식으로 정보시스템의 기반구조가 바뀌면서 별도의 개발계획이 없는 상태에서 각 부서에서 정보시스템실을 배제하고 직접 시스템 개발과 운영을 추진하면서 난개발(亂開發)이 이루어졌다. 이로 인한 심각한 주요 문제점은 중복 개발과 비연계, 비표준인데, 이에 따라 개발 비용은 물론이고 운영 비용도 상승했다.

내가 1980년대 후반에 신입 사원으로 근무했던 곳은 창원에 원자력 발전소를 만드는 업체의 IT 부서였다. 처음 시작한 일은 BM(Bill of Material, 자재관리) 담당 프로그래머였다. IBM의 MRP2(Material Resource Planning 2) 모델로 자재 소요량 계획을 정보시스템으로 구축하고 운영하고 있었는데, 요즘의 ERP[2](Enterprise Resource Planning)나 PLM(Product Lifecycle Management)의 초기 모델 정도로 보면 된다.

그 당시에 BM시스템에서 현장에서 일하는 자재관리 직원의 인적 사항을 인사관리 DB에 수록하여 활용하고 있어서 별다른 어려움이 없이 시스템을 운영했었다. 하지만 그 이후에 전국의

---

2)   ERP(Enterprise Resource Planning)

시스템이 Client-Server 방식으로 시스템 구조가 바뀐 뒤로는 여기저기서 인사 관련 정보를 각자 취급하면서 업무 간 데이터 정합성과 무결성에 문제가 생기기 시작한 것이다.

업무보다는 신기술 도입에만 치중한 결과

내가 근무했던 다른 회사는 1990년 중반에 IBM Mainframe에서 운영되던 전사 정보시스템을 그 당시 1년 동안 40억 원이 넘는 비용을 투입하여 Client-Server 방식으로 정보시스템의 구조를 변환했다. 지금(2024년)의 화폐 가치로 보면 약 100억 원이 넘는 규모였다.

하지만, ISP와 같은 체계적인 계획이 없이 진행하다 보니, 개발을 의뢰받은 SI 회사의 의도대로 진행할 수밖에 없었고, 그 결과는 기술적으로 껍데기만 바꾸는 꼴이 되었다. 그래서 초기에는 전사적으로 효율성이나 효과성이 투자 대비 그다지 높지 않았던 것으로 기억한다. 왜냐하면 업무중심적 개발이 아닌 기술지향적으로 개발했고, IT 신기술의 적용에만 주로 초점이 맞추어져 있었기 때문이었다.

대규모 예산을 투입하여 시스템을 구축했지만 전체 시스템을 가동 후 며칠 뒤에 기술적인 문제가 생겼다. 그것은 사용자 P/C의 하드디스크에 저장 용량이 부족하다는 것이었다. 그래서 1,500대에 달하는 P/C의 HDD 용량을 증설하기 위한 추가예산 승인 품의를 CIO[3]와 대표이사께 급하게 결재를 올렸고, 심한 질

---

3) CIO(Chief Information Officer)는 정보기술(IT) 부문의 최고 책임자

책을 받기까지 했다. 약 한 달 동안 부분적으로 업무가 마비되는 사태까지 갔던 것이었다.

이것은 Client-Server 방식의 3 Tier에 대한 기술적 특성을 잘 몰라서 생긴 일인데, 약 1,000여 개의 응용 프로그램 모듈이 P/C에 설치되기 때문에 수많은 Client 프로그램을 저장할 공간이 필요했던 것이었다.

시스템 개발을 담당한 SI 회사는 서버 부문만 용역을 맡았기 때문에 P/C 부문에 대한 책임은 고스란히 발주자의 몫이었지만, 기술적으로 무지한 탓에 어처구니없는 문제가 발생한 것이다. 만일 제대로 된 기술 검토와 계획을 세워서 진행했더라면 이러한 기초적인 문제는 생기지 않았을 것이다. P/C의 HDD 용량이 20MB였던 시절의 이야기다.

미국은 이러한 문제를 방지하기 위하여 1980년대 말부터 일찌감치 보다 체계적이고 전사적인 관점에서 정보시스템 개발을 위하여 ISP 혹은 마스터 플랜(Master Plan)이라는 개념을 도입하기 시작했다.

ISP라는 용어는 미국에서 사용하기 시작했지만, 최근에는 우리나라에서 주로 사용하고 있고, 전 세계적으로는 주로 마스터 플랜(Master Plan)이라는 용어가 많이 사용되고 있다.

ISP는 정보화 기획 활동

기업이나 공공기관에 IT 조직에서는 늘 정보화 기획을 한다.

정보전략계획 ISP 수립 실무

새로운 정보시스템 개발 계획을 세우기도 하고, 기존에 운영 중인 시스템에 기능과 성능 향상을 위해서 여러 가지 계획을 세우기도 하며, 그 계획 중에는 회사의 방침과 전략을 지원하기 위해서 정보화조직의 변화와 예산 수립을 하기도 한다.

ISP는 그러한 정보화 기획 활동 중에서 정보시스템의 개발과 운영의 효율성을 극대화하기 위한 작업이다. ISP와 정보화 기획 활동의 대상은 동일하고 일부는 중복되지만, 정보화 기획은 ISP를 포함해서 더 넓은 범위에 정보화 활동이라고 할 수 있다.

2010년대 후반부터 IT 분야에서는 디지털 전환(DT/Digital Transformation)이 화두가 되었고, 이것은 기업이나 공공기관이 디지털 기술을 사용하여 비즈니스 모델, 프로세스, 문화를 근본적으로 변화시키는 과정을 의미한다. 디지털 기술은 인공 지능(AI), 클라우드 컴퓨팅, 빅 데이터, 사물 인터넷(IoT) 등을 포함한다. 이러한 DT를 시작할 때 구상과 설계를 하게 되는데, 이때 필요한 것이 바로 ISP이다. 무턱대고 타사례나 목표만 가지고 바로 실행에 옮기면 시행착오로 인해서 모든 자원(시간, 돈, 사람)을 낭비하게 되기 때문이다.

게다가 대부분의 ISP는 전문 컨설팅회사에 용역을 주는데, 사실 넓은 의미의 정보화 기획 업무는 정보화 모든 과정을 포함하며 정보화 기획의 핵심은 조직의 정보화 전략(ISP)을 수립하는 것이지만, ISP를 외부 용역업체에 일임하기 때문에 조직의 지식 축적과 확장이 불가능한 경우를 생각해야 한다.

부득이하게 대규모 혹은 신기술 도입과 타 조직과의 연계하는 경우가 아니고, 조직 내 소규모 정보화 기획은 자체에서 해결하는 것이 바람직하다는 뜻이다.

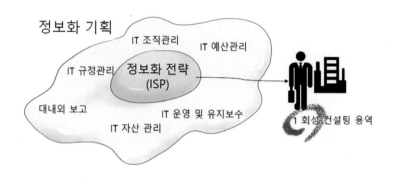

정보화 기획

IT 조직관리   IT 예산관리

IT 규정관리   정보화 전략
(ISP)

대내외 보고

IT 자산 관리   IT 운영 및 유지보수

1 회성 컨설팅 용역

[그림 3] ISP는 정보화 기획 업무에 핵심

ISP는 업무에 종속적

ISP를 실행할 수 있는 범위는 모든 산업 분야와 공공분야를 망라해서 정보화가 필요한 업무는 모두 해당이 된다고 할 수 있다. 조직의 내부 특정 업무 처리를 위한 정보시스템 개발이거나 대외 서비스 혹은 사업을 위한 정보시스템 개발이 해당될 수 있고, 특히 요즘 많이 사용하고 있는 배달 앱과 같은 플랫폼 사업도 이에 속한다고 할 수 있다.

어쨌든 ISP의 대상은 특별하게 정해진 것은 없으며, 모든 정보화 대상이 이에 해당한다고 할 수 있다. 정보화 필요성에 대한 판단은 시장의 요구 혹은 경쟁 관계, 내부 조직의 효율성 증대 등 다양한 요구에 의해서 그 필요성을 판단할 수 있다. 하지만 정보화를 적용하고자 하는 업무나 신규 사업의 경우 그 대상 및 범위가 작으면 굳이 ISP까지 할 필요는 없다고 생각한다.

인사 업무 중 급여 업무 일부만 개선할 계획이라면 ISP가 필요 없지만, 인사 업무 전체를 재구조화해서 정보화를 새롭게 추진할 계획이라면 ISP가 필요하다고 할 수 있다. 사용자의 범위도 중요하게 다루어야 할 고려 요인 중 하나다. 극소수의 사용자를 대상으로 정보화를 한다면 굳이 ISP가 필요 없을 수도 있겠지만, 경영진 등 소수의 의사결정자를 위한 정보시스템 개발 계획이라면 ISP가 필요할 수도 있다. 경영진을 위한 정보시스템은 그 역할이 사용자의 규모에 관계없이 실무자급보다도 매우 중요하기 때문이다. BI[4]시스템이 대표적인 예이다.

만일 조직이 최근에 전사적으로 PI(Process Innovation) 성격의 활동을 했고, 이에 대한 구체화를 계획하고 있다면 당연히 ISP가 수행되어야 한다. ISP는 정보시스템 설계가 주요 목표이기는 하지만 업무에 종속적이기 때문에 자칫 업무와 동떨어진 계획을 수립하게 되면 그 효과가 떨어지게 된다. 그래서 PI와 같이 조직의 업무 프로세스에 대한 큰 변화가 있었다면 뒤이어서 그 PI와 관련이 있는 ISP를 수행하는 것이 좋다는 뜻이다.

한 가지 고려해야 할 사항은, ISP는 업무에 의존적이기 때문에 그 업무의 담당자의 역량에 따라서 ISP에 방향과 핵심이 결정된다는 것이다. 가끔 경험이 적은 담당자와 업무 프로세스에 대해

---

4) BI(Business Intelligence)

서 면담하다 보면 그 담당자에게 거꾸로 업무를 설명해 주어야 하는 어려움이 생길 때도 있다. 게다가 업무를 잘 모르는 담당자가 자기주장을 고집하면 아주 불합리한 결과를 초래하기도 하는데, 다른 ISP 프로젝트의 사례까지 보여 주면서 담당자를 설득하는 데 노력과 시간을 허비하기도 한다.

그래서 프로젝트 수행 조건으로 현업 담당자를 지정할 때 최소 5년 이상 연속 근무한 경험이 있는 사람을 정하는 것이 좋다. 누차 반복하지만, ISP는 업무 프로세스에 종속적이기 때문에 그 업무에 많은 경험과 지식을 보유한 담당자의 참여가 매우 중요하기 때문이다.

ISP는 업무, 프로그램, 데이터, 인프라 설계

정보시스템은 [그림 4]와 같이 IT관리체계, 업무 절차, 기능, 데이터 그리고 기반구조로 구성한다.

- 관리 체계: 정보시스템을 통제하는 조직과 규정(예: 운영 및 유지·보수 가이드, 표준 등)
- 업무 절차: 업무를 진행하는 절차, 방법(IT 시스템의 출발점)
- 기능(응용 프로그램): 업무 프로세스를 지원하는 정보시스템 기능(예: 화면, 프로그램)
- 데이터: 기능의 동작과 기록을 위한 항목과 내용(예: 성명, 주민등록번호, 주소 등)
- 기반구조: 기능과 데이터 운영을 위한 장치(예: 서버, 네트워크 등)

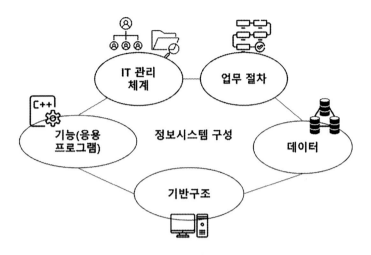

[그림 4] 정보시스템 구성 요소

ISP는 이러한 것들에 대해서 기본설계를 하는 것이다. 이 중에 IT 요소 기술 보유나 전공 여부와 무관하게 ISP 컨설팅을 할 수 있는 분야가 업무 절차(분석), IT관리체계, 응용 프로그램, 데이터에 대한 기본설계다.

ISP는 What, 프로그램 개발은 How

ISP는 설계중심적으로 계획을 수립하는 것이지 실질적인 개발하는 것은 물론 아니다. 그래서 ISP가 What을 정하는 것이라면 개발은 How를 완성하는 것이라고 할 수 있다.

ISP는 분석의 범위와 깊이에 차이는 있지만 목표시스템이 정해져 있거나, 목표시스템이 무엇이 될지 모르는 상태일 상황에 동일하게 수행한다. ISP는 대상 조직의 외부환경과 내부 현황을 조사한 후 분석하고 이 결과에 대하여 시사점과 개선 방향을 도출함으로써 향후에 개선하거나 신규로 개발하여야 할 정보시스템의 미래 모습을 구상하는 것이다.

미래 모습을 구상하기 위해서는 전략과 목표를 세우고 이를 달성하기 위한 세부 과제들을 정의한다. 세부 과제들의 구성 요소로는 정보시스템 구성 요소 모두가 포함되며 IT관리체계, 업무기절차, 기능(응용 프로그램)과 데이터, 기반이라고 할 수 있는 서버, 네트워크에 대한 설계가 필요하며, 정보시스템 보안과 개인정보보호도 고려해야 한다.

그리고 개념적으로 완성된 미래 모습을 실현하기 위한 예산을 산정하고 일정을 수립한다. 그리고 이러한 자원(예산, 기간 등)을 투입해서 어느 정도의 기대효과가 있을 것인지를 가늠하기 위하여 투자 대비 효과를 분석하게 되는데 기업은 ROI(Return on investment, 투자자본수익률)를 따지고, 공공은 BC 분석(비용편익, Benefit Cost)을 한다.

ISP의 궁극적인 목표는 향후에 개발하여야 할 정보화의 대상과 범위를 정하고, 여기에 소요되는 예산과 일정을 수립하는 것이다. 또한 ISP를 함으로써 정보시스템의 개발에 시행착오를 최소화할 수 있도록 하는 것도 중요한 목표라고 할 수 있다.

ISP는 기술 지향적, BPR은 프로세스 지향적

ISP에 관해 이야기를 하자면 BPR(Business Process Reengineering)을 거론하지 않을 수 없다. 물론 ISP와 BPR은 서로 영역은 같지만, 진행 방법과 추구하는 목표는 다르다. ISP는 기술 지향적이지만 BPR은 업무, 즉 프로세스 지향적이기 때문이다. 다만, 둘 간의 관계는 상호 의존적이라고 할 수 있다.

BPR은 업무 프로세스 재설계를 통하여 업무 프로세스의 개선을 꾀하지만 여기에 정보기술을 활용하여 그 효과를 극대화할 수 있다. 반면에, ISP는 기술 지향적이기는 하지만 기본은 업무의 정보화를 꾀하는 것이기 때문에 업무를 구성하고 있는 프로세스로부터 출발해야 한다는 면에서 BPR에 의존적이라고 할 수 있다.

BPR은 미국의 마이클 해머 박사(Michael Martin Hammer, 1948. 4. 13~2008. 9. 3)가 주장했듯이, 그 목적이 업무의 혁신적인 발전을 위하여 프로세스를 새롭게 설계하는 것이다. 업무를 협의의 기능 관점보다는 현재의 업무 처리 방법과 절차를 분석하여 근본적인 문제점을 도출하고, 이를 구조적으로 개혁하는 방법을 모색하는 것이다. 이를 수행하는 과정에서 조직은 무시되고 프로세스 관점에서만 근본적으로 개혁하기 위한 재설계를 한다. 재설계의 결과물로는 새롭게 구성된 프로세스와 이를 수행하기 위한 조직에 대해서 그 역할과 책임이 새롭게 부여된다.

이러한 이유 때문에 그 결과에 따라서는 기존 조직의 틀이 바뀌게 되어 특정 조직이나 업무 프로세스가 없어지거나 새롭게 구성되기도 한다. 하지만 BPR은 IT 부문에 대해서는 그 필요성 정도만 기술을 하기 때문에, 추가로 이에 대한 설계가 필요한 반면, ISP는 새로운 시스템 혹은 기존 시스템을 개선의 대상으로 하기 때문에 자칫하면 불필요하게 신규 시스템 개발을 야기시키기도 한다.

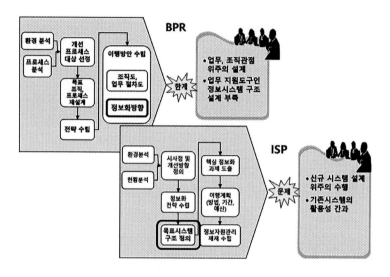

[그림 5] BPR과 ISP 차이점

모기업의 설비관리 업무에 BPR을 예로 들어 보자.

정보전략계획 ISP 수립 실무

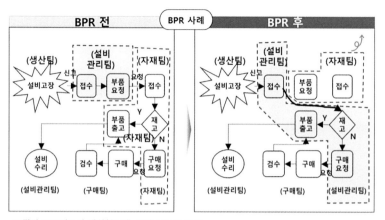

조직과 프로세스가 변화했는데 *여기 까지가 BPR*

기존 자재팀의 업무를 설비관리팀에서 원활하게 수행하도록 정보시스템을 설계하였는데

이것이 바로 ISP

[그림 6] 설비관리 업무의 BPR 전후 비교도

앞에 있는 [그림 6] 설비관리 업무의 BPR 전후 비교도와 같이 이 회사는 장치산업의 일종인 화학회사로서, 설비 관리가 가장 중요한 경영에 핵심이다.

생산 현장에서 설비가 고장 나면 생산팀은 설비관리팀에 연락하고, 설비관리팀은 자재팀에 수리용 부품을 요청한다. 자재팀은 재고 여부를 확인하고, 없으면 구매팀에 구매를 요청한다. 구매팀에서는 구매 후에 검수를 하고 자재팀에 연락을 하고, 자재팀은 설비팀에 부품을 불출해서 비로소 수리가 되는 프로세스였다.

BPR을 통해서 각 프로세스를 분석한 결과 병목 현상이 생기는 프로세스를 발견하고 자재팀의 업무(자재 요청에 대한 접수, 재고 파악)를 설비관리팀에 이관하고, 자재팀 직원은 설비관리팀과 구매팀으로 옮길 것을 제안했다. 즉, 자재팀이 없어지는 것이다. 자재팀이 하는 일 중에서 80% 이상이 설비 수리를 위한 자재를 관리하는 일이었고, 나머지는 장갑이나 사무용품과 같은 일반 소모용 MRO[5] 자재나 일반 용품이었다. 이것들은 구매팀에서 관리하기로 했다. 이로써 설비 관리 업무 중에 고장 수리에 관한 업무에 효율성이 증가했다.

조직과 프로세스가 변경되어 발생한 효과인데 여기까지가 BPR이라고 할 수 있다. 기존 자재팀의 업무(자재 요청에 대한 접수, 재고 파악)를 설비관리팀에서 원활하게 수행하기 위해서 정보시스템을 설계하였고, 효율적인 구매 업무 처리를 위해서도 정보시스템 기능을 설계했다. 이것이 바로 ISP이다.

ISP에서도 해당 업무 프로세스를 대상으로 조사와 분석을 하지만, 특별한 경우를 제외하고 혁신적인 방법으로 바뀌거나 개선하는 것은 아니다. 정제된 목표 프로세스를 대상으로 정보시스템으로 개발하기 위해서 기능과 데이터를 도출하고 이를 운영하기 위한 기반을 설계하는 것이다.

즉, ISP는 해당 업무의 프로세스(규정, 절차, 관행 등)에 의존적이며, 이러한 점이 ISP와 BPR이 다른 것이다. 만일 불합리한 업무 프로세스를 발견했다면 그 해결 방법을 시스템 측면에서 찾아야 한다. ISP는 업무 프로세스 자체를 개선시키는 것은 아니라는 뜻이기도 하다.

---

5) Maintenance(유지), Repair(보수) and Operation(운영)의 약자로, 사무용품, 작업용 장갑 등 소모성 자재와 간접 자재를 의미

정보전략계획 ISP 수립 실무

BPR? PI?

기업에서는 BPR이라는 용어보다는 PI(Process Innovation)라는 용어를 더 많이 쓴다. 1990년 후반부터 기업과 공공에서 유행하던 BPR 용어는 무슨 이유 때문인지 본래의 취지가 희석되었고, 요즘의 BPR은 ISP를 위한 부속 활동 혹은 선행 활동 정도로만 여겨지고 있다.

그 이유는 여러 가지가 있겠지만, BPR은 전사적으로 조직의 구조를 변화시키기 위한 어려운 작업이고 실패에 대한 두려움 때문이라고 생각한다. 나는 이것이 BPR의 필요성과 기대효과에 대해서는 모두가 공감하지만 프로세스에 대한 이해관계와 조직 구성원들 간의 갈등을 무시하고 실행하기는 어렵다는 뜻으로 이해한다.

대표적인 사례로 나는 한전에 500억 원 규모에 전사적 ERP 도입을 위한 경영혁신 사업에 참여했었는데, 이를 추진하는 회사가 노조의 반대에 부딪혀서 어려움을 겪은 경우가 있었고, 철도공사에서도 마찬가지였다. 양측의 노조가 반대했던 이유는 ERP 도입이 직원의 감시 강화와 조직의 축소(감원)를 초래한다는 것이었다.

전사적으로 ERP를 도입하려면 우선 BPR을 해야 할 것이고, 또한 여러 가지 업무에 대한 정보화로 인하여 그 업무가 축소되거나 성과 관리가 노동자에게 미칠 악영향을 간파한 것이다. 회사의 경영 효율성보다는 노동자의 권익을 앞세우는 입장에서는 매우 정확한 지적이라고 할 수는 있었다.

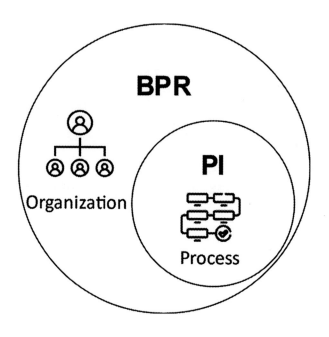

[그림 7] BPR과 PI의 관계도

아무튼 BPR은 조직 개편에 따른 구조 조정과 감원이 목표라는 생각이 더 지배적이라서 PI라는 용어를 쓰는지도 모르겠지만, PI 가 좁은 의미에 BPR인 것만은 틀림이 없다.

어쨌든 ISP에서는 프로세스의 혁신적인 구조 변화를 추구하기 보다는 개선 혹은 정제 정도로만 활용이 되고 있다.

정보전략계획 ISP 수립 실무

공공분야의 BPR은 어렵다?

그런데 나는 공공분야에 BPR의 실행이 어려운 것은 또 다른 이유가 있다고 생각한다. 나는 2개 부처의 정부 정책 업무에 대하여 프로세스 중심의 정책 관리를 위한 정보시스템 개발을 목표로 BPR 컨설팅과 이와 관련된 정보시스템 개발에 참여한 적이 있었다. 그 당시 정부는 정책의 프로세스화와 정책 품질이라는 키워드를 내세우던 시절이었다.

그중 A부처는 기업 출신의 CEO가 장관을 하고 있었고, 기업에서 적용하던 프로세스 혁신 방법을 정부 정책에 적용하고자 하였지만, 그 타당성과 효용성에 대하여 공무원들의 전폭적인 지지를 받지는 못했다.

정부의 정책은 정치의 영향을 많이 받기도 하고, 완성된 정책이라도 국회나 국민의 반대로 인해서 무산되는 경우도 허다하기 때문에 절차를 지키기가 어렵다는 것이 주요 이유였다. 그리고 정책의 확정과 결과가 불투명한 상태에서 자신의 업무 과정을 투명하게 공개하는 것이 부담스러운 것도 중요한 이유 중 하나였다.

새만금 간척사업이 한참 진행되던 시절에 그 당시 노무현 전 대통령이 담당 공무원의 업무 진행 과정을 모두 볼 수 있게 하라는 지시가 있었다. 그러나 이 말이 와전되어 대통령이 최하 말단 실무자의 업무까지도 일거수일투족을 감시하려고 한다고 언론에 보도되었다. 하지만 노무현 전 대통령은 정책관리의 투명성을 강조했을 뿐이라고 생각한다.

BPR/ISP 컨설팅과 함께 A부처에서 기존에 사용하던 엑셀 프

로그램의 한계를 극복하고자 파일럿 시스템으로 개발하였던 정
책 관리 시스템은 그 후에 확대 개발해서 현재도 정책 업무 관리
시스템으로 전체 중앙정부 각 부처급에서 사용 중에 있다고 한
다. 하지만 내가 보기엔 정책관리 업무가 당초의 목표대로 혁신
적으로 바뀌어서 효율과 효과가 획기적으로 나타난 것은 아니고
정책 관리 업무 지원의 도구인 정책 업무 관리 시스템을 활용해
서 어느 정도 업무 효율이 높아졌다고는 볼 수 있다.

B부처의 BPR 컨설팅을 수행하면서 중간보고회를 위한 워크
숍에서는 고위직 공무원과 논쟁을 벌이기도 했다. "기업은 목
표 지향적이고 대표이사가 절대적인 경영권을 행사하기 때문에
BPR(Re-engineering, 재구조화)이 가능하지만, 공공은 절차 지향적이
고 정해진 법에 의해 업무가 진행되기 때문에 Re-engineering은
불가능하고 다만 Refining(정제)은 가능하다"라고 나의 의견을 피
력했는데, 그분은 "공무원도 목표지향적으로 일을 하고 있다"라
고 반론을 제기했다. 물론 틀린 말은 아니지만, 공공조직은 법에
서 정해진 업무를 수행하도록 그 범위와 대상 그리고 방법이 정
해져 있어서 그에 따를 수밖에 없는 한계가 존재한다.

그래서 "장관이 정책 목표를 달성하기 위하여 임의로 조직과
법을 바꿀 수 있는 권한이 부족하기 때문에 공공의 BPR 목표는
법에 따라 관련 업무를 체계적으로 수행하기 위한 프로세스를
정제하고 관리하기 위한 틀을 마련하는 것이다"라고 부연 설명
을 했다. 이러한 것들이 공공분야에 BPR(Re-engineering)의 실행이
어려운 이유이고 한계이기도 하다. 앞서 예로 들었던 기업의 설
비 관리 업무의 BPR 전후 비교와 같이 법에서 정해진 부처조직

과 기능을 장관의 지시로 즉시 바꿀 수 있겠는가? 그것은 국회의 동의 없이는 대통령도 어려운 일이다.

아무튼 이 책은 ISP에 관한 것이므로 BPR에 대한 이야기는 여기까지만 하기로 하자.

ISP와 EA의 차이점

ISP 개념은 1980년대에 영국의 제임스 마틴에 의해서 정보공학이 소개된 이후에 1990년 초에 이를 바탕으로 미국에서 생겨난 것이다. ISP는 새로운 정보화 체계를 계획하기 위한 방법이고, EA(Enterprise Architecture)는 2000년대 초에 역시 미국에서 개발한 정보시스템 구축 및 운영을 위한 컨설팅 방법론이기도 하고, 시스템 관리 방법론이기도 하다.

이 책에서 EA를 거론하는 이유는 EA가 정보시스템 설계를 위한 컨설팅 방법론의 일종이며, 또한 ISP와는 다른 방법으로 정보시스템을 설계하기 때문이다. EA 방법론은 그 이전에 ITA(Information Technical Architecture) 방법론이 시초였으며, 정보시스템 자산 관리와 신규 개발의 타당성을 확보하기 위하여 만들어진 방법론이다.

Main Host 시스템에서 Client/Server 방식으로 그 기반이 바뀌면서 공공기관의 현업 부서별로 진행한 무분별한 시스템 개발과 이에 따른 예산 증가를 통제하려는 미국 예산관리처(Office of Management and Budget, OMB)의 정책에 따라서 1990년대 초반부터 시작된 방법론이다. 우리나라에는 2000년대 초에 도입되었다. EA 방법론의 핵심은 신규로 정보시스템을 개발하기 전에 기존 시스템들의 기능과 데이터를 참고해 보고 재활용성을 높이고자 하는 것이다. 그래서 EA는 기본적으로 기존 시스템의 재활용을 극대화하기 위한 관점으로 출발한다.

그러한 이유 때문에 전혀 새로운 시스템을 개발하고자 하는 요구에 부응하기에는 불편한 면이 있다.

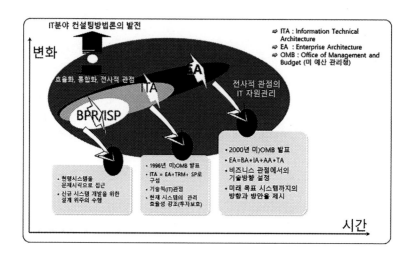

[그림 8] IT 분야 컨설팅 방법론의 변화

이러한 EA와 ISP를 비교하는 또 다른 이유는 EA가 ISP 이후에 새롭게 나타난 컨설팅 방법이고, 신규로 개발하고자 하는 정보시스템의 타당성에 대한 근거가 서로 배치되기 때문이다. EA는 업무와 운영 중인 정보시스템과 업무에 대한 정보를 관리하면서

         정보전략계획 ISP 수립 실무

새로운 요구에 대한 타당성을 분석하여 신규로 정보시스템을 개발할 것인지에 대한 판단을 하는 것이다.

반면에 ISP는 기존의 정보시스템을 개선의 관점으로 출발하며, 새로운 기능에 대한 동향을 파악하여 조직의 업무에 반영하거나 새로운 사업의 기회를 포착하기 위한 방법론으로서 EA와 근본적으로 차이가 있다. 물론 EA 방법론에도 BA(Business Architecture) 분야가 있지만, 이것은 정보시스템 지원이 없거나 부족한 부분에 정보화 지원 방향을 수립하는 것인데, 이것 역시 기존에 이를 지원하는 기능이 있는 상황에서는 보완 정도의 수준이다.

공통 산출물	방향 및 지침	정보기술아키텍처 비전, 정보기술아키텍처 목적, 정보기술아키텍처 원칙			
	참조모형	성과참조모형, 업무참조모형, 데이터참조모형, 서비스컴포넌트참조모형, 기술참조모형			
관점 시각	업무 관점	데이터 관점	용용 관점	기술 관점	보안 관점
정책결정자	조직구성도/정의서 업무구성도/정의서	데이터구성도/ 정의서	용용시스템구성도/ 정의서	기반구조구성도/ 정의서	보안정책체계도/ 보안구성도/ 정의서
관리조정자	업무관계도/기술서 업무기능분할도/ 기술서	개념데이터관계도/ 기술서 데이터교환기술서	용용시스템관계도/ 기술서 용용기능분할도/ 기술서	기반구조관계도/ 기술서	보안관계도/ 기술서
실무담당자	업무절차설계서	논리데이터설계서 데이터교환설계서	용용기능설계도/ 설계서	기반구조관계도/ 설계서	관리보안설계서 물리보안설계서 기술보안설계서
개발자	업무매뉴얼	물리데이터모델	용용프로그램목록	제품목록	보안규정

[그림 9] EA Architecture Metrix

EA는 Top Down 방식보다는 Bottom Up에 가깝다고 볼 수 있다. 그런데 EA 방법론은 특히 외부의 영향 요인이나 타 사례 참고를 해서 반영하는 방식으로 진행할 때 이를 정확하게 가이드 하는 방법이 모호하다는 것이다. 그리고 EA 시각으로 ISP를 바라보면 ISP는 무분별한 정보시스템 양산기로 비추어질 수도 있었고, 통제의 대상이 될 수도 있었을 것이다.

혹자는 ISP에 문제점 중 하나로써 컨설팅을 할 때마다 제출되는 보고서에 내용 간에 연속성이 부족해서 1회성에 그칠 뿐이라고 지적하기도 한다. 그 말이 맞기는 하지만, 초기에 금융분야와 공공분야에서 많은 관심을 가졌던 EA는 최근 들어서 관심도가 많이 떨어졌다. 그것은 기존 시스템 운영의 효율화보다는 남들보다 더 빠르게 새로운 기술을 탐구하고 업무에 적용하려는 경쟁의식이 ISP에 다시 관심을 갖게 되는 이유일 것이다.

또 다른 이유가 있다면, EA는 조직 내에서 현재 운영 중인 각종 정보시스템에 대하여 그 효율성을 극대화하는 과정에서 필연적으로 현재 시스템에 대한 평가를 하게 되는데 IT 부서 책임자 입장에서는 별로 탐탁지 못하게 느낄 수도 있다.

나도 과거에 대기업의 정보시스템 부서에 책임자로 근무한 적이 있었는데 EA가 도입되기 시작한 초기에 그러한 느낌을 받고 이 방법은 오래가지 못할 것이라는 추측한 바가 있었다. 그 누구도 자신의 업무에 대해서 평가받아야 하거나 추가 비용을 감당해야 한다면 이를 흔쾌하게 받아들일 사람은 없을 것이다.

그러한 일보다는 새롭고 미래지향적인 일에 관심을 갖기 때문이다. EA가 투자 보호와 운영 중인 시스템의 성과관리 측면에서는 더할 나위 없이 훌륭한 방법이지만, 인간의 본성과 시장의 요구에까지 충족시키기엔 ISP에 비해 부족하다는 뜻이다.

나는 EA 컨설팅을 여러 차례 했는데, 정보 자산 관리 그리고 참조모델은 좋다고 생각하지만, 후속 시스템 단위로 프로젝트를 구성하기 위해서 기능, DB, 기반구조를 재 조합해야 하고, 새로운 기술의 적용과 컨설턴트의 자유로운 의견을 펼치기에는 그 경직된 방법론 때문에 불편했다. 결론적으로 EA는 IT 관리이고, ISP는 IT 기획이라고 할 수 있다.

그 출발점이 서로 다르다는 뜻이다. 그래서 나는 ISP가 EA에 비해서 더 유연한 방법론이라고 생각한다.

공공분야 ISP는 품질 검토를 받는다

기업과 공공부문의 ISP 수행을 할 때 절차나 방법은 동일하지만, 공공분야는 ISP 결과의 품질에 대해서 별도의 품질 검토나 감리제도를 별도로 운영하고 있다. 미국정부(예산관리처)의 EA 정책과 같이 한국정부(기획재정부)도 정보화 기획에 관심이 많은 것이다.

모든 ISP 프로젝트에 대해서 감리를 실시하는 것은 아니고, 해당 기관의 판단에 따라서 하고 있다. ISP 감리는 ISP 수행 결과에 대하여 일종의 품질 평가를 하는 것이다.

정부는 ISP 사업을 통해 작성된 산출물의 신뢰성이 떨어지거나 하드웨어 용량 산정의 적정성 등에 대한 문제를 보완하기 위해서 품질 관리를 하고 있으며, 이와 관련한 실무적인 품질 검토는 한국지능정보사회진흥원에서 수행 중에 있다.

이 책의 서두에서 소개한 바와 같이 기획재정부 주관으로 공공부문의 정보화 사업에 대하여 ISP 수립을 의무적으로 수행할 것을 요구하고 있으며, 이렇게 수행된 ISP 결과물에 대한 품질을 강화하려고 품질 검토를 하는 것이다.

<표 2> ISP 산출물 점검 기준

점검 기준		설명	관점
완전성(작성 유무)		해당 절차가 수행되고, 산출물이 작성되었는지 여부	객관적
준거성(준수 여부)		내용이 기준, 표준에 근거하여 작성되었는지 여부	객관적
적정성	일관성	산출물의 내용이 일관되고, 상호 연결되었는지 여부	주관적
	정확성	내용이 정확하게 작성되었는지 여부	주관적
	충분성	내용의 구성이 충분하게 작성되었는지 여부	주관적

(출처: ISP 산출물 점검 가이드 V1.0, 2015.07, 한국지능정보사회진흥원)

어쨌든 공공 ISP에서는 이 방법으로 ISP 품질을 관리하는 제도가 있고, ISP 사업자는 부득이 이를 수용해야만 한다. 이에 관한 상세한 사항은 전자정부법과 NIA[6](한국지능정보사회진흥원)에서 발간한 <전자정부지원사업 정보화전략계획(ISP) 산출물 점검 가이드>를 참고할 수 있다.

---

6)   NIA(National Information society Agency)

ISP 수립 방법론은 마라톤 경기 규칙과 같다

ISP 수립을 위해서는 ISP 수립 대상에 대한 이해와 이를 바탕으로 개선하여야 할 점을 찾고 개선 방법을 구체적으로 제시하는 것이다. 이러한 일을 체계적으로 하기 위한 절차와 방법을 정한 것을 방법론(Methodology)이라고 한다.

방법론은 마치 같은 코스를 달리는 마라톤 선수들이 지켜야 하는, 비교적 단순한 경기 규칙이라고 할 수 있다. 방법론이라고 하면 어렵고 딱딱하고 형식적이며 심지어는 불필요하다고 말하는 사람도 있지만, 함께 일하는 사람들 간에 그 방법을 공유하는 것이라고 생각하면 된다.

이것은 10년 차 직원이나 신입 사원이나 같은 절차와 방법으로 일을 하는 것을 의미한다. 이렇게 일을 해야만 서로 간에 역할과 책임을 구별할 수 있고, 의사소통과 품질 관리가 가능하기 때문이다. 이것은 마치 동일한 코스를 달리는 마라톤 선수가 지켜야 하는 비교적 단순한 경기 규칙과 같다고 할 수 있다.

몇 명은 랭킹 1위의 금메달급이고, 또 다른 몇 명은 초보자라고 했을 때 비록 서로의 실력 차이는 많겠지만, 목표도 같고, 뛰어가는 길도 같고, 뛰는 방법도 같기 때문에 혼란 없이 경기를 진행할 수 있는 것이다. 마라톤을 예로 든 이유는 정해진 정예의 선수가 지켜야 하고 복잡한 다른 운동 규칙과 다르게 거의 무제한의 참여와 간단한 규칙을 가지고 있기 때문이다.

ISP에 대하여 방법론이라고 일컬어지기 시작한 것은 1980년대 중반, 제임스 마틴(James Martin)에 의해 정보공학(Information Engineering)의 체계가 정리되면서 미국으로부터 본격적으로 활용되었다. 그 이후에 국내외 각 컨설팅 회사들은 각자의 독특한 방법론을 개발하여 ISP를 수행 중에 있다.

어쨌든 만일 방법론이 없이 ISP를 수행하게 되면 무엇부터 해야 할지, 어디까지 해야 할지 두서없이 진행하게 되며, 그 결과물에 대한 신뢰도는 떨어질 것이다. ISP와 같이 계획을 세우는 일일수록 범위 설정에서부터 투자 대비 효과 산정에 이르기까지 체계적으로 진행해야만 한다.

이것은 시스템 개발에서 필연적으로 나타나는 시행착오를 최소한으로 줄여 주는 역할을 해야 하기 때문이다. 개발에서 발생하는 시행착오는 때로는 심각한 위험 요소로 작용하기 때문에 ISP 단계에서 방법론의 설정과 적용은 매우 중요하다는 것이다. 특정 조직 내에 IT 부서 직원이 담당 업무를 수행하기 위하여 자체적으로 ISP를 수행할 때도 방법론이 필요하지만, 특히 컨설팅 용역을 수행하는 전문업체는 당연히 나름의 방법론을 구성하여 일해야 한다.

나는 제조, 서비스, 의료, 공공, 국방, 금융 분야 등 여러 부문에서 컨설팅을 했다. 그런데 그 분야 모두를 내가 실무 경험을 했을까?

설마 그럴 리가? 당연히 그렇지 않다.

지난 37년간 내가 직접 경험한 것은 제조업과 SI(System Integration) 서비스업 그리고 공공분야의 일부이다. 그렇다면 전혀 생소한 분야에 컨설팅을 어떻게 할 수 있겠는가?

그 이유는 바로 ISP 방법론을 숙달하고 적용하였기 때문이다.

의술에 비유하자면 수술해 본 적도 없고, 진단과 처방을 해 본 적이 전혀 없어도 진단 매뉴얼에 따라 진단과 처방하는 것처럼, 파악된 업무를 ISP 방법론이라고 하는 틀에 넣어서 진단한다고 보면 된다.

그리고 문헌조사 등을 통한 간접 경험과 담당자와의 면담을 통해서 그 업무의 절차와 방법을 파악한다. 즉, 세상의 그 어떠한 업무와 기술 그리고 구조 등도 작게 나누어 순서를 살펴보면 똑같은 수준으로 하지는 못하지만, 이해는 가능하다. 이른바 분할과 정복(Divide and Conquer)의 원칙을 적용하면 업무와 방법과 구조에 대한 이해가 가능하다는 뜻이다.

ISP 프로젝트 수행 초기에 작업분할도(WBS, Work Breakdown Structure)와 컨설팅 보고서 목차를 작성하는데, ISP 방법론은 [그림 10] 방법론의 적용(WBS와 보고서 목차)과 같이 WBS와 보고서 목차의 기준이 된다.

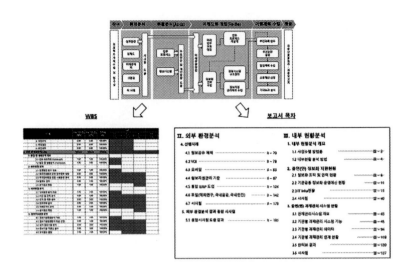

[그림 10] 방법론의 적용(WBS와 보고서 목차)

그래서 방법론이 아주 중요하다고 하는 것이다. 이 방법론은 결코 이론적이거나 형식적인 것이 아니다. 참고로 나는 작업분할도(WBS)와 보고서 목차를 하나의 엑셀 시트로 관리한다. 이런 방법이 여러모로 편리하기 때문이다.

이 책에서 소개하는 ISP 방법론은 특정 회사나 이론가의 것이 아니고, 내가 현장에서 사용하고 있고, 공통적으로 일반화된 방법론을 소개하는 것이다. 따라서 지적재산권을 주장할 만큼 독창적이지도 않으며, 여러 가지 방법이 혼합된 것이기 때문에 독자 여러분들은 임의로 사용해도 무방하다.

그리고 이 책에서 소개하는 사례들은 내가 직접 경험한 것도 있고, 별도로 작성한 것도 있으며 타 사례를 참고한 것도 있다.

정보전략계획 ISP 수립 실무

다만 기업의 내용은 임의로 공개할 수 없기 때문에 일부 편집했고, 공공분야도 홈페이지 등을 통해서 잘 알려진 범위까지만 인용했다.

방법론은 차량 내비게이션과 같지만

ISP는 관련 업무의 정보화 즉, 조직(기업 혹은 공공)의 정보시스템 개발을 전제로 수행한다. 우선은 ISP의 대상 범위를 정하고, 이것에 대하여 대외적으로는 ISP 대상의 외적 영향 요인을 분석한다.

대내적으로는 대상 업무와 정보시스템에 대한 조사와 분석을 해서 시사점과 개선하여야 할 목표를 설정하는 과정을 정하는 것이다. ISP는 정보시스템 개발을 전제로 진행하는 것이며, 공학적이고 기술적인 면이 강조되는 구조적인 접근이 필요하다.

이것이 경영전략, 마케팅전략과 다른 점이다.

즉, ISP는 순방향으로는 논리적이어야 하고, 역방향으로는 검증이 가능해야 한다는 뜻이다. 그리고 ISP 방법론은 경영전략 방법론이나 마케팅전략의 방법론보다 더 구체적으로 세분화되어 있고 더 경직되어 있다고 해도 과언이 아니다.

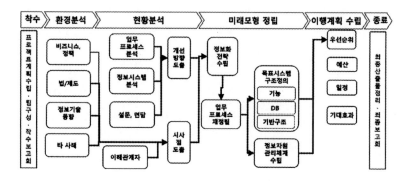

[그림 11]의 ISP 방법론 절차도(개략 모형)

[그림 11]의 ISP 방법론 절차도(개략 모형)은 <표 3> ISP 절차 표에 세부 내용과 같이 다시 표현할 수 있다.

<표 3> ISP 절차 표

Phase	Activity	Task
1.0 프로젝트 착수	1.1 프로젝트 계획수립 및 팀구성, 착수보고회	1.1.1 사업목적 및 범위 확인 1.1.3 프로젝트 환경조성 및 팀구성 1.1.5 프로젝트 수행계획 수립 1.1.7 착수보고회 실시
2.0 외부 환경분석	2.1 경영환경 분석	2.1.1 정책, 법/제도 및 사업환경분석 2.1.3 경제, 산업환경 분석 2.1.5 타 사례 분석 2.1.7 프로젝트 관련 요구사항 분석
	2.3 정보환경 분석	2.3.1 주요 정보기술 동향 파악 2.3.3 정보기술 적용성 분석 2.3.5 정보화의 방향과 기본요건 도출
3.0 내부 현황분석	3.1 업무프로세스 분석	3.1.1 업무현황 및 체계 분석 3.1.3 업무프로세스 파악 및 정립
	3.3 정보시스템 분석	3.3.1 정보공유 현황 및 상호 연계성 분석 3.3.3 정보시스템 현황 및 관련정보체계 분석 3.3.5 관련정보화 기반 및 관리체계 분석
	3.5 요구사항정의/개선과제도출	3.5.1 종합 문제점 및 요구사항정립 3.5.3 개선목표/방향 정립 및 개선과제 정의
4.0 미래모형 정립	4.1 미래업무모형 정립	4.1.1 개선목표 및 개선방향 확정 4.1.2 비전 및 목표 정립
	4.3 핵심 업무프로세스 재설계	4.3.1 목표업무체계 및 핵심프로세스 정의 4.3.3 핵심 업무프로세스 재설계
	4.5 정보화전략 수립	4.5.1 정보화 비전 및 목표 확정 4.5.3 정보공유 체계 및 구축전략수립
	4.7 정보시스템 구조 정의	4.7.1 목표시스템 및 기능정의 4.7.2 목표시스템 DB 구성 4.7.3 목표시스템 기반 구조 구성
5.0 실행계획 수립	5.1 정보화과제 추진방안 수립	5.1.1 과제목록화 및 추진방향설정
	5.2 통합 실행계획 수립	5.2.1 전환 및 실행전략 수립 5.2.2 후속 사업 정의 및 순위 설정 5.2.3 소요자원 산정 및 일정 계획 5.2.4 기대효과 산정 5.2.5 변화관리방안 수립
6.0 프로젝트 종료	6.1 최종 산출물 종합정리 및 프로젝트 최종보고회	6.1.1 최종 산출물 정리 6.1.3 종료보고회 준비 및 실시

[그림 12]의 방법론 흐름도는 [그림 11]의 ISP 방법론 절차도 (개략 모형)을 위에서 아래로 재편성한 것이다. 그 내용은 동일하지만, 중요한 것은 단계의 흐름이다. 컨설턴트는 방법론 흐름도를 통해서 아래와 같이 3가지 중요한 사항을 확인할 수 있다.

- 첫째, 내 현재 위치(단계 혹은 활동)는 어디인가?
- 둘째, 다음에 할 작업이 무엇인가?

셋째, 지금 하는 작업의 결과가 다음 단계 어디에 쓰일 것인가?

셋째가 특히 중요하다. 그 이유는 작업에 몰두하다 보면 다음에 쓰임새가 없는데도 불구하고 열심히 조사와 분석하는 경우가 있기 때문이다. 이러한 현상은 조사 단계에서 많은 자료를 보거나, 면담할 때 당초의 목표와는 벗어난 주제를 보거나 대화하는 상황에서 발생한다.

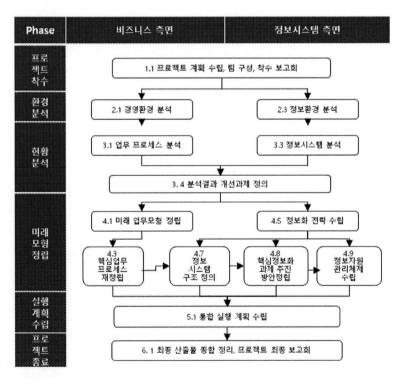

[그림 12]의 방법론 흐름도

특히 ISP 주제와 관련 있는 자료(고객 내부 자료, 외부 참고 문헌 등)를 찾다 보면 간혹 평소에 관심 있었지만 본 사업과는 거리가 먼 자료를 보게 된다. 여기에 몰입하면 예측하지 못했던 방향으로 진행하게 된다는 것이다. 아무리 방법론이 촘촘하게 구성되어 있어도 상세한 내용까지 안내할 수는 없다.

그래서 방법론 즉, 보고서의 흐름에 대해서 위에 3가지 질문을 늘 유념해야만 한다.

정부의 ISP 방법론은 예산을 강조

정부에서는 공공분야 ISP를 위하여 그 방법론을 제공하고 있다. 공공분야라고 해서 기업과 다른 점은 별로 없으니 기업에서도 참고할 만하다. 이것은 'ISP 수립 공통 가이드'인데, 모든 공공기관은 이것을 바탕으로 ISP를 수행하고, 그 결과를 NIA에 제출하고, NIA는 산출물의 적정성을 검토한 후에 그 결과를 다시 기획재정부에 제출한다. 예산 편성에 참고하기 위해서다. 그래서 공공 ISP에서는 예산 수립과 정량적 기대효과에 더 많은 노력이 필요하다.

〈표 4〉 정보화전략계획 기본 구성 내용(일부)

대상 업무		세부 내용
환경 분석	경영환경분석	외부 환경 요인과 경영전략 분석을 통해 변화를 유발하는 요인에 대응하기 위한 시사점 도출
	법령/제도분석	관련 법·제도 분석을 통해 사업에 영향을 미칠 수 있는 요구 사항을 도출하여 목표 모델 설계 시 반영
	정보기술(IT) 환경 분석	최신 정보기술 추세와 기술환경 변화를 검토하여 최신 정보기술의 적용 가능성 및 적용 사례 분석
현황 분석 (As- Is분 석)	업무 현황 분석	조직의 역할 및 업무체계를 분석한 후, 업무절차 맵(Process Modeling), 업무기능(Activity) 정의서 등을 작성(생략)
	정보기술(IT) 현황분석	(업무 시스템 분석) 업무 시스템 현황을 분석·진단하여 문제점 및 개선 요구 사항을 도출 (생략)
	(중간 생략)	
정보화 비전 및 전략 수립		환경 분석과 현황 분석 결과를 연계하여 정보화 비전, 목표, 단계별 실행 전략 등을 수립하고(중간 생략)
목표 모델 설계 (To- Be Mod- el)	(중간 생략)	
	T0-Be 업무 프로세스 설계	개선 과제 내역, 선진 사례, IT 개선 방향을 종합적으로 고려하여 최적화된 To-Be 업무 프로세스 재설계 (중간 생략)
	To-Be 정보시스템 구조설계	전략적 정보시스템 구축을 위한 이상적인 응용서비스(Application) 구조를 정립
	To-Be 데이터 구조설계	정립된 정보시스템을 효율적으로 운용할 수 있는 정보자원(데이터) 관리 체계를 정리
	To-Be 기술 및 보안 설계	전략적 정보시스템 구축을 위한 필요 기술 요소 및 기반(인프라) 구조를 정립
통합 이행 계획	(중간 생략)	
	총구축비 산출	(SW 개발비) 이행과제별 기능 점수(FP) 산정 후, 개발비 산정 (중간 생략)
	효과분석	'타당한 기대효과 분석 ※ 대규모 정보화 사업(예비 타당성 조사 대상)은 정량적 편익 분석을 기반으로 경제적 타당성 분석(B/C, NPV 등) 필요

(출처: 정보화전략계획(ISP) 수립 공통 가이드(제5판), 2021. 5, NIA)

앞서 말한 바와 같이 우리나라의 공공분야는 수년 전부터 기획재정부 주관으로 공공부문의 정보화 사업에 대하여 ISP 수립을 의무적으로 수행할 것을 요구하고 있다. 그 이유는 그동안 ISP는 필요한 상황에서만 일부 수행한 데 반해서 국회와 감사원으로부터 정보시스템의 중복 개발 등 정보화 사업 전반에 대한 문제가 지속적으로 제기되었기 때문이다. 정보시스템의 신규 구축 사업에 대한 타당성 부족, 예산 산정 부적정, 활용률 저조 등 그 문제의 핵심은 예산 낭비였다.

기획재정부는 연간 약 11조 원(2022년 기준)에 달하는 국가정보화 사업의 내실화를 기하기 위하여, ISP에 대하여 보다 깊은 관심을 가지고 체계적인 수행을 요구하게 된 것이다. 법적인 의무사항은 아니지만 예산권이 있는 이곳에서 이것을 기준으로 예산편성을 한다고 하니 사실 법보다도 더 강력한 강제력을 행사한다고 볼 수 있다.

이렇게 그 목적이 무엇이든 간에 정부에서는 컨설팅 방법론을 가이드하고 있는 반면에, 개발방법론은 연구 정도는 하고 있지만 아직 공식적으로 표준화된 지침을 권고하거나 강제화하지 못하고 있다.

사실 정부가 개발 표준에 대해서 처음부터 관여하지 않은 것은 아니다. 지금의 인터넷망을 설계하던 1990년 중반에 정부(구 정보통신부, 구 한국전산원)에서는 초고속 정보통신망 구축 사업을 진행하는 과정에서 관리기법/1(Method /1)이라고 하는 정보시스템 개발 방법론을 발표했다.

코볼(COBOL)과 같은 언어를 기반으로 구조적 개발을 지원하는 방법론이었는데 정부는 모든 공공 정보화 사업에 이것을 준용하게 하기 위해서 제안요청서에 이 방법대로 개발과 사업관리를 하도록 요구했다. 그 결과 모든 절차와 산출물은 자연스럽게 표준화가 되었고 개발자들 간에 의사소통은 원활했으며 사업자가 바뀌더라도 전임사업자의 산출물을 후임 사업자가 참고하는 데 별 무리가 없었다. 그러하던 것이 2000년 중반부터 시스템 개발 방법이 구조적에서 객체지향적으로 바뀌면서 점차 사라졌다.

그 이후에 공공기관에서 공지하는 제안요청서에는 이런 문구들이 삽입되었다. '개발방법론은 제안사의 방법론을 사용하되 발주기관과 협의에 의한다'라고. 하지만 개발방법론에 대해서 발주기관과 협의를 한 사례는 한 번도 없을 것이다. 극히 일부 공공기관을 제외하고 개발통제권을 모두 각각의 개발 사업자에게 넘긴 것이다. 나는 이러한 문제가 공공정보화 사업의 품질을 저하시키는 주요 원인 중 하나라고 생각한다.

나는 정보시스템 개발방법론을 2차례 연구한 적이 있었다. 첫 번째 연구 시작 전에 국내에 수많은 개발방법론이 있는데 뭐 하러 똑같은 걸 또 연구해야 하느냐고 반문하는 담당공무원에게, 나는 많은 개발방법론이 있는데 왜 정보시스템 품질에 문제점이 많이 발생하고 있는지를 다시 상기시키고 새로운 방법론의 개발이 아니고 기존의 방법론의 활용성을 높이자고 하는 것이라고 설명했다.

2013년도에 정부는 공공 정보시스템 개발에 대기업의 참여를 제한하는 조치를 했는데, 중소업체의 권익을 보장해 주기 위해서였다. 하지만 나는 그 이후로 중소업체에 의한 정보시스템 개발은 그 품질이 더 저하되고 있다고 판단한 데 가장 큰 이유를 개발방법론의 부실한 적용이라고 생각한다.

2번째 연구에서 최근 5년간 20여 개 SI 기업이 수행한 310개의 공공 정보화 사업 결과 산출물을 분석했다. 그 결과 상호 불일치되는 단계 구분이 41%가 넘었고, 그 하위에 활동이나 작업은 당연히 더 많았다. 극단적으로 보면 41%가 서로 다른 방법으로 개발하고 있다고 해도 과언이 아니었다.

〈표 5〉 개발 산출물 조사 결과 표

단계 명칭	동일(개)	유사(개)	합계(개)	비고(유사 명칭)
분석	1,077	741	1,818	요구정의, 요구분석 등
설계	2,111	413	2,524	아키텍처 설계, 모델링, 디자인 등
개발	337	1,006	1,343	구축, 구현, 설치 등
시험	200	137	337	테스트 등
전개	186	424	610	인도, 이행, 운영 전환 등
합계	3,911	2,721	6,632	불일치율(41%)

(출처: 김미량, 한필순 외, 「중소 IT 기업 지원을 위한 전자정부시스템 구축 표준방법론 실증모델 연구 보고서」, 2015. 12.)

이런 상태에서는 시스템의 품질을 좌우하는 설계서 등의 산출물에 대해서 좋은 기대를 하기는 어렵다. 앞서 말한 바와 같이 방법론은 마라톤 경기 규칙과 같아서 이를 정하고 준수하는 것이 중요한데, 각자의 규칙을 만들고 각자대로 진행하면 마라톤 경기가 엉망이 되는 것과 같다는 뜻이다.

물론 대기업이 하면 품질관리가 잘되고 중소기업이 하면 못한다는 뜻이 아니다. 내가 2차례 관련 연구를 하면서 사례를 분석한 결과에 따르면 대기업들도 사업의 유형과 투입되는 개발자에 따라서 다른 경우도 많았다. 다만 중소기업이 통계적으로 더 많았다는 것뿐이다.

내가 오랫동안 근무했던 SI 회사에서는 방법론을 지원하는 시스템을 개발해서 각 현장에서 개발하는 직원들에게 인터넷을 통해서 제공했다. 개발유형과 규모에 따라서 방법론 절차, 산출물 템플릿 등을 상세하게 제공했고, 때로는 타 프로젝트 산출물까지 제공했다. 특히 방법론 마법사(Methodology Wizard) 기능은 PM이 몇 가지 프로젝트 조건(규모, 방법, 복잡도 등)을 선택하면 그에 맞는 방법론을 제공해 주어서 매우 유용하게 사용했었다.

표준은 특허와 달리 독점적인 기술이 아니고 공개된 기술을 공유하는 것이다. 발전은 그를 기반으로 각자 하는 것이라고 생각한다. 다만 표준은 정부의 규제나 시장의 지배력과 같은 강제력이 따르지 않으면 그 실효성을 기대하기 어렵다. 공공 정보화 사업의 경우에 정부가 나서야 하는 가장 큰 이유이다.

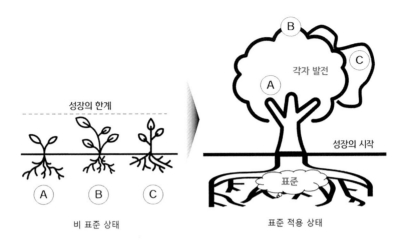

[그림 13] 비 표준 상태와 표준 적용 비교

한국은 지난 10여 년간 2년마다 UN에서 평가하는 전자정부 발전 지수가 190여 개 국 중에 전 세계에서 유일하게 2010년부 터 2022년까지 7회 연속으로 3위 이내의 순위를 기록하고 있는 국가다. 3년 연속 1등으로 평가받은 적도 있다.

평가 항목은 온라인 서비스, 통신인프라, 인적 자본이 기준이 다. 하지만 만일 시스템의 품질까지 평가한다면 어떻게 바뀔지 궁금하다.

〈표 6〉 UN의 EGDI 평가 현황

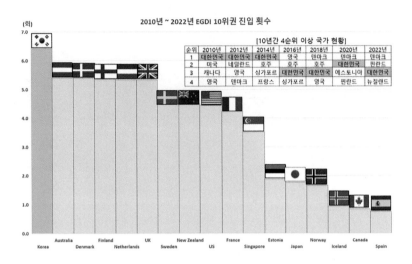

2010년 ~ 2022년 EGDI 10위권 진입 횟수

[10년간 4순위 이상 국가 현황]

순위	2010년	2012년	2014년	2016년	2018년	2020년	2022년
1	대한민국	대한민국	대한민국	영국	덴마크	덴마크	덴마크
2	미국	네덜란드	호주	호주	호주	대한민국	핀란드
3	캐나다	영국	싱가포르	대한민국	대한민국	에스토니아	대한민국
4	영국	덴마크	프랑스	싱가포르	영국	핀란드	뉴질랜드

(출처: https://publicadministration.un.org/, 저자 재편집)

    내가 ISP 방법론에서 개발방법론까지 거론하는 이유는 방법론의 중요성에 대해 이야기하려고 하는 것이다. 나는 여러 개의 개별 기업으로 구성된 대그룹은 이러한 표준개발방법론이 특히 더 필요하다고 생각한다.

    이것이야말로 시스템 개발의 효율 성과 유지·보수성을 향상하게 할 수 있는 유일한 수단이기 때문이다. 차량의 내비게이션이 안내해 주는 경로를 벗어나면 경고해 주는 것과 같이 방법론도 그런 기능이 있으면 참 좋겠다. 아마도 인공지능 기반의 ISP나 개발방법론이 나온다면 가능할 텐데 말이다.

정보화 대상이 정해져 있으면 연역적, 없으면 귀납적

ISP를 수행하기 위한 접근 방법은 크게 귀납적과 연역적으로 구분할 수 있다.

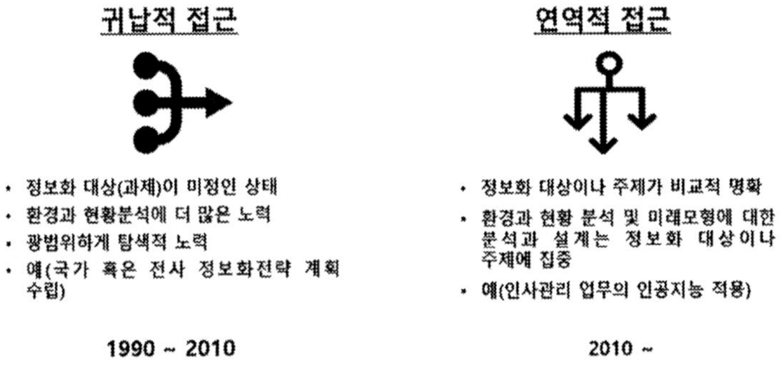

귀납적 접근

- 정보화 대상(과제)이 미정인 상태
- 환경과 현황분석에 더 많은 노력
- 광범위하게 탐색적 노력
- 예(국가 혹은 전사 정보화전략 계획 수립)

1990 ~ 2010

연역적 접근

- 정보화 대상이나 주제가 비교적 명확
- 환경과 현황 분석 및 미래모형에 대한 분석과 설계는 정보화 대상이나 주제에 집중
- 예(인사관리 업무의 인공지능 적용)

2010 ~

[그림 14] 컨설팅 접근 방법의 비교

귀납적 접근은 정보화 주제가 딱히 정해져 있지 않은 상태에서 이를 발굴하고 구체화하기 위한 방법이라고 할 수 있다. 다시 말해서 정보화 대상이 아직 미정인 상태이거나 대상을 정하기 위한 ISP라면 귀납적으로 접근해야 하고, 이는 환경과 현황 분석에 많은 노력을 폭넓게 해야 한다는 뜻이므로 이 부분에 탐색적 노력을 기울여야 한다.

반면에 연역적 접근은 정보화 주제(범위, 대상)가 구체적이거나 혹은 막연하게나마 정해져 있는 상태에서 이것을 더 구체화하기 위한 방법이라고 할 수 있다. 정보화 대상이나 주제가 명확하다면 연역적 접근이 필요하므로 환경과 현황 분석 및 미래 모형에 대한 분석과 설계가 정보화 대상이나 주제에 국한하여 자세하게 다루어야 한다.

전사적으로 타 경쟁업체와의 경쟁에서 우위를 점유하기 위하여 어떤 부분에 정보화가 필요할까? 이때는 귀납적 방법으로 광범위하게 접근한다. 어느 부분에 정보화를 더 강화하여야 할까? 인사관리 업무에 인공지능 기술을 도입하고 싶은데 방법을 잘 모를 때에는 연역적 방법을 사용하게 된다는 뜻이다.

요즈음은 ISP 수립에 대해서 기업 부문은 전사적으로 모든 업무에 대하여 종합적인 ISP를 수립하는 것보다는 특정 업무 분야에 대하여 계획을 수립하는 경향이 있다. 기업뿐만 아니라 공공 분야 모두 귀납적 방법보다는 연역적 방법이 비교적 많이 적용되고 있다. 이것은 전사적인 ISP의 필요성보다는 부분적인 ISP가 필요하다는 의미이고, 그동안 전반적으로 많은 부분에 정보화가 이루어졌다는 뜻이기도 하다.

ISP가 본격적으로 우리 사회에 적용되기 시작하던 1990년대부터 2010년대까지 약 20여 년간은 귀납적 방법이 많이 사용되었으며, 마스터 플랜(Master Plan)이라는 이름으로도 정보화 컨설팅 프로젝트가 많이 수행되던 시기였다. 이 시기에는 모든 조직이 정보화를 추진하기 위하여 정보화의 범위와 대상을 발굴하는 데 초점이 맞추어져 있었으며, BPR도 비슷한 시기에 유행했다.

2010년 이후부터는 정보화를 하고자 하는 범위와 대상에 대하여 이미 정한 상태에서 이를 구현하거나 도입하기 위한 방법으로 ISP를 수행하기 시작했다. 무엇을 정보화 대상으로 하여야 할지 잘 모르던 시기는 지났다는 뜻이기도 하다.

　이렇게 연역적 방법으로 ISP를 수행하게 된 배경에는 미국의 IDC(International Data Corporation)나 가트너그룹이 가트너 하이프 사이클(Gartner's Hype Cycle) 그리고 국내 연구소 등을 통하여 정보기술 동향에 대한 예측 변화를 매년 발표하고 있는 것을 참고하기 때문이라고도 할 수 있다. 이러한 정보기술 변화에 대한 예측 자료는 조직 업무의 정보화를 꾀하고자 하는 담당자에게는 구체적인 방향을 참고할 수 있는 매우 유용한 자료이기도 하다. 담당자는 이러한 자료를 검토하고 구현이나 도입을 검토하게 되고, 이러한 방법이 바로 연역적 방법이라고 할 수 있다.

　이러한 동향 보고서를 참고해서 '앞으로 우리 업무 어느 부분에 정보화가 필요할까?(귀납적)'가 아니고 '인사관리 업무에 인공지능을 도입해 보자(연역적)'라고 결정하는 것이다.

　ISP는 귀납적이든 연역적이든 수행 방법은 일반적인 연구 수행과 큰 차이는 없다. 정해진 연구 범위와 대상에 따라서 조사하고 분석해서 새로운 결론을 얻는 것이다. 때에 따라서는 연역적 방법과 귀납적 방법을 혼용해서 적용해야 할 때도 있다. 전사적으로 정보화 계획을 수립하면서 부분적으로 특정 업무를 지정해서 정보화를 계획하는 경우가 바로 그것이다.

　예를 들어서 특정 회사의 정보화 마스터 플랜을 수립하면서 쇼핑몰 구축을 계획하고 있는 경우이다. 이러한 과정에 대해서 보다 체계적이고 논리적으로 진행을 하기 위해서는 나름대로 프로젝트 상황에 맞는 방법론의 최적화가 필요하다.

　ISP 수행을 혼자서 할 수 있는 것이 아니고 여러 사람이 협업

해야 하기 때문에 진행 방법을 원활하게 공유할 수 있도록 표준을 만들고 서로가 지켜야 한다. 그리고 ISP 자체가 공학적 접근이므로 도출된 결론에 대하여 증명이 가능하도록 그 절차와 방법을 세분화하여 논리적으로 진행해야 한다. 그래서 해당 프로젝트에 ISP 방법론의 최적화가 중요하다.

컨설턴트의 역할은 의사와 같다

ISP 컨설팅은 조사로 시작해서 분석으로 끝난다 해도 과언이 아니다. 이것은 충분한 조사와 의미 있는 분석이 되어야 미래 모델 수립에 무리가 없다는 뜻이다. 조사와 분석이 불충분하면 그 이후에 수립된 미래 모델은 신뢰하기가 어렵다.

그래서 나는 조사, 분석, 미래 모형, 이행 계획의 중요성, 몰입도, 컨설턴트의 역량 등을 종합해서 아래와 같은 분포로 일할 것을 추천한다. 조사와 분석이 전체의 50% 정도이고 목표 모델 수립이 40%이니까 조사와 분석에 더 많은 시간과 역량을 투입해야 한다는 뜻이다.

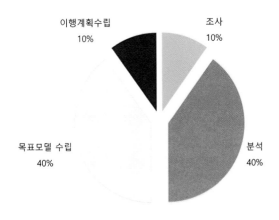

이행계획수립
10%

조사
10%

목표모델 수립
40%

분석
40%

[그림 15] ISP 분야별 역량 집중 분포도

사실 고객은 컨설턴트의 역량이 미래 모형과 이행계획수립에 집중되기를 원한다. 환경과 현황은 누구보다도 잘 알기 때문이다. 하지만 체계적이지 못한 경험적 지식을 바탕으로 미래 모델을 설계하면 마치 모래 위에 집을 짓는 것과 같다.

실제 시스템 개발 단계나 운영 과정에서 예상치 못한 많은 어려움이 발생할 수 있다는 뜻이다. 이렇게 체계적인 방법으로 일을 하는 컨설턴트가 해당 업무에 경험이 없으면 이해하는 데 필연적으로 시간이 걸리는 것은 어쩔 수가 없다.

외부 환경 분석은 ISP 대상 조직과 프로젝트에 영향을 주는 외부 요인들에 대한 조사와 분석을 의미한다.

법, 정책 환경(기업은 경영 환경, 시장 환경 등), 정보기술 동향, 이해관계자, 타 사례 등 ISP 대상 조직이나 프로젝트에서 통제할 수 없는 것들에 대한 조사와 분석이 이에 속한다.

내부 현황 분석은 ISP 대상 업무에 대하여 업무 프로세스, 정보시스템에 대한 조사와 분석을 수행하는 것이다. ISP 수행 인력이 충분하다면 외부 환경 분석과 내부 현황 분석을 병행적으로 할 수 있다.

외부 환경 분석과 내부 현황 분석 과정에서 스와트(SWOT)[7] 등의 기법을 바탕으로 분석을 수행하기도 하지만 이 책에서는 생략하기로 한다. 이러한 기법들은 각각의 다른 고유영역이기도 하고, 그 자체가 또 다른 큰 프로젝트이기 때문이다.

게다가 ISP는 경영 전략을 수립하는 것이 아니므로 특별한 요구가 있지 않으면 SWOT 분석은 수행하지 않는 것이 좋다고 생각한다. 그 이유는 SWOT 분석 후에 대응 전략에 따라서 과제가 도출되어야 하는데, ISP 목적이나 목표에 따라서 그 과제가 일치하지 않는 경우가 많기 때문이다.

SWOT 분석 결과에 따라서 도출된 각각의 전략 방향에 대응하기 위한 목표 정보시스템 중 고객이 요구하지 않거나 필요하지 않다고 하면 공연히 자원만 낭비하는 꼴이 된다. 그래서 요즘은 SWOT에 대해서 구체적으로 다루지 않는 경향이 있다.

이것은 여러 가지 이유가 있겠지만 프로젝트의 기간이 점점 짧아지고 있고, 짧은 기간에 비해서 이러한 분석 기법을 도입하기도 어렵거나 형식적으로 진행되는 경우도 있기 때문이다.

---

[7] SWOT는 비즈니스 분석 기법, 강점(Strength), 약점(Weakness), 기회(Opportunity) 및 위협(Threat)

또한 많은 경영 환경과 정책 환경 그리고 내부 현황에 대해서 정보기술 분야와 거리가 있는 것들에 대해서도 분석해야 하고, 각각의 내용을 정리해야 하기 때문이다. 그래서 고객으로부터 깊은 공감대를 얻기도 어려울 뿐 아니라 시간에 쫓기어서 어설프게 진행하면 오히려 신뢰감만 떨어지기도 한다.

연역적 접근이 필요한 상황에서 고객이 요구하지 않는다면 군이 SWOT 분석은 하지 않는 것이 좋다. 그리고 ISP 프로젝트 주제가 정해진 것이라면 더더욱 할 필요가 없다. SWOT 분석 방법은 정보화 대상을 찾기 위한 귀납적 접근이 필요할 때 더 유효한 방법이기 때문이다. 다만, 고객의 요구로 인해서 SWOT 방법을 적용하면 SW는 내부 현황 분석 단계에서 활용하고, OT는 외부 환경 분석에 활용하며 이를 바탕으로 SWOT 대응 전략을 각각 구성할 수는 있다.

프로젝트 수행자에 따라서는 환경과 현황을 하나로 하거나 외부 환경(법 제도, 선진사례 등)을 내부 현황에서 다루기도 하는데, 가능한 두 가지를 분리해서 접근하는 것이 좋다. 추후 시사점과 개선 방향 도출 과정에서 혼란이 생길 수도 있거나 누락되기도 하기 때문이다. 그리고 2가지 분석을 분리하면 동시에 해도 혼란, 왜곡, 누락 없이 진행 가능하고, 같은 기간에 서로 다른 컨설턴트가 진행하면 시간도 절약이 된다.

ISP를 대상 조직과 업무를 기준으로 외부로부터 영향을 받는 것은 외부 환경 분석, 그 내부의 것들은 내부 현황 분석이라고 칭한다.

한 가지 유념할 것은 외부 환경 분석에서는 반드시 시사점을 도출하고, 내부 현황 분석 결과는 개선 방향을 제시하여야 하며, 이 두 가지를 바탕으로 향후 미래 모형에 반영해야만 한다.

이것은 목표와 관련 없거나 ISP의 주제 영역과 거리가 먼 것은 피해야 한다는 뜻이다. 애써서 조사한 자료나 인터뷰 결과를 분석도 하지 않거나, 분석한 내용에 대해서 시사점이나 개선 방향을 제시하지 않는다면 공연히 시간 낭비만 초래할 뿐이다.

외부 환경이나 내부 현황은 그 누구보다도 고객이 잘 알지만 컨설턴트는 그러한 것들에 대한 분석 결과에 대하여 전문적인 방법으로 시사점과 개선 방향을 제시하면서 미래 모형에 접근해야 한다. 이것이 돈과 시간을 들여서 외부 전문가에게 ISP 컨설팅을 의뢰하는 가장 큰 이유이다.

그리고 ISP 진행 과정에서 좋은 자료를 확보했거나 사용자와의 인터뷰 과정에서 밝혀진 사실이 ISP 주제와 관련이 없음에도 불구하고 깊게 분석하는 경우가 있다. 이런 상황에는 자칫 프로젝트의 범위가 확대되거나 왜곡될 가능성이 있기 때문에 이를 경계해야만 한다.

ISP는 프로젝트이며, "기본적으로 프로젝트는 고유한 제품, 서비스 및 프로세스를 통해 가치를 창출하기 위한 일시적인 노력"(PMI[8], 프로젝트의 정의)이다. 여기서 중요한 것은 일시적인 노력이라는 것이다. ISP는 한정된 자원(시간, 돈, 인력)으로 수행해야 하므로 불필요한 낭비는 최소화해야 한다는 뜻이다.

컨설팅은 상담, 자문이라고 표현하기도 한다. 나는 컨설턴트

---

8) PMI(Project Management Institute)는 프로젝트 관리를 위한 미국 비영리 전문 단체

의 역할은 의사와 같아서 환자를 진단하고 문제 부분에 대해서 처방을 하는 역할과 유사하다고 생각한다. 수술과 투약은 그다음의 일이다. 즉, 의사가 환자의 진단에 집중해서 진단하고 그 환자의 체질에 맞는 건강한 미래를 목표로 처방하는 것과 같이 ISP도 조사와 분석에 집중해야 한다는 뜻이다.

미래 모형은 상상 속의 픽션이 아니다

미래 모형은 외부 환경 분석과 내부 현황 분석 결과에 따른 기존 정보시스템의 개선 혹은 신규로 개발하여야 할 정보시스템에 대한 기본설계를 하는 것이다. 이것은 프로세스, 기능, DB, 기반구조(서버, 네트워크 등), 보안 등이 이에 속한다.

이 중 프로세스와 같이 비기술적(Non-IT) 부분을 다루기도 하는데, 이것은 기능과 데이터를 도출하기 위한 과정이며, 결코 BPR적인 접근은 아니라는 점을 다시 한번 더 명심해야만 한다. 물론 고객의 요구에 따라서 업무 매뉴얼과 같이 비기술적 부분을 다룰 때도 있지만 사실 ISP의 본질은 아니다. 어쨌든 미래 모형은 어느 날 갑자기 만들어지는 상상 속의 픽션이 아니다. 그 절차와 결과가 모두 현실을 바탕으로 이루어지는 논픽션인 것이다.

이것이 가설로 출발하는 연구와 다른 점이다. 즉, ISP는 특별한 경우를 제외하고 검증된 기술을 적용해야 한다고 나는 생각한다. 그 이유 중 하나는, 현존하지 않은 불완전한 기술을 바탕으로 이를 개발하기 위한 예산 수립은 어렵기 때문이다.

이행 계획은 후속 프로젝트의 이정표

이행 계획은 설계된 미래 모형에 대하여 과제를 정의하고 이에 대해서 구축 일정, 예산, 기대효과 등을 수립하거나 산출하는 것이다. 미래 모형에서 결정된 정보화 과제를 세분화하기도 하고 합치기도 한다. 이러한 과정에서 분석 결과에는 없었지만 새로운 과제가 도출되기도 한다.

과제별로 우선순위를 측정하고 이를 바탕으로 전체 일정을 수립한다. 과제에 따라서 다르지만, 대략 3년~5년 정도의 프로젝트 일정을 수립한다.

과제별로 소요되는 예산에 대해서는 개발비, 구입비 등을 산정한다. 그리고 일정별로 그 예산을 배분한다.

기대효과는 정성적인 것과 정량적인 것으로 구분해서 작성하는데, 특히 정량적인 부분은 기대 항목별로 금액으로 산정한다.

그 이외에 후속 프로젝트를 추진하기 위한 조직을 구성해서 제공하기도 하고, 후속 개발 사업을 위한 제안요청서를 작성하거나 변화 관리 방안을 수립한다. 이러한 의미에서 이행 계획의 수립은 후속 개발 사업의 방향과 방법을 제시하는 이정표와 같은 것이라고 할 수 있다.

1:4:4:1의 원칙

ISP는 그 과정을 시작하기 전에 제안 요청에 관하여 심층분석을 하여야 하고, 발주 담당자와 충분하게 토의하여야 한다. 프로젝트 범위 확대와 변경의 두려움 때문에 담당자를 피할수록 문제와 리스크가 커지게 마련이고, 간혹 담당자가 바뀔 수도 있으므로 담당자와의 의사소통은 끊김이 없도록 하여야만 한다.

발주 담당자 중에는 ISP에 대한 프로젝트 관리 경험이나 이해가 부족해서 프로젝트 시작부터 어려움을 겪기도 한다. 이럴 때 프로젝트의 오너(담당자)는 프로젝트 절차에 문제를 삼기도 하고, 결과물에 대해서 무리한 요구를 하기도 한다. 심한 경우에는 ISP의 결과물이 마치 최종의 목표로 생각하고 있는 정보시스템에 대한 화면을 개발하는 것으로 오해하기도 한다.

이러한 어려움을 극복하기 위해서는 프로젝트 초기부터 발주 담당자와 책임자에게 집중적으로 ISP에 대한 이해를 시키고 목표를 공유하는 노력을 수시로 해야만 한다. 매일 아침 출근해서 발주 담당자 혹은 책임자와 차 한잔하는 것도 좋은 방법이다.

나는 프로젝트 진행에 비중을 앞서 기술한 바와 같이 1(조사) : 4(분석) : 4(미래 모델): 1(이행 계획)의 원칙을 다시 한번 강조한다.
([그림 15] ISP 분야별 역량 집중 분포도 참고)

모든 단계가 다 중요하고 빼놓을 수 없지만 진행 강도나 평균 소요 시간이 그렇다는 것이다. 그리고 이 책에서 소개하는 절차와 사례는 모두 지켜야 한다는 뜻은 아니며, 권고 사항이다. 이것은 각 프로젝트의 예산, 범위, 대상에 따라서 적절하게 적용해야 한다는 뜻이다.

ISP 대상에 영향을 미치는 것들 분석을 위한
외부 환경 분석

  외부 환경은 지금 ISP를 하고자 하는 조직 및 업무에 영향을
미치는 외적인 요소들을 의미하는 것이며, 그것들에 대한 분석
결과를 향후에 미래 모형 설계에 참고를 목적으로 수행하는 것
이다. 법, 정책 환경(기업은 경영 환경 및 시장 환경 등), 정보기술 동향,
이해관계자, 타 사례 등에 대한 분석이 이에 속한다.
  외부 환경 분석 결과는 시사점으로 표현하고, 내부 현황 분석
결과는 개선 방향이라는 용어로 서로 다르게 사용한다.

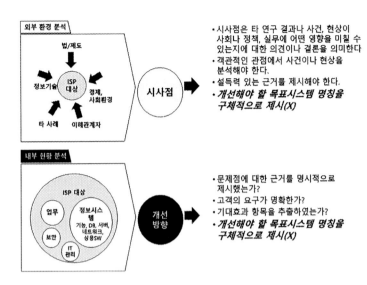

[그림 16] 외부 환경 분석과 내부 현황 분석의 차이점

ISP가 다분히 기술적인 성격이 강하고, 논리적이고, 공학적이기는 하지만 경영이나 정책적 요소를 등한시하면 설계된 미래 모형이 자칫 위험에 빠질 수도 있다. 그래서 기본적인 부분은 다루어서 위험 요소를 예측하거나, 회피할 수 있는 대안을 제시해야만 한다.

외부 환경은 ISP 대상 조직에서 통제할 수 없는 것들을 의미하기도 한다. 그래서 분석 결과를 시사점이라고 하는 것이다. 개선 방향을 제시하는 것이 아니다. 내가 통제할 수 없는 것들을 어떻게 개선시킬 수 있겠는가? 다만, 법령의 경우에는 설계하려는 새로운 시스템의 적용을 위해서 법령의 제정 혹은 개정을 제안하는 경우는 있을 수 있다.

이는 SWOT 분석 방법의 기회(Opportunity), 위협(Threat)에 해당한다고 할 수 있다.

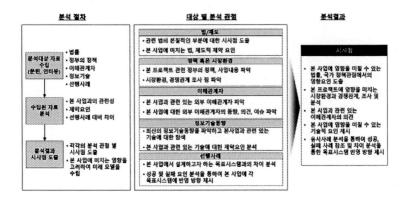

[그림 17] 외부 환경 분석 절차도

외부 환경 분석은 주로 PEST 방법을 활용한다. PEST(Political, Economic, Social and Technological) 분석 방법은 잘 알려진 분석 기법 중 하나이다.

- 정치적(Political) 요소는 정부가 법에 따라서 집행하는 활동으로서 사회 전반에 걸쳐서 규제하거나 지원하는 활동이다.
- 경제적(Economic) 요소는 물가, 산업, 금리, 환율, 수출과 수입, 노동, 성장률, 투자 등을 포함한다.
- 사회적(Social) 요소는 인구, 문화, 보건, 여가, 스포츠, 종교 등을 의미한다.
- 기술적(Technological) 요소는 정보화, 자동화 등의 요소를 의미한다.

정보전략계획 ISP 수립 실무

PEST 분석 기법을 활용하여 외부 환경 분석을 진행하기 위해서는 ISP 대상 조직의 외부 환경에 대한 요인(factors, drivers)을 구분하고, 그것들을 다시 PEST 요인으로 분류한 다음, 분석 대상을 선정하는 것이다.

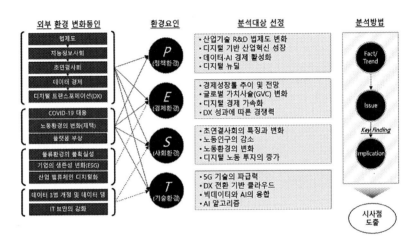

[그림18] PEST 기법에 의한 외부환경분석도

분석 대상은 ISP 대상과 범위에 해당하는 것으로 선정하고 최신의 동향과 이슈를 분석하며, 분석 결과에 대한 시사점을 도출한다. 이렇게 도출된 시사점은 추후에 미래모형 수립 시에 반영한다.

환경 분석 결과에 대해서는 반드시 시사점 정리가 필요하다. 조사 분석 결과 정리된 시사점은 미래 모형 수립 근거로 활용한다. 조사 결과에 대한 나열만 한다면 ISP의 가치가 없으며, 분석 결과에 따라서 컨설턴트의 견해에 따라서 반드시 시사점을 도출해야 한다.

그리고 외부 자료를 인용할 때에는 꼭 그 출처를 기록해야 한다. 이것은 저작권의 문제 이전에 다시 찾아보려고 할 때 시간을 절약하고 보고서의 신뢰감을 주기 위한 것이다.

시사점은 컨설턴트의 생각과 판단에 따라서 서로 다르게 표현되므로 신중하게 도출해야 한다. 시사점은 사실(Fact) 위주로만 작성하는 것이 좋다. 앞질러서 개선 방향까지 하지는 않는 것이 좋다는 뜻이다. 그 이유는 제시한 개선 방향이 미래 모델을 수립할 때 바뀔 수도 있기 때문이다.

예를 들어서 이해관계자를 분석한 결과 특정 이해관계자가 본 사업 관련해서 요구 사항이 있음을 파악했을 경우에는 그 요구 사항만 기술해야지 요구 사항 해결 방향까지 제시하는 것은 피해야 한다는 뜻이다.

- 소비자는 당사의 홈페이지에 통계 정보를 제공받고 싶어 함 (O)
- 소비자가 당사의 홈페이지에 통계 정보를 제공받고 싶어 하므로 통계관리 시스템 개발이 필요함 (X)

향후 미래 모델 수립 시에 해당 요구 사항에 해결 방법이 서로 다른 내용으로 변경이 될 수도 있기 때문이다. 만일 경력이 짧은 컨설턴트가 작성했다면 그보다 경험이 많은 컨설턴트가 다시 검토해서 그 완성도를 높여야 한다. 그래서 각 단계 말에 팀 회의를 통해서 서로 조율하는 것이 좋다.

시사점은 작게는 뼈의 마디와 같고 크게는 허리와 같은 것이다.

분석 결과에 대한 표현이 제대로 되어야 미래 목표 모델을 수립할 때 유용하게 적용할 수 있기 때문이다. 이렇게 시사점이 정리되면 추후 미래 모형 수립을 할 때 근거로써 활용이 쉽도록 해야 한다.

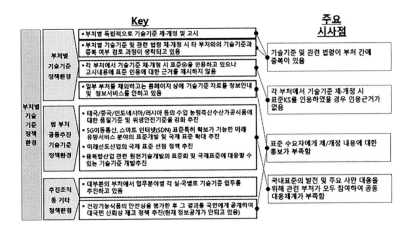

[그림 19] 정책(경영) 환경 분석 결과 시사점 도출(사례)

시사점은 가능한 간략하고 명료하게 하나의 문장(가능한 두 줄 이하)으로 표현하는 것이 좋다. 너무 긴 문장은 추후 미래 모형에 반영하는 과정에서 유사한 시사점끼리 공통점을 찾고 재분류할 때, 그 긴 문장을 다시 분해해야 하는 번거로움이 있기 때문이다.

법제도 분석

ISP 대상 업무가 어떤 법에 어떠한 영향을 받을 것인가?

기업은 컴플라이언스(Compliance, 규정 준수)라는 용어를 사용하며 기업 경영이 법령, 규정, 윤리 또는 사회 통념에 맞도록 준수하는 것을 의미하고 있다. 공공분야는 특히 법에서 정하는 바에 따라서 일해야 하므로 이에 벗어나는 일을 할 수 없다.

대한민국의 법령 체계는 헌법 이념을 구현하기 위하여 최고 규범인 헌법을 기본으로 하며, 법률(국제조약 포함)과 법률의 효과적인 시행을 위하여 대통령령, 총리령, 부령, 행정규칙 그리고 지방정부의 조례로 구성되어 있다.

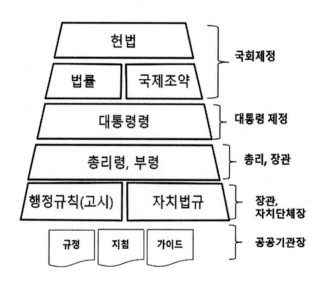

[그림 20] 대한민국의 법령 체계도

정보전략계획 ISP 수립 실무

공공의 경우 각 공공기관별로 정보화 사업을 추진함에 있어 정보화 대상의 업무(의료, 세금, 복지, 건설, 교통 등)는 물론이고 정보 시스템 자체도 갈수록 이를 통제하는 법률이 증가하거나 복잡해지고 있다.

IT 분야만 해도 2000년 이전에는 통신공사를 관리하는 정보통신공사업법만 있었으나, 2001년에 전자정부법(구 전자정부구현을 위한 행정 업무 등의 전자화 촉진에 관한 법률)이 발효되면서부터 지금까지 필요할 때마다 법률 개정을 하고 있다.

이것들은 국가정보화 프로젝트에 대하여 발전을 유도하거나 사회 안전을 위해서 통제나 지원을 위한 것이다. ISP는 정보기술로 업무의 효율과 효과를 극대화하는 것이 목적이므로 법제도 분석에서는 기본적으로 이와 관련된 분석을 해야만 한다. 특히 공공정보화 사업을 추진할 때에는 더욱 그렇다.

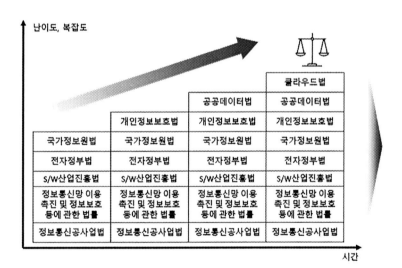

[그림 21] IT 분야 관련 법률 증가 추이도

물론 공공분야뿐만 아니라 모든 ISP 프로젝트에 대상 업무영역(금융, 제조, 서비스 등)에 대한 관련 법제도 역시 동일한 수준으로 다루어야만 한다. 예를 들어서 의약품관리에 관한 ISP를 하고 있다면 당연히 약사법에 대한 내용을 분석해야 한다.

향후 미래 모형에서 설계하고자 하는 업무와 기능이 현행법에 없거나 보완이 필요하다면 그 법의 변화가 있을 때까지 시스템 구축은 대기할 것을 권고해야 한다. ISP 범위에 관련된 법을 검토하는 것은 제약 조건에 대한 검토라고 할 수 있다.

법에 관한 분석과 대응 방안의 수립이 충분하지 못한 경우 미래 모형이 불안정할 수 있으며, 이러한 미래 모형을 기반으로 개발된 정보시스템이나 사업은 큰 문제가 발생할 수 있다.

2006년 6월, 370여억 원에 달하는 공공 예산이 투입된 의약품 유통정보시스템과 관련한 보건복지부와 SI회사와의 소송에서 보건복지부가 결국 패소했다. 국민건강보험법 개정과 의약계의 반발로 인하여 그 시스템이 유명무실하게 되었던 것이다. 이 사건은 관련법과 이해관계자에 대한 충분한 검토와 대비가 부족한 상태에서 시스템을 구축한 결과라고 할 수 있다.

2019년 모 플랫폼 회사는 11인승 승합자동차를 이용한 서비스의 운영을 중단했다. 이 회사는 국회에서 여객자동차 운수사업법이 개정됨에 따라 더 이상 기존의 서비스 방식으로는 사업성이 없다고 판단했고 개정된 규정이 시행되기까지 1년 이상이 남아 있음에도 즉시 운행을 중단한 것이다. 사업을 준비하고 시작할 때까지 많은 투자가 있었음에도 불구하고 택시사업자와의 사회적 합의가 부족한 탓에 실패로 기록된 사업이었다. 사업 초기에 여러 가지 검토를 했었겠지만, 그 당시 현행법에 문제가 없다는 판단만 하고 이해관계자에 대한 분석이 부족한 경우라고 할 수 있다.

상기의 두 가지 사례는 ISP보다는 경영 전략 혹은 마케팅 전략을 수립할 때 집중적으로 다룰 영역이기는 하다. 하지만 외부 환경 분석은 이렇게 ISP에서도 대상 조직이나 업무에 영향을 미치거나 미칠 가능성이 있는 것들에 대해서 조사와 분석해야 한다.

최근에는 인공지능의 반 기능적인 요소에 대해서 전 세계적으로 논란이 증가하고 있다. 그 위험성에 대한 규제도 생기고 있는 실정이다. ISP에서 인공지능을 주제로 다룬다면 정부의 인공지능 규제 동향도 살펴봐야만 한다.

이를 통해서 미래 모형 수립 시에 전제 조건 혹은 고려 사항으로 참고해야 한다.

[그림 22] 통합방송법(가칭) 개정 이슈 분석도(사례)는 OTT[9]분야가 점차 방송 시장에 영향이 커짐에 따라서 디지털 융복합 환경에 맞는 방송 사업의 규제 체계 개편을 위한 통합방송법(방송법 전부개정법률안)이 거론되고 있는 것을 분석한 것이다.

통합방송법(가칭)은 급변하는 방송 시장 환경에 맞는 방송 규제 원칙 재정립을 위해 방송 역무 중심이었던 현행 방송법을 콘텐츠 내용 중심으로 규제하고자 하는 것이다. 이 법이 아직 제정되지는 않았지만 최근 이슈를 분석해서 앞서 사례로 들었던 의료

---

9) OTT(Over The Top): '특정 방송만 지원하는 셋톱박스를 넘어서'라는 뜻으로, 인터넷을 통해 PC, 스마트폰, 스마트 TV 등 다양한 플랫폼으로 사용자가 원할 때 원하는 영상을 보여 주는 VOD 서비스

나 택시 부문과 같은 문제가 생기지 않도록 진행 방향을 검토해서 미래 모델 수립에 참고하고자 하는 것이다.

이러한 법의 분석 결과는 때로는 미래 모형으로 설계한 정보시스템의 개시 일정을 법률 일정에 맞추어서 제시할 수 있다.

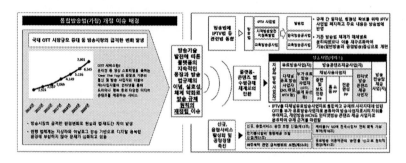

[그림 22] 통합방송법(가칭) 개정 이슈 분석도(사례)

정책(경영) 환경 분석

정책(경영) 환경 분석은 현재 진행 중인 ISP 대상 조직과 업무에 영향을 미치는 기업의 경우 시장 환경의 분석과 이를 대응하기 위한 회사의 정책을 분석하거나, 정부나 타 국가 혹은 범세계 관련 기구의 정책에 대하여 분석하는 것이다. 특히 공공분야 ISP는 이 사업에 대해서(후속의 개발 사업을 포함해서) 정부 정책과의 연관성에 대해서 필연성, 국회 승인을 받기 위한 타당성, 국익이나 대국민의 관심도 등의 영향 요인에 대하여 분석이 필요하다.

공공정책의 경우, 2021년 정부는 한국형 뉴딜정책을 통해서 일자리 창출을 꾀하고자 했다. 2025년까지 총예산 160조 원을 투자하여 새로운 일자리 창출을 목표로 진행하고 있었다. 디지털 분야에만 약 58조 원이 투입되었으므로 공공 정보화 사업은 대부분 이 부문에 영향을 받는다고 할 수 있을 것이다. 따라서 ISP 대상 프로젝트가 요구하는 정보시스템의 미래 목표 모델이 정부의 디지털 뉴딜 정책과 어떠한 관련성이 있는지를 파악해야 한다.

관련성이 있다면 구체적인 범위와 대상을 분석해서 현재 진행 중인 ISP와 향후 개발할 정보시스템의 방향성에 대한 동기를 부여해야 한다. 관련성이 없다면 다른 정책을 찾아서 본 사업을 추진하여야 할 설득력 있는 조사와 그 분석 결과를 제시해야 한다.

기업의 경영 환경 분석은 경영 목표와 대비하여 시장 환경을 분석하는 것으로서 시장 환경 중 정보기술이 적용되고 있는 상황을 파악하는 것이다. 너무 넓은 거시적 시장환경 조사는 ISP에 별 도움이 안 되며, 자칫 분석 목적이 왜곡되거나 불필요한 시간 낭비를 초래할 수 있으므로 이를 경계해야 한다.

예를 들어서 ISP의 목표가 기업의 물류 업무 정보화인데 GDP 동향을 파악하거나 인구 동향을 파악하거나 경제지표를 파악하는 등이다. 유용한 정보로 느껴지지만 이것들을 미래 모델에 영향 요인까지 연결하기엔 너무 무리라는 뜻이다. 이러한 정보들을 구하기는 쉽지만, 막상 활용하기에 어려움이 있다. 물류 업무의 정보화를 위해서는 정부의 물류정책이나 물류 관련 국내외 통계 혹은 경쟁자의 동향을 참고하는 것이 좋을 것이다.

또 한 가지 사례는 내가 대학교에서 학사 과정에 대한 ISP를 수행하던 중 인구 동향에 대한 자료가 컨설팅 보고서에 인용된 것을 보고 담당 컨설턴트에게 이 자료를 왜 인용했는지를 물어보았다.

그 컨설턴트는 인구가 감소하는 것이 사회적 이슈이고 대학교가 어려움을 겪고 있어서 참고하려고 했다는 것이다. 인구 감소가 대학교의 학사 정책에 영향을 주는 것은 사실이지만 그것이 학사관리 업무와 정보시스템에 어떠한 영향을 미치는가?

학생 수가 줄어들면 학사관리 프로세스가 변화하느냐는 나의 질문에 정확하게 답변을 못 하는 담당 컨설턴트에게 며칠 뒤에 아래와 같이 구체적으로 논리를 전개하도록 권고했다.

"인구 감소에 대한 시사점으로는 학생 수가 감소되고, 그로 인한 교과 과정(학과)의 통합 혹은 폐지 등의 영향이 있으므로 이를 반영한 미래 모형은 과정 개발 기능의 유연성 확보를 해야 한다."

이러한 나의 생각은 그 컨설턴트가 착안하고 애써 작성한 보고서가 아까워서 그렇게 권고를 한 것이었다.

분석 결과에 대하여 도출한 시사점이 해당 ISP의 목적이나 목표에 직접적으로 관련 없는 것이라면 애당초 조사부터 하지 말거나, 이미 조사가 된 것이라도 빨리 포기해야 한다.

경영 환경 분석은 정부의 어떠한 정책이 경영에 영향을 미치고 있는지, 고객의 사회적 변화를 파악하고 이에 대응하는 정보기술이 어떻게 적용되고 있는지를 좁은 시각으로 파악하는 것이다.

[그림 23] OTT 서비스 변화도는 모 방송국 ISP수행 산출물인데 우리나라 방송시장의 환경을 분석한 사례다.

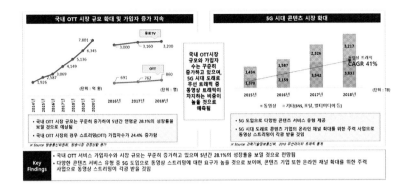

[그림 23] OTT 서비스 변화도(예시)

　종편, 유료 방송 채널의 콘텐츠 품질 향상 등으로 지상파의 매출 및 시청 시간이 감소하고 있으며, 이 같은 침체는 가속화되고 장기화될 가능성도 배제할 수 없는 상황이다. OTT 같은 시장 환경 변화에 신속하게 대응하지 못할 경우 방송 광고 매출 감소로 인한 프로그램 제작 재원 감소 및 콘텐츠 품질 저하로 인해 시청자들의 시청 시간 감소 및 외면을 받을 수 있음을 기술했다.

　관련 자료에 따르면 국내 OTT 서비스 가입자 수와 시장 규모는 꾸준히 증가하고 있으며, 2021년 기준 향후 5년간 28.1%의 성장률을 보일 것으로 전망했다. 다양한 콘텐츠 서비스 유형 중 5G 도입으로 동영상 스트리밍에 대한 요구가 높을 것으로 보이며, 콘텐츠 기업 또한 온라인 채널 확대를 위한 주력 사업으로 동영상 스트리밍이 각광받을 것으로 예측했다.

방송시장의 사회적 환경	시사점
●OTT 서비스 및 1인 미디어 등 급격한 방송 환경 변화 ✤전통 미디어 위기 　-시청자의 TV 이용행태가 전통적인 TV 시청이 아닌 멀티디바이스와 모바일 중심으로 　 빠르게 변화하고 있음 　-일상 생활에서의 전통적인 미디어보다 스마트폰과 같이 접근성이 좋은 매체를 통한 　 미디어 이용이 증가하고 있음 ✤OTT 서비스 　-국내 OTT 서비스 가입자수와 시장 규모는 꾸준히 증가하고 있으며 5년간 28.1%의 　 성장률을 보일 것으로 전망됨 　-다양한 콘텐츠 서비스유형 및 5G 도입으로 동영상 스트리밍에 대한 요구가 높을 것으로 　 보이며, 콘텐츠 기업 또한 온라인 채널 확대를 위한 주력 사업으로 동영상 스트리밍이 각광 　 받을 것임 　-OTT 서비스 이용 디바이스는 대부분 모바일 환경을 이용하고 있음 　-OTT 서비스의 핵심 경쟁력은 차별화된 킬러 콘텐츠 확보 역량으로 일부 OTT 　 플랫폼에서는 경쟁력 강화를 위해 오리지널 콘텐츠 제작을 크게 확대하고 있음 ✤1인 미디어 영향력 증대 　-동영상 제작 및 소비가 일상화되고 콘텐츠 제작 및 소비에 대한 욕구가 다변화 되고 있음 　-동영상 및 실시간 콘텐츠 제작 가능 기술적 환경이 조성되고 있어여 동영상/실시간 중심의 　 재로운 문화 확대가 기대됨 　-생활 전 분야에 걸친 1인 미디어의 영향력이 확대되고, 산업화의 가능성이 존재함	• 전통적인 TV 매체가 아닌 스마트폰과 같은 　매체를 통한 시청 유형의 변화는 콘텐츠 중심의 　미디어 생태계가 조성되고 있음을 의미함 • OTT 가입자 수가 꾸준히 증가하고 5G 서비스로 　인해 동영상 스트리밍 등 다양한 온라인 　서비스가 확대되고 있어 미디어 환경의 급속한 　변화가 예상됨 • 킬러 콘텐츠 확보를 위해 서비스 업체가 　오리지널 콘텐츠 제작을 크게 확대하고 있으며, 　이는 차별화된 OTT 서비스의 핵심 경쟁력으로 　작용함

[그림 24] 방송 시장의 사회적 환경 분석 결과 시사점(사례)

　방송 시장의 사회적 환경은 PEST 분석 방법 중 Social에 해당하는 것으로서, 분석 결과, 점차 OTT 시장이 확대될 것이며, 콘텐츠 품질도 중요한 서비스 요소가 될 것임을 시사했다. 물론 고객이 더 정확하고 많은 정보와 목표를 가지고 있지만 그 고객이 추진하고자 하는 정보시스템 개발의 당위성을 논리적으로 정리하고 이러한 내용은 추후 목표 모델 구성 시 참고한다.

　즉, 고객이 요구하는 OTT 서비스를 위한 정보시스템 목표 모델 과제 발굴이나 유사한 목표 과제에 반영해서 외적 영향 요인으로 그 시스템 개발의 타당성을 확보하는 것이다.

이해관계자 분석

　이해관계자 분석은 ISP 대상에 대한 이해관계자를 파악해서 향후 미래 모형(시스템) 설계에 반영하는 과정이다. 이해관계자는 주로 타 기관, 대국민, 소비자, 고객, 협력업체, 외부 이용자 등을 의미하며, 내부 이해관계자(ISP 대상 내부 조직)는 현황 분석 과정에서 인터뷰, 설문 등의 과정에서 다루는 것이 좋다.

이해관계자에 대한 조사와 분석은 아래와 같은 순서로 진행한다.

- 이해관계자 구별 → ISP와의 관계 정의 → 이해관계자 의견 분석

이해관계자 구별은 발주자와 상해서 결정하게 되며, 조사 방법은 인터뷰, 설문, 문헌 조사 등이 있을 수 있다. 이해관계자는 ISP 대상과 연관이 있지만 이들 상호 간에도 연관이 있을 수 있으므로 이것도 분석한다. 이해관계자 분석 결과는 미래 모형 중 프로세스, 기능과 데이터에 관련이 있으며, 시스템 연계에도 관련이 있다.

[그림 25] 이해관계자 분석도는 국가표준인증에 관한 이해관계 사례이다.

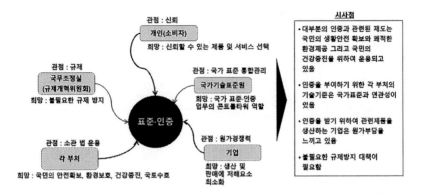

[그림 25] 이해관계자 분석도(사례)

　범국가적으로 표준인증 업무를 수행하고 있는 국가기술표준원에서는 표준인증의 범국가적 효율성을 강화하고자 BPR/ISP를 수행했다. 나는 BPR 부문을 담당했고, 외부 환경 분석 과정에서 각 이해관계자별로 표준과 인증에 대한 관점과 희망 사항을 분석했다.

　각 부처의 표준인증 담당자는 관련 법률에 따라서 소관 업무별로 각자 이 업무를 진행하고 있어서 국가기술표준원에서는 통합 관리의 필요성이 제기되었던 것이었다.

　제조업에서 생산되는 생산 제품은 대부분 국가기술표준원에서 표준인증에 관한 업무를 수행하고 있지만, 동일한 제품이나 서비스임에도 불구하고 타 부처에서도 관리하는 경우에는 그 표준의 강제화 혹은 권고가 어려웠던 것이다.

　표준에 관해서 대외적으로는 국가기술표준원이 세계기구인

ISO/IEC에 National Body[10]로 국가를 대표하는 기관이지만 국내에는 여러 기관이 관리하고 있다. 이해관계자 분석은 각 이해관계자별로 ISP 대상 업무나 조직에 대해서 요구 사항과 개선을 바라는 바를 조사하여 분석하는 것이다. 즉, 외부 환경 분석 단계에서의 이해관계자는 주로 ISP 범위와 직접적으로 관련이 있는 외부의 관련자, 즉 ISP 대상의 조직과 범위에 영향을 미치는 개인이나 단체를 의미한다.

- 가장 먼저 해야 할 일은 이해관계자를 구별하는 것이다.

이것은 ISP의 범위와 대상 조직과 직간접적으로 이해관계가 있는 조직이나 개인을 파악하는 것으로서 기업은 협력사, 소비자, 해외 바이어, 법령에서 명시된 규제 혹은 지원기관 등이 이에 속한다.

공공기관은 불특정 다수의 국민, 기업, 소상공인, 법령에서 명시된 기관 등이 이에 속하고, 기업은 경쟁사를 이해관계자로 분류하는 경우도 있지만, 경쟁 관계면 벤치마킹의 대상으로 분류하고 거래 관계의 협력사도 이해관계자로 분류한다.

이해관계자가 파악되면 아래의 사항에 대해서 조사한다.

- 이해관계자의 개요와 특성
- ISP 대상 조직과 업무에 미치는 영향

---

10)   National Body(대외적으로 표준, 인증을 대표하는 국가기관)

- ISP 대상 조직과 업무에 요구 사항, 불만 사항
- SP 대상 조직에서 제공하는, 혹은 제공받고 싶은 정보시스템에 대한 요구 사항, 불만 사항

이해관계자에 대한 분석은 가능한 정보기술 측면에서만 다루어야 하며, 자칫 확대되거나 왜곡되지 않도록 해야 한다. 업무적인 측면에서 너무 깊숙하게 분석하면 미래 모형에 반영하기가 어렵기 때문이다.

ISP 대상 조직이나 업무와 관련된 이해관계자를 파악하는 방법은 ISP 고객의 담당자와 인터뷰를 통해서 얻을 수도 있지만, 가장 빠르고 쉬운 방법은 고객의 홈페이지를 이용하는 것이다. 공공기관은 기관소개에서 이해관계자를 쉽게 파악할 수 있고, 기업의 경우에는 대부분 주요 고객을 홍보용으로 표시하고 있기 때문에 그 정보를 활용한다.

다음 〈표 7〉 이해관계자 분석표(사례)는 국가표준인증 관련 이해관계자에 대한 분석 사례다. '본 사업에서 고려하여야 할 사항'이 대부분 정보화 부분임을 알 수가 있다.

〈표 7〉 이해관계자 분석표(사례)

유형	구분	유형	주요 요구사항	본 사업에서 고려하여야 할 사항
개인	소비자	학생, 주부, 사업자, 상인 등	생활안전, 환경보호	표준, 인증 정보에 대한 정확하고 손쉬운 접근
단체	정부	기술표준원	국가 표준·인증 업무의 콘트롤타워 역할	주도적 역할(사업주관), 사업 방향에 대한 의사결정
		국무조정실	기술규제 내용에 대한 중복성 여부 검토의 용이성 확보	각 부처에서 진행 중인 표준·인증 관련 법(고시)에 대한 사전 중복성 검토 기능 제공
		법제처	행정규칙(고시 등)의 사전 관리	모든 기술기준(고시문)이 모일 수 있도록 유도
		기술기준 관리 각 부처	유사 규제(기술기준)에 대한 정보획득의 용이성	인증 등 기술기준 수립 사전에 중복성 여부 및 국가 표준 참조 기능 제공
	공공기관	표준협회	각 부처에서 관리 중인 기술기준에 국가표준의 적용	국가표준 규격서 열람(참조)의 용이성 제공
		정보통신 기술협회	각 부처에서 관리 중인 기술기준에 국가표준의 적용	국가표준 규격서 열람(참조)의 용이성 제공
		인정기관	국제 인증제도에 대한 정보취득의 용이성	인증제도의 확정 전에 중복, 유사부분의 추출
		인증 및 시험기관	인증서비스의 차별화	타 인증 제도의 참조 용이성 제공
	기업	업종별 대, 중, 소	비용 및 절차 간소화, 중복 인증 배제	맞춤형 인증서비스, 저렴한 비용
	기타	학교	현재 운영 중인 표준, 인증정보 수집 및 비교 분석	표준, 인증 정보에 대한 정확하고 손쉬운 접근
		연구소	현재 운영 중인 표준, 인증정보 수집 및 비교 분석	표준, 인증 정보에 대한 정확하고 손쉬운 접근
	해외기구	WTO	국제 표준이 적용되지 않은 국내 기술기준 정보	정보의 현행화, 국내 최적화 방안
		ISO, IEC, ITU, IEEE	국제 표준이 적용되지 않은 국내 표준 정보	정보의 현행화, 국내 최적화 방안

<표 7>의 이해관계자 분석표(사례)에서 언급된 '본 사업에서 고려하여야 할 사항'으로 표시된 부분은 객관적 사실 위주로 시사점을 기술해야 한다는 원칙에 벗어난다. 이 사항은 미래 모델 수립을 하는 부분에서 다루어야 할 항목이다. 즉, 이 경우에는 시사점으로 이해관계자의 요구 사항만 다루면 된다는 뜻이다.

[그림 26] 실감콘텐츠 산업 이해관계자(사례)는 실감콘텐츠 산업의 이해관계자에 관한 사례이며, 크게 생산-유통-소비-정책으로 구분하였으며, 각 분야별 이해관계자를 분류했다.

이렇게 이해관계자에 대한 분류는 여러 가지 유형으로 할 수 있지만, 이 조사를 하는 이유는 미래에 설계할 정보시스템에 어떠한 영향을 주는지를 분석하기 위한 것이므로 그 조직이나 개인별로 구분하는 것이다. 그렇게 분류를 함으로써 다양하고 체계적인 의견 수렴이 가능하다. 막연하고 개념적인 분류는 그렇게 할 수 없기 때문이다.

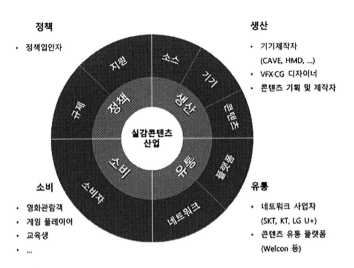

정책
- 정책입안자

생산
- 기기제작자
  (CAVE, HMD, ...)
- VFX·CG 디자이너
- 콘텐츠 기획 및 제작자

소비
- 영화관람객
- 게임 플레이어
- 교육생
- ...

유통
- 네트워크 사업자
  (SKT, KT, LG U+)
- 콘텐츠 유통 플랫폼
  (Welcon 등)

[그림 26] 실감콘텐츠 산업 이해관계자(사례)

기업(제조업)의 경우는 대외적으로 국내 소비자에서부터 정부의 규제(법)와 지원에 이르기까지 다양한 이해관계자가 있다.

[그림 27] 기업(제조업)의 이해관계자에서 표현된 것은 그 기업의 전체 이해관계자이며, 업무 단위로 보면 더 세분화된 이해관계자가 있을 수 있다. 예를 들어서 회계업무의 이해관계자는 국세청, 거래처가 그것들이다.

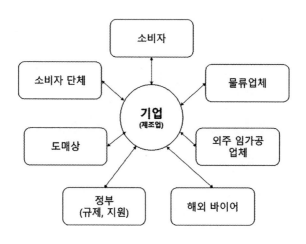

[그림 27] 제조업의 이해관계자(사례)

국민권익위원회의 부패 방지 업무와 관련 이해관계자는 크게 신고인(국민, 공무원)과 부패 방지 시책평가(중앙부처 및 공직유관 단체) 및 부패 영향 평가/청렴도 측정과 청렴교육 대상자로 구분했다.

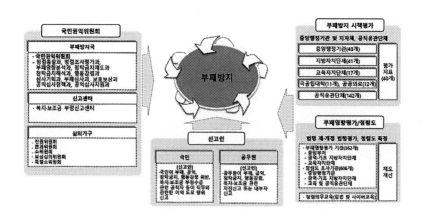

[그림 28] 부패 방지와 관련한 이해관계자(사례)

본 프로젝트(ISP) 이후에 추진할 개발 사업에서 고려해야 할 요소들은 추후 시사점으로 정리하여 향후 모델에 반영하도록 한다. 그리고 ISP 대상 조직 내 부서 단위의 조직에 관한 사항은 내부 현황 분석 단계에서 다루기로 한다.

정보기술 환경 분석

정보기술 환경 분석은 ISP 대상 조직과 업무에 관련된 정보기술을 다루는 것으로서, RFP(Request For Proposal)에 요구 사항을 포함한다. 최신의 정보기술을 조사하기도 하고, 보편화된 기술이지만 ISP 대상에서 사용하고 있거나 사용할 가능성이 있는 것이라면 마찬가지로 조사한다.

최신의 정보기술 동향은 현재부터 미래에 예상되는 기술을 다루는 것이므로 중요하게 조사해야 한다.

정보기술은 아무래도 미국이 가장 창조적으로 앞서가고 있고, 대표적으로 가트너의 하이프 사이클(Hype Cycle)은 신기술에 대한 시장의 기대가 어떻게 변하는지 경험적으로 정리한 도구로서 IT 관련 신기술에 대한 예측 및 트렌드 분석에 많이 활용하고 있다.

한국에서도 정보통신기획평가원, 소프트웨어정책연구소, 전자통신연구원 등에서도 매년 정보기술 동향을 발표하고 있다. 이러한 공신력 있는 곳에서 발표하는 자료를 조사하고, 그 분석 결과에 대하여 시사점을 ISP에 반영해야 한다. 사실 이러한 동향 자료 덕분에 연역적 접근이 가능한 것이다.

시사점의 핵심은 ISP 대상 정보시스템이 고려해야 할 최신의 정보기술과 앞으로 나아가야 할 그 방향을 제시하는 것이다.

그것은 최신 기술뿐만 아니라 ISP 대상이 되는 보편화된 정보기술인 ERP, PLM[11], CMS[12], BI[13], ESB[14], BPM[15] 등도 있다.

인공지능 기술 이슈

요즘 점점 부상하고 있는 인공지능 기술의 경우에는 기술 자체도 중요하지만, 최근에 전 세계적으로 인공지능에 대한 쟁점이 심화되고 있기 때문에 이를 고려한다.

인공지능 기술의 발전은 생활의 편리와 삶의 질을 제고해 주는 측면이 있다. 하지만 인공지능은 인간과 유사한 지능을 가지고 있기 때문에 머지않은 장래에 인간의 일자리를 대체하고, 사생활을 침해하고, 데이터를 오남용할 수 있으며, 인공지능 기술향유에 있어서 격차 발생, 킬러 로봇의 등장 등 두려움도 야기하고 있다.

2018년에는 유럽연합 차원에서 AI 이니셔티브를 발표하였고, 현재 AI 윤리 가이드라인을 수립 중이다. 또한, 개인정보보호규정(GDPR[16])이 같은 해 5월부터 발효되어 유럽 전역에 개인 정보

---

11) PLM(Product Lifecycle Management)
12) CMS(Content Management System)
13) BI(Business Intelligence)
14) ESB(Enterprise Service Bus)
15) BPM(Business Process Management)
16) GDPR(General Data Protection Regulation)은 유럽연합(EU)의 개인정보 보호법으로, EU 시민의 개인정보를 보호하기 위해 제정, 2018년 5월 25일부터 시행

에 관한 권리를 강화할 것을 천명했다.

2018년 유네스코는 인공지능(AI)의 윤리적 개발과 이용을 위한 국제적인 지침을 만들기 위한 프로젝트를 시작했다. 그리고 지난 3년여간 전 세계 수백여 전문가들의 헌신과 치열한 국제적인 토론을 거쳐 2021년 11월 25일, 193개 유네스코 회원국의 만장일치로 'AI 윤리 권고'를 공식적으로 채택했다[17].

우리나라 과학기술정보통신부에서도 2020년 12월에 '인공지능(AI) 윤리기준'을 발표했다. 아마도 조만간 법제화가 될 듯하다.

그리고 인공지능 기술은 윤리적 문제만 아니라 안전성도 사회적으로 쟁점이 늘어나고 있다는 것에도 관점을 가질 수 있다.

인공지능의 역기능 사례

2021년 3월 11일 미국 미시건주에서 테슬라Y가 화물 차량과 충돌해 밑에 깔려 운전자와 동승자가 중태에 빠졌다[18].

중국 쇼핑몰인 'Fuzhou Zhongfang Wanbaocheng Mall'에서는 에스컬레이터에서 로봇이 넘어져 사람을 치는 사고를 내었다.

이 이외에도 최근에는 딥페이크와 같은 얼굴 인식 기술의 무분별한 사용으로 인한 사생활 침해가 사회적으로 큰 이슈가 되고 있다. 우리나라에서는 이러한 문제를 미연에 방지를 위하여 표준협회에서 제품의 안정성(소프트웨어 로직)에 대한 품질 인증을 하고 있다.

---

17) 출처: 유네스코 한국위원회, 「인공지능(AI) 윤리와 법(I)-AI 윤리의 쟁점과 거버넌스 연구」, 2021. 12.
18) 출처: 스페셜 리포트, 2021. 7., AI타임즈

이렇게 ISP가 인공지능 부문을 다루어야 한다면 순기능뿐만 아니라 역기능 부분도 고려해야 한다는 뜻이다. 특히, 인공지능 기술이나 제품에 대한 정부의 규제나 법률에 대해서 신경을 써야 한다.

통상적으로 신기술과 보편화된 기술의 분석 결과에 대하여 그 기술을 평가하고, 그 결과에 대한 수용 여부를 보고서에 담기도 하는데, 나는 그렇게까지는 하지 않는 것이 좋다고 생각한다.

그 이유는 기술의 평가, 즉 기술 성숙도, 표준화, 적용 검증도, 개발 및 운영의 수월성, 도입 비용 등을 평가하는 것까지는 좋지만, 적용성을 평가하는 것은 너무 앞질러서 가는 것이라고 생각하기 때문이다. 미래 모형 수립 단계에서 목표시스템이 결정되기 때문에 이때서야 비로소 적용할 기술을 선정할 수 있기 때문이다.

분석 단계에서 미래 모델에 적용될 기술이 무엇이 될지 모르는데 적용성을 평가하는 것은 무리한 결정이라고 생각한다. 조사된 기술에 대한 평가는 하되 적용성에 대해서는 미래 모형 수립을 할 때 하면 된다는 뜻이다.

타 사례 분석

타 사례, 벤치마킹, 선진사례, Case Study, Best Practice 등 여러 가지로 부르지만 같은 의미라고 할 수 있다. 타 사례는 이해관계자 분석과 유사하게 진행한다. 타 사례를 파악하여 향후 미래 모형(시스템) 설계에 반영하는 과정이다.

타사례는 주로 타 기관, 경쟁 회사를 대상으로 진행하고, 타 사례에 대한 조사와 분석은 아래와 같은 순서로 진행한다.

• 타 사례 구별 기준 수립 → 타 사례 구별 → 타 사례 분석 → 차이(GAP) 분석

타 사례 구별은 발주자와 상의해서 결정하게 되며, 조사 방법은 인터뷰, 설문, 문헌 조사 등이 있을 수 있다. 타 사례가 파악되면 아래의 사항에 대해서 조사한다.

- 타 사례 구별을 하기 위한 기준 수립
- 타 사례 구별(선정)
- 타 사례의 개요와 특성, 장단점 분석
- 차이 분석(ISP 대상과 타 사례 비교)
- 장단점과 본받을 점 정리

가끔 타 사례 분석을 시사점까지만 도출하고 끝내는 경우가 있는데, 이렇게 하면 미래 모형에 무엇을 반영해야 할지 난감한 경우가 있다. 미래 모형에 반영을 못 한다면 무엇 때문에 조사와 분석을 하겠는가? 그래서 차이(GAP) 분석을 해야 한다. 타 사례에 비추어 봤을 때 장단점과 본받을 점이 무엇인지 명확하게 분류해야 한다.

타 사례 분석은 실제 성과가 입증된 비교 상대의 우수한 운영 방식을 활용할 수 있는 등의 효과를 기대하는 활동이다.

- **차이 분석**

자기 자신만의 평가가 아닌 우수한 상대와의 비교를 통해 자기 수준과 그 수준차의 원인을 구체적으로 실감할 수 있다.

- **목표 설정**

제로-베이스(Zero-base) 관점에서 존재하는 비교 상대와의 수준차를 극복하려는 현실적인 목표 설정이 가능하다.

- **반영 계획 수립**

실제 성과가 입증된 비교 상대의 우수한 운영 방식을 활용함으로써 미래 모형에 반영하기에 효과적이다.

- **실행/평가**

미래 모형에 반영하면서 '우리도 하지 않으면 뒤처진다'라는 실행 의지가 확산되고, 목표 의식이 뚜렷해진다.

다음 〈표 8〉 정보화 사업 추진 체제에 대한 타 공공기관과의 비교표(사례)는 모 공공기관에 ISP를 수행 중에 정보화 사업 추진 체제에 대한 타 공공기관과의 비교한 결과 차이 비교표이다.

<표 8> 정보화 사업 추진체제에 대한 타 공공기관과의 비교표(사례)

구분	외부 전문 용역 활용	정보화 사업관리 규정	정보화사업 추진 가이드	사전협의 안내	제안요청서 등 서식 제공	정보화 사업추진 조직
○○ 공사		정보화 업무 처리 규정	정보화 사업 업무 매뉴얼			
○○ 진흥원		-	전자정부 지원사업 사업관리 절차	전자정부 사업 사전 협의제도 안내	개발사업용 제안요청서	
○○ 부		정보화 관리 규정				
○○ 정보원	시스템 운영 및 유지보수 인력 상주	통계관리 예규	정보화사업 수행관리 표준 가이드	정보화 사업 수행 관리 표준 가이드	정보화사업 수행관리 표준 가이드 (서식포함)	
○○ 시	시스템 운영 및 유지보수 인력 상주	서울특별시 정보화 기본조례	○○시 정보화사업 추진 절차에 관한 규칙	정보화 사업관리 지침	-	
○○ 본부		정보화 사업관리 지침	우정정보화 사업관리 표준 가이드	-	-	
○○ 청		특허청 정보화 업무 규정	○○청 정보화 사업 표준 가이드	-	특허청 정보화사업 표준 가이드	
○○ 회						정보화 총괄부서 이외 2개팀
○○ 위원회						정보화 총괄부서 이외 2개팀
○○ 공사	시스템 운영 및 유지보수 인력 상주	정보화 사업관리 체계와 시스템을 구축				

상기 〈표 8〉에 의하면 고객인 ○○공사는 여러 현업부서에서 독립적으로 정보화 사업을 추진하고 있었으며, 정보화 사업을 추진하는 과정에서 어려움을 겪고 있는 이유 중 하나가 타 공공기관에 비하여 구체적인 가이드라인이 제공이 부족한 것으로 나타났다.

또 한 가지, 차이(GAP) 분석 사례는 국가 간에 의약품 유통관리에 관한 것이다. 이 사례는 한국에서 타 국가에 의약품 유통에 관한 범국가적 관리 시스템을 제공하기 위하여 컨설팅 과정에서 분석한 것이다. 이 분석을 통해서 해당 국가는 공공의약품 재고관리에 노력하고 있지만 한국에 비해서 그 한계가 있는 것으로 분석되었다.

〈표 9〉 의약품유통관리 부문의 비교 표

구분	한국	필리핀	주요 차이점
유통관리	의약품관리종합정보센터에서 운영하는 KPIS에서 의료서비스 기준 설정, 모니터링을 하고 있음	의약품 가격관리를 위한 EDPMS(Electronic Drug Price Monitoring System)는 필수 의약품의 가격 및 재고를 포함한 시장 정보를 수집하기 위한 DOH의 도구임	○○국은 종합 유통관리를 위한 전문 시스템은 없음
재고관리	의약품관리종합정보센터에서 운영하는 KPIS에 재고관리 기능이 포함되어 있음	재고관리를 위한 eLMIS를 USAID의 지원으로 개발 중에 있음(20223년 완료예정)	○○국은 eLMIS는 특정지점(창고)의 특정 시점에 재고관리 기능이며, 유통 전체의 물류관리 기능은 없음

[그림 29] 카메룬과 한국의 전자조달시스템 차이(GAP) 분석 사

례와 같이 조달정보시스템에 대한 비교를 예로 들 수 있다. 이것은 카메룬에 전자조달시스템을 한국의 전자조달시스템(KONEPS)과 분석한 사례이다.

●:온라인, ◐:온/오프라인 병행, ○:오프라인, ×:업무 미수행

프로세스 단계		Cameroon		KONEPS	
조달계획		조달계획/예산심의	○	조달계획/예산심의	×
		계약방법결정	○	-	
요청/준비		구매/계약요청	○	구매/계약요청	●
		PQ심사	○	-	
입찰	입찰공고	입찰공고	○	계약방법결정	○
				입찰공고	●
		입찰참가신청	×	입찰참가신청	●
	입찰참가	입찰참여	○	PQ심사	◐
				입찰참여	●
	개찰/낙찰자 선정	개찰	○	개찰	●
		적격심사	○	적격심사	●
		낙찰자선정	○	낙찰자선정	●
계약		계약	○	계약	●
착공/납품		검사/검수	○	검사/검수	◐
대금지급		대금청구	○	대금청구	●
		대금지급	○	대금지급	●

- KONEPS에 비해 카메룬 공공조달은 모든 조달 프로세스를 오프라인으로 수행
- 카메룬의 경우 조달계획이 조달 프로세스에 포함되지만 KONEPS의 경우는 국가예산 담당기관에서 관리하는 시스템을 통해 수행
- 카메룬 공공조달은 조달계획 단계부터 조달 대상 별 계약금액에 따라 조달방법이 결정되어 조달되는 방식으로 수행
- PQ(사전적격)심사는 KONEPS의 경우 사전에 입찰참가 신청을 해야만 가능하지만, 카메룬의 경우는 입찰공고 이전에 PQ 심사 공고를 통해 입찰참여 대상업체를 선정 후 해당 업체만 제한입찰에 참여하는 방법에만 적용
- 카메룬 공공조달은 별도의 입찰참가신청 없이 입찰 공고 후 참여의사가 있는 업체가 해당 수요기관에서 입찰서를 구매하여 오프라인으로 입찰에 참여하는 방식으로 수행

시사점

- 카메룬 공공조달의 입찰 방법 등을 고려하여 KONEPS 온라인 업무 프로세스를 적용한 업무 재설계 필요

[그림 29] 카메룬과 한국의 전자조달시스템 GAP 분석 사례

또 다른 예로 시스템 간에 연계 방안을 수립하는 것이 고객 요구 사항 중 하나라면, 공공사업은 행정정보공동이용센터를 예로 들 수 있고, 이것은 기업도 시스템 간의 연계가 복잡하다면 충분하게 참고할 만하다.

이 센터에서 제공하는 것은 국민들이 인·허가 등 각종 민원 신청 시에 필요한 구비서류를 제출하지 않아도 민원 담당자가 전산망으로 확인하여 민원을 처리하는 전자정부 서비스이다.

예를 들어 여권 발급(변경) 민원 신청 시에는 별도의 구비 서류를 제출하지 않고 신청서만 작성하여 민원 담당자에게 제출하면, 민원 담당자가 여권 발급(변경)에 필요한 각종 행정 정보를 전

산망으로 확인한다. 그 이전에는 국민이 직접 주민센터, 법무부 등에 가서 서류를 발급받고 외교부로 가서 신청을 해야만 했다.

이 서비스는 주민등록표 등·초본 등 164종에 대해서 행정안전부 등 799개 공공기관(지자체 포함)에서 인터넷을 통해서 대국민 서비스를 하고 있는 것이다. 대규모로 시스템을 연계하고 있으므로 당연히 여러 가지 연계 기술과 연계 표준이 적용되고 있다.

여기서 차이(GAP) 분석은 시스템 간에 어떠한 기술을 사용하고 있는지, 상호 간에 데이터 표준은 어떻게 유지하고 있는지, 데이터 송수신에 문제가 발생할 때에는 어떻게 조치를 하고 있는지, 등에 대하여 ISP 대상과 비교하는 것이다.

그 비교 결과에 대해서 장단점과 본받을 점을 구별해서 미래 모형 수립 시에 참고한다. 때로는 ISP 대상 조직의 내부 정보시스템에 대한 분석보다 외부의 타 사례 분석이 더 중요할 때가 있다. 특히 신설 조직일수록 더 그렇다. 현재가 없기 때문이다.

나는 최근에 모 신설 병원에 병원정보화를 위한 ISP를 진행한 적이 있었다. 그 당시의 상황은 무지갯빛 목표만을 가지고 있는 ISP 사업담당자의 막연한 요구 사항과 이제 막 착공을 시작한 건설회사의 실시설계서만 가지고 ISP를 시작했다.

건축 설계서이기 때문에 통신케이블이 지나가는 관로(Tray)나 기계실, USP[19])실 등 정보시스템 관련 시설 구조에 신경을 써야 하고, 필요하다면 늦기 전에 서둘러서 설계 변경을 요청해야 한다.

아직 의료진이나 원무직원도 없는 상태이므로 부득이 타 사례

---

19)   UPS(Uninterruptible Power Supply system, 무정전전원장치)

분석이 가장 중요한 핵심이다. 이것은 미래 지향해야 할 목표가 될 수도 있기 때문이다. 타 사례 분석은 이 프로젝트에 성패를 가름할 정도로 중요한 활동이었다.

EMR(Electronic Medical Record), OCR(Order Communication System), PACS(Picture Archiving Communication System)에서부터 CT, MRI 등 각종 의료검사장비까지 연계 방식에 대한 설계를 했고, 클라우드 시스템을 설계했다. 이 모든 것들은 나와 팀원들의 경험과 타 사례를 바탕으로 한 것이다.

타 사례는 지금 분석하고 있는 고객의 정보시스템이 너무 낙후되었을 때도 또한 중요하다. 그리고 타 사례 분석이 중요한 이유는 실제 사례이므로 검증된 것이라서 신뢰도가 높기 때문이기도 하다. 미래 모델에 대해서 불확실한 상황이라면 타 사례 조사와 분석이 더욱 필요하다.

기술적 부분에 대한 타 사례 이외에 업무적으로 유사하거나 규모가 비슷한 공공기관을 비교할 수도 있고, 기업은 특정 경쟁사가 대상이 될 수도 있고, 시장의 기술 적용 동향이 비교 대상이 될 수가 있다.

외부 환경 분석 결과 시사점 정리

누차 강조하지만 외부 환경 분석 결과에 대해서는 반드시 시사점을 정리해야 한다. 그래야 목표 모델 반영이 쉽기 때문이다.

시사점은 가능한 객관적으로 다루어야 하고, 부득이한 경우에
만 컨설턴트의 경험적 지식에 의한 의견을 제한적으로 표현해야
한다. 외부 환경은 ISP 대상 기관이나 업무가 통제할 수 없고, 영
향을 받는 것이므로 객관적으로 다루어야 한다는 뜻이다. 정치,
경제, 사회, 기술 등이 그렇다.

외부 환경 분석 결과에서 종합적으로 다루어야 하지만 법제도
분석 등 각 소주제별로 미리 정리를 하는 것이 좋다. 이렇게 하
면 외부 환경 종합 분석 결과에서 비교적 손쉽게 보고서 작성할
수 있다.

다음 [그림 30]에 매트릭스는 외부 환경 분석 결과 종합시사점
을 도출한 사례이다.

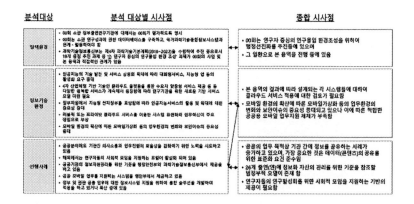

[그림 30] 외부 환경 분석 결과 종합시사점 매트릭스

정보전략계획 ISP 수립 실무

이렇게 각 소주제별로 미리 시사점을 정리해 놓으면 종합 정리를 할 때 더 쉽게 작성 가능하다. 그렇게 하지 않으면 시사점 정리를 위해서 처음부터 다시 보아야 하는 번거로움과 시간 낭비를 초래할 수 있기 때문이다.

또한 시작부터 외부 환경 분석 결과까지 꽤 많은 시간이 지나갔기 때문에 다시 되돌아본다는 것이 여러 가지 부담으로 작용할 수도 있다. 그래서 외부 환경 분석이 끝나면 영향 평가를 하는 것이 좋다. 영향 평가 방법은 각각의 분석 대상별로 그 대상(법제도 등)이 이번 ISP에 어떠한 영향을 미치는가에 대해서 도출된 시사점에 대한 타당성과 보완해야 할 점을 팀원들 간에 토의하는 것이다.

즉, 지금까지 조사하고 분석한 결과 시사점들이 ISP 대상에 어떠한 영향을 미칠 것이며, 향후 목표 모델 수립을 할 때 무엇을 고려해야 하는지를 기술하면 좋다는 뜻이다. 이러한 내용들은 목표 모델 수립 직전에 다시 한번 더 확인해야 한다. 여기서 주의할 점은 시사점에서 구체적인 향후 미래 방안을 제시하면 안된다. 즉, 방향(Direction)과 방안(Plan)을 구분해야 하며, 시사점에서는 문제점이나 개선 방향 정도만 기술해야 한다는 뜻이다.

- **외부 환경 분석까지 했으므로 이제 20%가 끝났다.**

ISP 대상에 개선 혹은 새로운 방향 제시를 위한
내부 현황 분석

    내부 현황분석은 ISP 해당 조직에서 통제가 가능한 것들에 대한 업무, 정보시스템에 대하여 조사와 분석을 하고, 그 결과를 바탕으로 예상되는 이슈에 대한 해결 방안, 즉 새로운 모델 혹은 개선 방향을 제시하는 것이다. 이것이 외부 환경 분석과 다른 점이다.

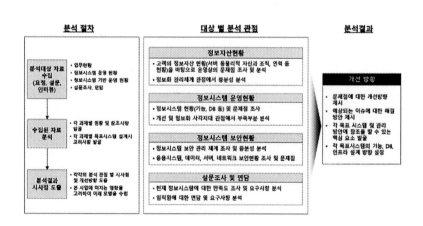

[그림 31] 내부 현황 분석 절차도

현황 분석할 때 추후 이행 계획 단계 말에 해야 할 일인 정량적 기대효과 산출을 위해서 업무 프로세스 분석 중에 계수적으로 측정이 가능한 것은 미리 기록해 두는 것이 좋다.

- 공공의 경우: 기존에 업무 프로세스 혹은 발견된 문제점이 사회적 비용 혹은 대국민 서비스에 어느 정도 영향을 미치고 있는가?
- 기업의 경우: 기존에 업무 프로세스 혹은 발견된 문제점이 매출과 이익 혹은 원가에 어느 정도 영향을 미치고 있는가?

과거에는 정보화의 기대 성과를 계수적으로 산출할 때 인건비를 중심으로 분석했지만, 요즘은 인건비에 대해서는 특별한 경우가 아니면 다루지를 않는 경향이 있다. 그 이유는 인건비의 낮은 비중과 지난 수십 년간 정보시스템의 광범위한 개발로 인하여 이미 그런 부분은 대부분 해소가 된 것으로 보기 때문이다.

예를 들어서 전자결재시스템 활성화 이전에는 종이 없는 사무 환경을 만들자는 목표 대비 인건비와 종이값을 얼마나 줄일 수 있는지를 계산했지만, 요즘은 탄소배출량으로 그 기대 성과를 측정한다.

내부 현황 분석은 조직, 업무, 정보시스템 분야에 대한 분석과 설문 및 면담을 수행한다. 조직 분석은 그 내용이 업무 체계와 유사하기 때문에 특별한 이유가 없다면 개략적으로만 기술한다.

조직 현황 분석

기업의 조직은 늘 유동적이고 공공의 조직은 기업에 비교해서 안정적이기는 하지만 이 역시 변화가 없는 것은 아니다. ISP에서 조직은 분석의 대상은 아니지만 전체를 파악해서 이해하는 데 도움이 되므로 전사 조직도를 중심으로 역할과 책임 정도를 간략하게 기술한다.

ISP 대상이 되는 조직에 대한 분석은 그 대상뿐만 아니라 전사적인 조직 체계 조사부터 시작한다. 그렇게 함으로써 ISP 대상 조직의 위치, 역할, 책임 그리고 타 부서와의 관계를 파악할 수 있다.

하지만 공공분야는 그 기관의 홈페이지에 조직도와 담당자 성명과 업무까지 공개가 되어 있어서 쉽게 파악할 수 있는 반면에 기업은 그렇지가 않으므로 별도로 요청해야 하는데, 통상적으로 기업에 대한 ISP를 수행할 때에는 꼭 필요한 경우가 아니면 전사 조직도를 컨설팅 보고서에 담는 경우는 드물다.

특히 전사 차원의 ISP가 아니고 부문 업무에 대한 ISP일수록 더 그렇다. 그런데 간혹 한 회사 내에 정보시스템을 관리하는 부서가 여러 개로 분산되어 있는 경우가 있다.

이것은 전사적으로 정보시스템 통제에 문제가 있을 수 있으므로 정보시스템 현황 분석 과정에서 그 조직들에 대해서 면밀하게 분석할 필요가 있다. 제조업 중에는 회계 등 경영 정보를 다루는 부서와 공장 자동화를 다루는 부서가 서로 다른 조직으로 운영하는 경우가 많기 때문이다.

네트워크 기술과 정보기기가 발달하지 않았고 용도별로 정보 시스템이 분리된 시절에는 그러한 체제가 경영에 별다른 문제점으로 부각되지는 않았지만, IT가 경영에 많은 영향을 미치는 요즘은 그러한 체제에 변화가 필요하다.

철도를 운영하는 회사의 경우도 마찬가지이다. 승차권을 발매하는 영업시스템이나 철도 운행에 필요한 통신시스템과 정비를 지원하는 시스템 간에 유기적인 정보 흐름의 공유와 통제가 경영의 중요한 핵심이 되고 있다.

공공기관 중에도 업무 수행 목적별로 구성된 부서 단위별로 정보시스템을 독립적으로 운영하는 곳이 많다. 당연히 중복된 업무를 수행하거나 정보 단절로 인해서 경영에 부담이 되는 경우가 발생하고 있다.

ISP에서는 조직에 대하여 깊숙하게 다루지는 않고, 다만 정보 공유와 통제 측면에서만 조사와 분석을 한다. 그 분야는 조직 재설계(BPR)에 속하고 또 다른 전문 분야이기 때문이다.

분석은 업무 현황 분석부터 시작한다.

업무 현황 분석

업무 현황 분석은 ISP 대상 업무의 수행 절차와 방법을 이해하고, 대상 업무 프로세스에 대한 관점별 현황 분석을 하는 것이다.

이를 통한 문제점을 도출하여 이슈 및 개선 사항 도출을 위한 기초 자료를 마련하는 것이 주요 활동이다. 업무 현황 분석은 그 범위를 고객의 요구 사항에 맞추어서 진행하되 프로세스를 중심으로 하며, 분석은 업무 흐름 효율성, 업무 표준화, 업무 정보화 등에 대한 관점으로 분석하되 주로 정보화 관점에서 분석해야 한다. 자칫 업무 구조를 바꾸어야 하거나 조직까지 변경해야 하는 선까지 가면 안 된다는 뜻이다.

누차 강조하지만 ISP는 오직 정보화 관점에서만 분석해야 한다. 분석은 주로 ISP 대상 업무를 해야 하지만, 가능한 한 확대하여 조사하는 것이 좋다. 대상 업무와 관련이 있는 업무와 연관이 있을 수 있기 때문이다. 그 방법은 업무 매뉴얼, 면담 등을 활용한다.

업무 흐름 효율성은 해당 업무의 프로세스를 분석하는 것이다.

미국의 경영학자 Rummer G. A[20]는 '조직은 아무리 뛰어난 자원을 보유했다고 해도 그 조직이 보유한 프로세스 성능 이상의 능력을 발휘할 수는 없다'라고 말했는데, 나는 이 말에 대해서 모든 조직은 정해진 프로세스대로 일하므로 그 프로세스를 여하히 분석하는가에 따라서 미래 목표 정보시스템 모델의 타당성 여부를 가름할 수 있다는 것으로 해석하고 싶다.

---

20)   1932년~2019년 미국의 경영학자, 1980년대에는 『구조와 전략(Structure and Strategy)』
      이라는 저서를 출간

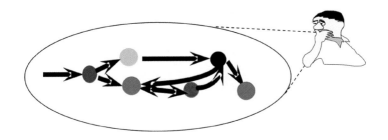

[그림 32] 조직의 프로세스와 직원의 역량한계

최근에 한국의 모 마트에서 내가 겪은 일이다. 의자 2개를 사려고 마트에 갔는데 필요한 의자가 1개만 있어서 직원에게 더 없냐고 물었다. 그 직원은 단말기로 조회하더니 재고가 없다고 한다.

다른 지점에도 없냐고 했더니 다른 지점 재고는 알 수가 없다고 한다. 하는 수 없이 다른 곳을 찾아보기로 하고 나왔다. 인터넷 쇼핑몰에서 살 수도 있었지만, 옷과 의자는 직접 입어 보고 앉아 봐야 원하는 것을 살 수 있다는 것이 나의 생각이다.

반면에 미국의 사례를 살펴보자. 더 홈디포(The Home Depot)라는 회사(공구, 목재 판매)는 현재 재고가 없으면 부근에 다른 지점에 재고를 즉시 스마트폰으로 조회해서 알려 준다. 더 나아가서 지금 주문하면 가장 빠른 시간 내에 가져다 놓거나 배송도 해 준다.

두 가지 사례를 비추어 보면 기업은 정해진 프로세스 이외에 더 능력을 발휘할 수 없다는 말이 실감 난다.

직원의 능력이 아무리 우수하거나 미흡하더라도 그 마트에 프로세스가 정해져 있으면 그대로 할 수밖에 없고, 그 프로세스의 성능은 항상 고객 관점에서 평가가 된다는 것이다. 그리고 그 프로세스를 지원하는 IT 시스템도 필수요건이다. 업무 프로세스 분석은 그 업무의 시작과 끝까지 분해하는데, 분해 방법은 3수준으로 나누어서 진행할 수 있다.

- **제1 수준은 단계**(Phase, 페이즈)라고 부르고, 이것은 상징적인 이름일 뿐이며 구체화되지는 않은 상태이다. 예를 들어서 '인사관리'와 같은 것이다.
- **제2 수준은 활동**(Activity, 액티비티)이라고 부르며, 이것 또한 상징적인 이름일 수도 있지만 분석 대상이 될 수 있다. 예를 들어서 '채용관리'와 같은 것이다.
- **제3 수준은 작업**(Task, 타스크)이라고 부르며, 가장 하위의 프로세스라고 할 수 있다. 예를 들어서 '채용 공고'와 같은 것이다.

이렇게 세 가지를 통틀어서 프로세스라고 부르며, 분석 대상 업무를 어떻게 분해해서 프로세스화할 것인가? 어느 수준에서 분석해야 하는가? 이것은 컨설턴트의 역량이 필요한 부분이다. 컨설턴트에 따라서 프로세스를 분해하는 관점이 조금씩 다르다는 뜻이다.

컨설턴트가 경험을 한 업무라면 쉽게 접근이 가능하겠지만, 처음 접하는 업무라면 업무에 대한 이해부터 시작해야 한다. 당연히 시간과 노력이 많이 드는 일이다.

처음 접하는 업무라면 아래의 방법을 활용한다.

- 관련 업무 규정과 매뉴얼을 참고한다.

- 고객에게 프로세스 흐름도 사례를 보여 주고 자신의 업무에 대해서 스스로 그리도록 요청을 하되, 잘 안 되면 컨설턴트가 그린다.
- 고객과 면담을 통해서 담당 업무의 주요 내용과 선행-후행 관계를 파악한다.

업무 현황 분석은 다음과 같은 구분으로 보고서를 작성한다.

- 업무 프로세스 개요서
- 업무 프로세스 체계도
- 업무 프로세스 흐름도
- 업무 프로세스 활동기술서
- 업무 프로세스 개요서 작성

업무 프로세스 개요서는 해당 프로세스 설명이며, 그 이후에 작성할 문서(체계도, 흐름도 등)에 대한 요약을 기술한다. 업무 개요서는 해당 프로세스에 대한 설명, 수행 주기, 내부규정, 관련 부서(프로세스 오너(Owner), 협조 부서) 관련 정보시스템, 외부 조직(회사, 기관) 및 연계 정보, 특기 사항을 기록한다.

[그림 33]은 모 재단의 예산 편성 업무 프로세스 개요도다.

프로세스 ID	HR-2-1	프로세스 명	채용	상위 프로세스 명	인사·급여 > 채용 관리	페이지	1/6

업무 프로세스 설명	재단의 정규직 혹은 비정규직 (자회사 전문직 제외) 직원을 채용하는 업무 절차		
업무 수행주기 및 처리시간	• 수행주기 : 인력 충원 요청 시 • 처리시간 : 없음	내부규정/요청	• 인사규정 • 채용관리내규 • 별정직 인사관리 내규 • 신규임용 직원 인사처리 내규 • 비정규직채용 사전심사제운영지침 등
관련 부서 (교환 정보명)	• 수요 부서: 인력 충원 요청서 • 경영지원센터(인사파트): 채용 계획(안), 서류전형 결과 보고서, 필기시험 전형 결과 보고서, 면접전형 결과 보고서, 최종합격자 선발 결과 보고서 • 지원자: 응시 원서, 근로계약서 등	관련 시스템명(내부)	• 그룹웨어(전자결재) • 채용시스템(Midas IT) • 경영정보시스템
외부 관련 기관 (교환 정보명)	• 필기시험 위탁 기관 • 인성검사 위탁 기관	관련 시스템명(외부)	알리오, 나라일터, Work-Net, e청렴 등
세부업무규칙	인사규정, 채용관리내규 등에 채용 업무 절차 등이 정의되어 있음		
특이사항	• Midas IT의 채용시스템을 Outsourcing하고 있으나 서류전형만 사용함 • Midas IT의 채용시스템과 재단의 경영정보시스템은 자동 연계되어있지 않음	요구사항	• 인사기록 입력 자동화

[그림 33] 모 재단의 예산 편성 업무 프로세스 개요서

업무 프로세스 체계도 작성

프로세스 체계도는 해당 업무의 1수준(단계, Phase)을 맨 위에 위치하고, 그 하위에 조사된 활동(Activity)과 작업(Task)을 배치한다.

업무 프로세스를 분해하기 위한 수준을 파악하기 어려운 상태라면 무엇이든 그 프로세스가 끝나면 문서(보고서, 신청서 등)를 작성하는 것을 작업(Task)으로 정의하고, 이것들의 묶음을 상위 수준인 활동(Activity)으로 정의한다.

작업의 개수가 많아서 도식화가 어려우면 2수준인 활동까지만 도식화하고, 나머지 작업에 해당하는 것들은 프로세스 흐름도로 작성한다. 업무 프로세스 체계도는 주로 조직도를 바탕으로 작성한다.

정보전략계획 ISP 수립 실무

그 조직에 역할과 책임을 구분할 수 있는 명칭이면 좋지만 1팀, 2팀 이런 식으로 구성되어 있으면 부득이 체계도에 그 부서의 주요 업무 명칭을 부여한다.

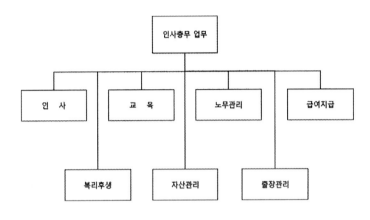

[그림 34] 프로세스 체계도 사례 1

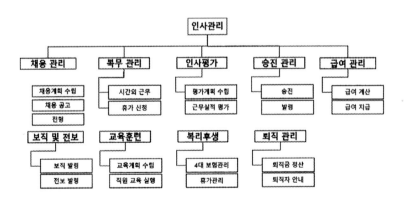

[그림 35] 프로세스 체계도 사례 2

인사관리 업무에 대한 프로세스 체계는 [그림 34]나 [그림 35]의 사례와 같이 컨설턴트의 분석 관점에 따라서 다르게 표현하기도 한다.

최하위 프로세스의 구별 기준은 문서나 양식

업무 프로세스 체계도를 작성하는 이유는 조직을 분석하려는 목적이 아니고, 대부분의 경우 조직에 해당 업무의 역할(예: 인사관리팀)을 표현하기 때문에 단순히 프로세스 분할에 참고하기 위한 것이다.

조직과 업무 체계를 파악하기 위해서는 인사규정, 직무규정 등을 참고하는데, 공공의 경우는 업무의 성격에 맞게 조직의 명칭이 표시되고 있지만, 기업은 영업1팀, 영업2팀 등 명확하게 표시되지 않는 경우도 많다. 경영 환경에 따라서 조직이 수시로 바뀌거나 여러 가지 성격이 다른 업무를 수행할 때가 있기 때문이다. 이렇게 참고할 자료가 충분치 못하면 부득이 면담을 통해서 파악한다.

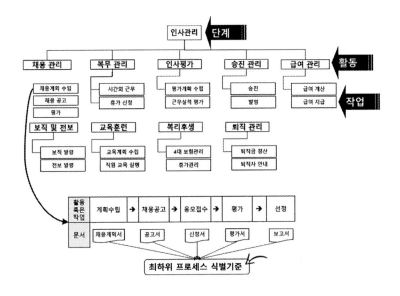

[그림 36] 업무 프로세스 체계도와 최하위 프로세스 식별 기준 관계도

중요한 것은 어느 수준이 되었든 프로세스의 흐름을 나타낼 수 있는 수준까지 분해해야 한다. 그래야 문제점 도출이 가능하기 때문이다. 최하위 프로세스는 활동(activity) 혹은 작업(task)이 될 수가 있으며, 최하위 프로세스의 식별은 양식, 서식, 문서 등이 작성되는 곳이거나 해당 업무 화면이 표시되는 곳이라면 그것이 바로 최하위 프로세스라고 할 수 있다. 즉, 최소 단위의 일이 끝나는 지점이라는 뜻이다.

업무 프로세스 분석은 주로 그 업무에 적용하는 규정을 기반으로 조사하고, 그 규정을 바탕으로 업무를 이해한다. 회계 규정, 출장 규정, 복무 규정, 설비 유지 및 보수 작업 규정 등이 이에 속한다.

프로세스 흐름도 작성

프로세스 체계가 분석되었으면 각 프로세스(활동 혹은 작업)에 대한 흐름도를 작성한다. 프로세스 흐름도는 구별된 활동 혹은 작업의 단위를 기준으로 좌측에서 우측으로 그리는데, 각 프로세스는 일의 선후행을 고려하고 그 일이 끝나는 시점은 주로 문서 작업이 끝나는 것을 기준으로 한다.

예를 들어서 채용의 경우, 다음 〈표 10〉 프로세스를 구분하는 방법과 같다.

〈표 10〉 프로세스(활동 혹은 작업)를 구분하는 방법(문서 발생 기준의 경우)

활동 혹은 작업	계획 수립	→	채용 공고	→	응모 접수	→	평가	→	선정
문서	채용계획서		공고서		신청서		평가서		선정결과 보고서

즉, 조사한 프로세스 결과에 문서(양식 등) 혹은 화면이 없다면 그것은 더 분해해야 하거나 프로세스로서 다룰 수가 없다는 뜻이다. 이것은 단지 문서뿐만 아니라 관련 정보시스템의 화면도 포함한다.

프로세스 흐름도는 여러 명이 작업하므로 [그림 37]과 같이 표기 방법(notation) 표준화가 필요하다.

기호	명칭	내용	기호	명칭	내용
⬭	시작/종료	처리과정의 시작/종료	연결	연결자	업무흐름 내에서의 연결 페이지를 넘어가거나 혹은 같은 페이지 내에서라도 표현할 수 있음
단위업무	Activity (오프라인)	오프라인 혹은 수작업으로 처리되어지는 업무의 의미를 가지는 최소단위	타 프로세스	타 표로세스	선행, 후행, 연관되는 타 프로세스
단위업무 (온라인)	Activity (온라인)	온라인 자동으로 처리되어지는 업무의 의미를 가지는 최소단위	시스템명	관련 시스템명	정보흐름상 사용하는 시스템 명
◇ 판단	의사결정	해당 분기로부터 나가는 Transition에 대해 조건 기술	→	업무흐름	업무를 수행하는 단위업무와 단위업무를 연결하는 흐름
◇ 분기	조건분기	업무활동을 수행함에 있어 처리를 위한 조건에 대한 분기를 표시 (3개 이상으로 분기될 경우)	------	업무활동 시 활용하는 시스템 흐름	업무흐름과 관련한 시스템 연결선

[그림 37] 업무 흐름도 작성 기준(표기 방법 표준화 사례)

[그림 37]에서 여러 가지 표기법을 제시했지만, 사실 나는 두세 가지만 활용하고 있다. 프로세스 흐름도 작성을 지원하는 CASE[21])Tool이 여러 가지가 있다. 그런 Tool을 사용하면 처음에는 편하고 좋지만, 보완 등 변경 작업 할 때나 다른 사람과 공유해야 할 때 오히려 방해되기 때문에 나는 몇 번 쓰다가 포기하고 그냥 파워포인트(ppt)로 그리고 있다.

21)   CASE(Computer Aided Software Engineering) 소프트웨어 개발지원을 위한 자동화

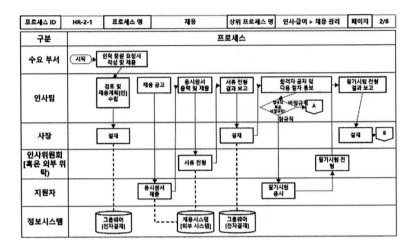

[그림 38] 프로세스 흐름도 사례 1

    업무 흐름도(혹은 프로세스 맵(Map)이라고도 한다)는 활동 혹은 작업의 수준으로 작성한다. 좌측에는 수요부서, 주관부서(프로세스 오너(Owner)), 관련자와 정보시스템 등으로 구분한다.

    프로세스 흐름은 박스나 기타 해당되는 기호로 표기하고 [그림 38] 프로세스 흐름도 사례 1과 같이 좌측에서 우측으로, 혹은 종서식의 경우, [그림 39] 프로세스 흐름도 사례 2와 같이 위에서 아래쪽으로 그린다.

정보전략계획 ISP 수립 실무

프로세스 맵	인 사

Input		업무 Flow	Output		비 고
접수처	자료명		자료명	발송처	
각부서	계약직직원활용 요청서 업무분석자료	인력운용계획수립	인력운용계획서		
		공고 및 접수	공고문 입사지원서류		공개채용 / 특별채용
	입사지원서류 경력환산표	경력산정 및 채용 확정	경력산정표 인사명령서		
	직무수행능력 평가표 등 업적및능력평가표	업적 및 연봉 평가	개인별 평가결과 연봉액 이의신청서		인사위원회
		인사 관리	포상추천서 징계요구서 파견직원요청서 등		
	승진심사평가기준	승급 및 승진	인사명령서		
	사직서	퇴직	인사기록카드		

[그림 39] 프로세스 흐름도 사례 2

　　이때 박스 안에 프로세스(활동 혹은 작업)는 가능한 그 결과가 문서로 나타나는 것들을 표기하면 더 좋다. 왜냐하면 나중에 그 프로세스가 작동하기 위한 정보를 파악하기 위해서는 각 문서에 표기되는 관리 항목(메타데이터, 예: 부서명, 신청자, 신청일자 등)을 활용할 수 있기 때문이다.

또 다른 사례 [그림 40] 입찰업무 프로세스 흐름도 사례 3은 입찰 과정 업무에 대한 프로세스 흐름도이다. 이곳에는 검토 요청 분기점에 검토 횟수를 표시한 것이 특징이다.

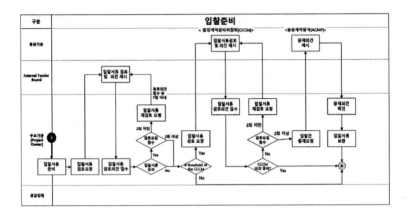

[그림 40] 입찰업무 프로세스 흐름도 사례 3

또 다른 사례 [그림 41] 기술 수요 조사 업무 흐름도 사례 4는 모 연구소의 기술 수요 조사 업무 흐름도이다. 각 활동별로 간단하게 주석을 달았다.

　　　　　　　　　　　　　　　　　정보전략계획 ISP 수립 실무

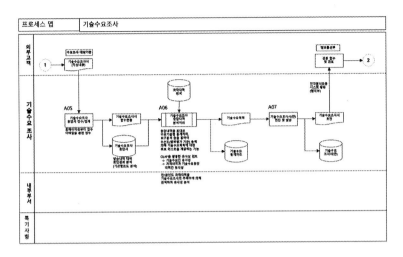

[그림 41] 기술 수요 조사 업무 흐름도 사례 4

업무활동기술서 작성

해당 업무의 업무 흐름도 작성이 끝나면 업무활동기술서를 작성한다. 업무활동기술서는 업무 흐름도에 나타난 각각의 활동들의 세부 내역을 작성하는 것이다.

활동명, 목적 및 개요, 입력 물, 주요 처리 절차, 출력물, 관리 항목 등이 이에 해당한다. 모든 항목이 중요하지만, 특히 그 활동의 관리 항목이 중요하다. 이것으로 메타데이터를 식별하고 궁극적으로는 DB 분석을 위한 것이다.

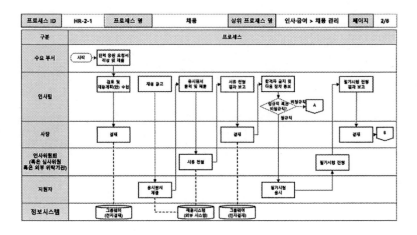

[그림 42] 업무활동기술서 사례

　업무 활동명은 업무 흐름도에 표기된 박스 안에 프로세스 이름과 일치(반드시!)시켜야 하고, 이에 대해 설명한다. 하지만, 당초 프로세스에 비해서 증가나 변형이 생기면 일치하지 않을 수도 있다. 그런 경우에는 소급해서 작성하고 산출물의 완성도를 올려야 한다. 이는 나중에 목표 프로세스 구성 시 혼란을 방지하기 위한 것이다.

　입력 정보는 해당 활동을 수행하기 위해 필요로 하는 정보이며, 주로 문서명을 반영하며, 출력 정보는 활동이 끝난 후에 작성되는 문서를 의미한다. 문서는 최하위 작업의 구별 기준이기도 하다. 관리 항목은 그 문서를 통제하는 것들이다.

　부서명, 채용 직급, 성명, 전화번호 등 메타데이터로 부를 수 있는 이것들이야말로 미래 모형 중 DB모델구성에 참고해야 할 것들이므로 최대한 추출하는 것이 좋다.

시스템의 모든 기능은 데이터 없이는 작동할 수 없다. 그런데 그 기능은 업무 프로세스를 지원하기 위한 것이므로 결국 데이터 식별이 중요하다는 것이다. 그래서 업무 프로세스는 데이터의 흐름이라고 할 수 있다.

[그림 43] 양식에 관리 항목과 ERD(DB)와의 관계도에서 알 수 있듯이, 양식 혹은 서식에 있는 관리 항목은 ERD(DB)를 구성하는 메타데이터로 활용하기 때문이다.

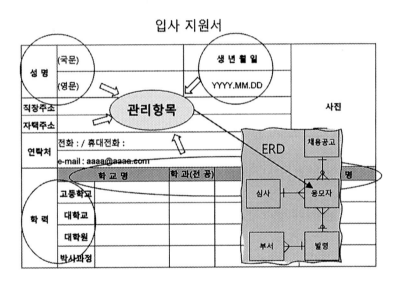

[그림 43] 양식에 관리 항목과 ERD(DB)와의 관계도

데이터로 변환해야 하는 관리 항목은 고객과의 면담이나 자료 요청 시에 활동과 관련된 문서(양식, 보고서 등)들을 요청해서 확보한다.

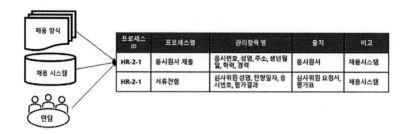

프로세스 ID	프로세스명	관리항목 명	출처	비고
HR-2-1	응시원서 제출	응시번호, 성명, 주소, 생년월일, 학력, 경력	응시원서	채용시스템
HR-2-1	서류전형	심사위원 성명, 전형일자, 응시번호, 평가결과	심사위원 요청서, 평가표	채용시스템

[그림 44] 업무 프로세스에 따른 관리 항목 추출 구성도

이 일은 시간이 많이 걸릴 수 있지만, 현재 문서뿐만 아니라 프로세스에 문제와 개선점도 발견할 수 있으므로 반드시 기록하는 것이 좋다. 이 부분을 간과하고 현재 정보시스템 분석에서 DB를 분석하면 된다는 컨설턴트도 있지만, 이것은 현재 업무를 진행하기 위한 정보가 DB에 충분하게 반영되었다는 가정이 있어야 한다. 그리고 이미 정제된 테이블의 항목(컬럼(Column), 아이템(Item))만 가지고는 현재 업무 처리에 문제점(부족)을 파악하기가 불충분할 수 있다.

때로는 관리 항목이 각 활동에 중복적으로 나타나는 경우가 있다. 이것은 그대로 표기해야 한다. 그만큼 중요하게 다루어야 할 데이터이고, 업무 간에 연결되는 키가 되기도 하기 때문이다.

예를 들어서, 입사 지원에서부터 시작하는 성명의 경우 인사 업무뿐만 아니라 회계, 영업, 생산에 이르기까지 회사업무 전체에 사용된다. 이러한 것들이 업무활동기술서에 관리 항목을 간과해서는 안 되는 이유이다.

이것을 위해서 관리 항목은 별도로 엑셀로 정리하면 후에 DB

모델구성에서 개념적 ERD를 구성하기가 편하다. 작성해야 할
산출물(업무 흐름도)의 양이 많다면 본문보다는 별첨으로 하는 것
이 좋고, 본문은 요약 형태로만 작성하는 것이 좋다.

업무관계도 작성

업무 흐름에 대한 조사가 끝나면 업무 간 관계도를 그린다.

아래 [그림 45]는 모 회사의 전사 업무관계도다.

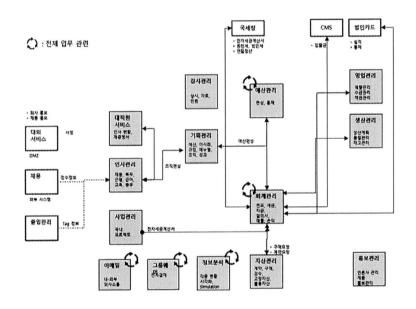

[그림 45] 모 제조회사의 업무관계도 사례 1

다른 사례는 [그림 46] 모 협회의 신규 회원 관리에 관한 업무
관계도다.

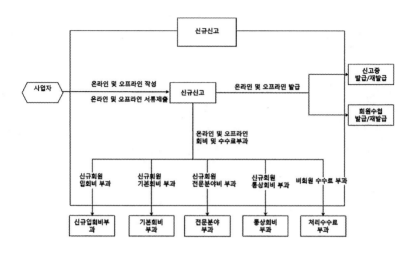

[그림 46] 모 협회의 신규회원 관리업무관계도 사례 2

업무에 대한 흐름과 연관성을 파악한 후에 컨설턴트가 정리해야 할 문제점과 개선 방향은 주로 아래와 같은 관점으로 분석한다.

- 업무 흐름 효율성
- 업무 표준화
- 업무의 정보화 정도

업무 흐름

업무 흐름은 그 업무를 지원하기 위한 기능설계에 필요하다. 그리고 업무 효율성은 프로세스 중에서 불필요하다고 판단되는 중복성, 반복성 그리고 활동 간에 정보의 단절 등을 파악하기 위한 것이다. 정보의 단절은 서로 가까운 활동보다는 단계 간에 나타나는 일이 많다.

예를 들어서 채용에서 확보된 정보들이 있음에도 불구하고 입사 후에 인사기록카드를 새롭게 다시 작성해야 하는 것이 대표적인 예이다. 앞에 예로 제시한 응모를 위한 서류에는 성명, 학력, 경력 등은 물론이고 특기, 자격증, 취미 등 인사관리에 필요한 정보들을 많이 요구한다. 하지만 평가에만 참조하고 입사 후에 인사기록카드를 작성하기 위한 대부분의 항목들은 다시 작성하거나 누락되기도 한다. 대수롭지 않은 프로세스라고 생각할 수 있지만 직원의 정해진 근무 시간에 해야 하므로 당연히 효율적인 관리가 필요하다.

정보 단절 부분에 분석을 확대하면 업무 간, 시스템 간 인터페이스에 대한 필요성을 발견하게 된다. 평가와 발령과의 관계 혹은 인사와 재무 간의 관계가 바로 그것이다.

인사정보에 있는 데이터를 무시하고 설비 관리 업무에서 작업자의 이름을 새로 입력하는 경우가 허다하다. 하지만 ISP에서는 프로세스를 바꾸는 작업보다는 정보화를 통해서 문제의 프로세스가 자연스럽게 해소되는(바뀌는) 방법으로 접근해야 한다.

프로세스 그 자체의 문제점과 개선 방향을 고민하는 과정에서, 자칫 BPR 수준으로 가게 되는 경우에는(그렇게 가지 않도록 해야 하지만) 사용자 동의를 구해야 한다. 목표 모델의 프로세스가 확정되지 않으면, 그 이후에 기능설계 등 ISP 진행에 어려움을 겪기 때문이다.

용어표준화

용어표준화는 각종 규정이나 문서에서 사용하는 절차와 용어를 분석하는 것이다. 업무 활동에 관한 절차와 용어를 파악하다 보면 의외로 용어 일관성에 문제가 많다는 것을 발견하게 된다. 용어를 사용함에 있어 동음이의어, 이음동의어는 정보화에 방해가 되므로 이를 구별해서 교정하도록 개선 방향을 제시해야 한다. 규정뿐만 아니라 문서(서식, 양식)도 살펴봐야 한다.

신청서, 조사서, 결산서 등에 각각의 항목을 살펴보면 이 또한 일관성이 없거나, 규정과 다르거나, 이음동의어, 동음이의어가 발견된다.

〈표 11〉 이음동의어와 동음이의어 사례 표

이음동의어 사례	동음이의어 사례	비고
지원자 이름, 응모자 성명	먹는 배, 타는 배, 사람의 배	
응모일자, 제출일	먹는 밤, 야밤	
재능, 특기	타는 말, 언어 말	
종료, 완료	계절 철, 금속 철	
착수일자, 시작일자	시간 시계, 시야 시계	

이음동의어는 업무 수행을 하는 담당자의 관점이나 습관 혹은 업무 규정에 따라서 다르게 표현하는 상황에서 발생하고, 동음이의어는 주로 한문을 한글로 사용하는 경우에 그 혼란이 생기고 있다. 그래서 정보화에서 사용되는 업무 용어에 혼란은 이음동의어가 동음이의어보다 더 많다.

이러한 것들을 DB 테이블(Table) 구성 시 서로 다른 속성으로 정하면 무결성이 훼손되는 원인이 되기 때문에 교정하도록 개선 방향에서 제시해야 한다. 용어 표준에 위배되는 사항은 현재의 상태에 대한 분석 결과뿐만 아니라 다음에 DB 설계에도 반영해야 하지만 심각한 경우에는 표준화 및 DB 정제작업을 목표 과제로 정해서 실행하도록 설계해야 한다.

ISP는 기능과 데이터 그리고 기반구조를 설계하는 작업이다. 그 일의 시작인 프로세스 분석의 관점이 정보화를 위한 부분에 집중해야 한다는 뜻이기도 하고, 컨설턴트가 업무를 이해하기 위해서만 하는 일은 아니라는 뜻이기도 하다. 용어표준화 여부를 검토하는 일 역시 프로세스 분석에서 중요한 부분이다. 이것들은 추후 개발자가 DB나 화면을 개발할 때 참고가 되도록 해야 할 부분이기도 하다.

현황 및 문제점 정리

업무활동기술서 작성이 끝나면 현황 및 문제점에 대해 기술한다. 문제점에 대한 것들은 현황분석 단계 말에 모아서 공통점을 분류하고 이에 대한 개선 방향을 수립할 때 쓰이므로 가능한 한 짧고 명료하게 작성하는 것이 좋다.

현황 및 문제점은 사용자의 면담을 통하거나 설문조사, 제공받은 각종 문서를 통해서 분석한다.

〈표 12〉 사용자 면담 기록 사례 표

질의 내용	답변(1)	답변 요약(요구사항)
정책지원시스템 (행정포탈)에서 필요한 정보서비스는?	1. 정책별 대고객 홍보 및 의견수렴 2. 장/차관 연설문, 보도자료, 보고서 관리 3. 보안관리(정책별 등급화로 삭제권한 및 자료유출 방지) 4. 외국자료 검색 기능 및 맞춤형 정보 제공(재가공의 용이성) 5. 사용중인 기간시스템과 SSO연계 필요(메신저기능필요) 6. 정책수립단계에서의 획득 지식공유 7. 전문가 Pool관리 필요(목록, 평가, 외부인에 의한 추천발굴) 8. 타부처 및 타부서 현안 및 기술정보 필요 9. 지식관리시스템과의 연계 10. 정책실패사례 및 정책변경시 사유 및 효과점검	1. 정책별 의겸수렴 및 홍보 2. 정보공유 및 검색 기능 강화(기술정보, 타부처 현안, 정책실패사례, 정책수립단계 자료, 외국자료 검색 등) 3. 자료관리(연설문, 보도자료, 보고서, 전문가Pool) 4. 시스템 연계(KMS와의 연계, 기간시스템과의 SSO연계)
경영자 정보시스템 (EIS) 구현시 필요한 정보내역은?	1. 정책별 관련부처의 유사정책 검색 2. 직원별 담당업무 정보 및 인력현황 3. 일일/주간 통계자료의 실시간 Up-data 4. 월간보고자료의 분기별 요약보고자료의 자동화 5. 신기술동향정보 및 기본 자료의 요약정보 6. 주요과제의 정책과제 진행 총괄현황 7. 대외동향(외국자료 포함) 자료의 적시제공 8. 경제 및 정책 연구기과의 연구보고서의 온라인 제공 9. 업무협력상 유관기관(정부/민간) 및 단체현황정보 10. 인물검색 11. 화상회의(1:1, 1:N) 12. 조직별 경영요약 13. 실시간 뉴스 14. 현재 진행중인 사업의 위치 및 예산 규모	1. 자료 및 현황 검색(관련부처/경제/정책연구기관의 자료검색) 2. 인물검색 및 업무정보 3. 통계자료의 실시간 UP-data 및 요약정보 4. 실시간 뉴스 5. 주요과제의 정책 진행 현황 6. 화상회의

<表 13> 특정 업무의 주요 현황 및 문제점 분석 표

구분	주요 현황 및 문제점
문제점 1	채용시스템을 서류전형에만 활용함
문제점 2	채용 확정된 인원의 인사기록을 경영정보시스템에 수기로 입력하고 있어서, 시간낭비, 누락, 오타 등의 문제가 발생하고 있음.
문제점 3	채용 확정된 응모자의 채용시스템에 있는 정보를 충분하게 활용하고 있지 못함

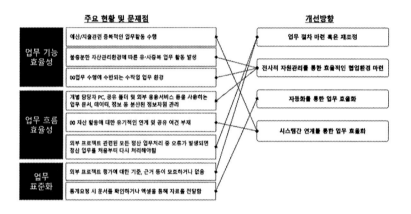

[그림 47] 업무 현황 분석 결과 문제점 및 개선 방향 분석도

설문이 끝나고 면담을 하는 것이 좋다

설문과 면담은 매번 프로젝트를 할 때마다 갈등이 생긴다. 그 활동을 해야 할 시점 때문이다. 설문과 면담은 환경과 현황분석을 마치고 ISP 대상에 대한 충분한 이해를 해야 가능한 일이기도 하고, 현황 분석을 충실히 하기 위해서 그 과정 중에 해야 할 일이기도 하기 때문이다.

그래서 성급하게 프로젝트 첫날부터 설문지를 배포하거나 면담을 요청할 수는 없기 때문에 대략 환경 분석 중간 정도에 시작을 하는 것이 좋겠고, 현황 분석에서 조직과 업무 현황 분석 중간 정도에 하면 더욱 좋다.

이때쯤이면 ISP 대상에 관해서 어렴풋이 윤곽이 잡히기 시작하기 때문이다. 너무 늦게 진행하면 보고서에 다시 반영하기가 번거로울 수가 있고, 너무 이르면 질문과 답변의 초점이 ISP의 범위와 목적에 충족지 못할 수도 있기 때문이다. 일정과 방법에 대해서 고객과 협의하다 보면 그 시기를 놓쳐서 곤란을 겪는 경우도 있는데, 이런 일이 생기지 않도록 최대한 조절하는 수밖에 없다.

설문과 면담은 [그림 48]과 같은 절차로 진행한다.

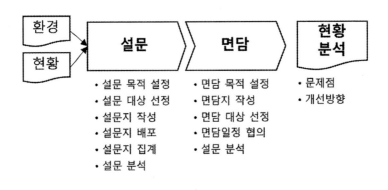

[그림 48] 설문 및 면담 절차도

프로젝트 진행 일정상 부득이하게 설문과 면담을 병행해야 할 때도 있지만, 가능한 한 설문이 끝나고 면담하는 것이 좋다. 컨

정보전략계획 ISP 수립 실무

설턴트가 설문 결과를 보고 전반적으로 이해해야 면담이 더 효과적으로 진행될 수 있기 때문이다.

설문은 20문항 이하의 객관식이 좋다

설문 목적, 대상, 배포 및 수집 방법이 결정되면 설문지를 작성한다. 설문지는 가능한 구조화해서 5점 척도로 답을 받는 것이 좋고, 의견을 물을 때는 예를 들어 주는 것이 좋다. 주관식이거나 서술식의 질문을 할 때는 컨설턴트 입장에서는 편할지 모르지만, 고객의 모호한 답변으로 인해서 분류와 집계에 많은 시간을 들여야 하기 때문에 최소화해야 한다.

설문은 20문항을 넘지 않는 것이 좋다. 설문 대상자가 설문에 응답하는 시간은 10분 이내로 해서 최대한 짧은 시간에 답을 할 수 있도록 해야 한다.

가장 안타까운 것은 저조한 응답률이다. 너무 저조한 응답률 탓에 독려 전화 등 갖은 방법을 다 동원하지만 큰 효과는 보지 못했고, 커피 쿠폰 등의 보상을 해야 조금 나아질 뿐이다. 그래서 나는 설문 대상자들에게 설문이 끝나면 설문 결과를 꼭 공유하겠다는 약속도 하고 그대로 실행도 하지만, 그 반응은 미미하다. 우리 모두 자주 경험하는 바이지만 이메일이나 스마트폰으로 설문조사 요청을 자주 받는다. 특별하게 관심이 있는 분야라도 귀찮아서 응답을 피하게 된다.

그 이유는 시간을 들여서 응답한 경우에 나에게 당장 돌아오는 혜택이 없기 때문이다. 나의 경험상 통상적으로 보상이나 특별한 독려가 없는 설문은 그 응답률이 5%를 넘지 않는다. 그래서 몇천 원짜리 커피 쿠폰 등을 제공하지만, 설문 대상자가 100명이 넘는 경우에는 예산이 부족해서 커피 쿠폰조차도 부득이 제한적으로 제공해야 했다. 어쨌든 최대한 설문 응답율을 유의미하게 끌어올리는 보상 또는 강제 등의 방안이 필요하다.

설문의 대상이 ISP 대상 조직 내에 임직원이 아니고 불특정 다수인 경우에는 설문조사 대행업체에 의뢰하기도 한다. 이들은 다양한 고정 패널을 분야별로 보유하고 있어서 응답율이 매우 높고 빠른 장점이 있기 때문에 나는 필요할 때에 가끔 이용한다.

이 중에 어떤 설문대행업체와 계약하고 설문지의 내용 협의를 한 후에 패널들에게 배포했는데, 단 하루 만에 결과가 나왔다. 너무 깜짝 놀라서 어떻게 1,200명이 넘는 응답자(응답률 80%)로부터 그렇게 빠르게 응답을 받았냐고 물었다. 과정과 결과에 의심이 생길 지경이었다.

하지만 그 회사는 나름대로 방법이 있었다. 그 회사는 기본적으로는 약 5만 명의 패널을 유지하고 있었고, 의뢰받은 설문 대상자 1,500명에게 오후 7시에 스마트폰 앱으로 설문을 요청했다는 것이다. 오후 7시는 대부분 퇴근 무렵이라서 응답률이 가장 높고, 스마트폰으로 하는 것이 이메일보다 응답률이 높다고 한다. 전문 회사다운 서비스였다.

응답자의 직급과 직무에 따라서 다르기는 하지만 어쨌든 나의 경험이 따르면 응답률이 30% 정도까지라면 공감할 수 있는 의견에 대한 수집이 가능하다고 생각한다.

설문은 2가지 측면에서 접근한다.

- 첫째는 ISP 대상이 귀납적 접근이었을 때는 무엇을 원하는

지를 물어보는 것이다. 예를 들어서 '당신이 하는 업무에 어떤 부분이 정보화가 필요한가?' 등이다.

• 둘째는 ISP 대상이 연역적 접근이 필요할 때인데, 조금 더 구체적으로 물어본다. 예를 들어서 '회계부서와의 정보 공유에 어떤 부문에 어려움이 있는가?' 혹은 '회계전표 작성에 어떤 어려움이 있는가?' 등이다.

물론 2가지 경우를 혼용하기도 하고 설문 대상자에 따라서 설문지가 달라질 수도 있지만, 너무 많으면 부득이 유사한 분야로 모아서 진행할 수밖에 없다. 중요한 것은 설문지에 공을 많이 들일수록 분석에 효과를 높일 수 있다는 것이다.

설문을 하는 이유는 3가지이다.

• 첫째는 공감대 형성이다. 이것은 질문자, 즉, 컨설턴트의 의도대로 예측된 답변을 유도함으로써 컨설턴트가 제시하는 문제점과 개선 방향에 대한 타당성을 입증하려는 목적이 있다. 물론 이것은 컨설턴트가 설문 전에 이미 문제점과 개선 방향을 알고 있는 경우이다.

• 둘째는 새로운 사실의 발견이다. 이것은 대체적으로 귀납적 질문에서 얻을 수 있는 것으로써 컨설턴트가 발견하기 어려운 정도의 업무 경험이 많은 응답자로부터 얻을 수 있는 지식이다.

• 셋째는 ISP 프로젝트에 대한 홍보이다. 지금 진행하고 있는 ISP가 응답자에게 어떠한 도움을 줄 수 있는지를 홍보해서 관심과 참여를 유도하는 것이다.

설문 결과, 주관식이거나 서술식 답변은 다시 분류하고, 구조화된 설문은 도표로 작성해서 가독성을 높인다. 향후 문제점 및 개선 방향 수립을 쉽게 하기 위해서이다.

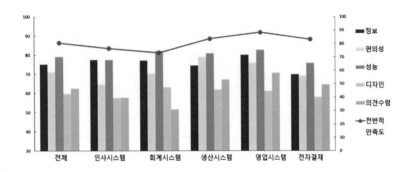

[그림 49] 정보시스템별 사용자 만족도 조사 결과

고위자의 면담 준비

면담은 아래와 같이 그 대상자를 분류할 수 있다.

- 설문 응답자에 대해서 추가 질문이 필요한 경우
- ISP 대상 업무 담당자에 대한 면담(업무 프로세스, 정보화 등)
- 팀장급 이상의 고급 간부와 임원

면담지는 가능한 한 설문지와 주제를 동일하게 구성하면 나중에 문제점 및 개선 방향을 정리할 때 더 쉽게 분석할 수 있다.

면담하기에 어려운 대상은 팀장급 이상의 고급 간부와 임원 그리고 CEO이다. 이들의 공통점은 모두 시간에 쫓기거나 ISP 까지 관심을 가질 만큼의 여유와 관심이 없는 위치이다. 기업의

정보전략계획 ISP 수립 실무

CEO, 공공기관의 기관장의 인터뷰가 얼마나 어려운가?

모 컨설턴트가 CEO 인터뷰를 간곡하게 부탁해서 단 10분의 시간을 할애받았다고 한다. 인사하는 것조차도 아까운 시간이다. 그 컨설턴트가 CEO에게 물었다.

"해외 출장에서 돌아오신 다음에 회사에 어느 업무가 가장 궁금하십니까?"

"내 방에 가장 먼저 들어오는 직원의 보고 내용이 가장 궁금합니다."라고 CEO가 답을 했다.

그 컨설턴트는 단 10분간의 면담에서 기대했던 답변을 듣지는 못했지만, 실망하지 않고 곰곰이 생각해서 CEO가 본인이 예측하기 어려운 일들 속에서 일한다는 것에 착안해서 BI[22] 기능 중 하나인 'Whit-If Simulation[23]'을 착안했다. 그리고 그 컨설턴트는 CEO가 주로 관심을 갖는 보고서를 분석해서 BI를 미래모형으로 제안했다고 한다.

나는 정부 모 부처에 장관을 ISP 프로젝트와 관련해서 면담한 적이 있었다. 컨설팅회사 직원의 장관 면담이 쉽게 이루어지지는 않았지만, 비서의 도움으로 아침 출근 시간에 10분 정도 면담하기로 했다. 그분은 통상 아침 7시경에 출근하는데, 그 시간에는 여유가 있다는 것이다.

면담지를 준비하고 장관실을 방문했다. 그분은 정보화에 대한

---

22)   BI(Business Intelligence): 현재 및 이력 데이터를 분석하고 예측하거나 이해하기 쉬운 리포트, 대시보드, 그래프, 차트, map의 형태로 결과를 제공
23)   What-if 시뮬레이션은 특정 조건이 변화했을 때 결과가 어떻게 달라질지 예측하는 시뮬레이션 기법

관심이 매우 높았다. 내가 무슨 일을 하고 있는지 이해했고, 본인이 필요로 하는 정보와 부처에 정보화 방향까지 제시할 정도로 나에게는 의미 있는 시간이었다.

면담 중간에 장관이 어느 특정 부분을 지적하면서 "이 부분에 대해서 직원들은 어떤 생각들을 하고 있지요?"라는 질문에 구두로 답변했지만, 미처 예상치 못했던 질문이라서 다소 당황했었다. 그 질문의 내용은 이미 지난주에 끝난 직원 설문 조사에 있었던 내용이었지만, 나는 그 설문 조사 결과에 대해서 전부 기억하지는 못했던 것이다. 아무튼 당초 10분 정도 소요될 거라고 예상했던 면담 시간이 30분을 넘어서 끝났다. 이 일로 뜻하지 않게 차관까지 면담을 하게 되었다.

장관과의 면담 후부터 나는 임원급 이상의 고급 관리자 면담 시에는 반드시 일반 직원들의 설문 조사 결과를 정리해서 가지고 들어갔고, 이를 보고하면서 그들의 의향을 물어보곤 한다. 이 방법이 막연하게 면담을 하고 아무 준비도 없는 임원급들의 동문서답을 듣는 것보다 훨씬 더 효과적이다.

내가 모 회사의 CEO 면담을 한 적이 있었는데, 그분은 정보화에 별 관심은 없었고, 전자결재시스템만 사용할 뿐이었다. 그분에게 현재 회사 내 시스템 운영 현황과 설문 조사 결과를 간단하게 보고했다. 그분은 본인이 생각하는 회사 정보화의 방향에 대해서 대충 이야기를 해 주었다. 나는 끝으로 그분께 한 가지 부탁을 드렸다. "BI 시스템을 하루에 한 번 정도라도 사용해 보십시오."라고.

그분은 사용 방법도 모른다고 해서 그분의 PC에서 내가 직접 사용 방법과 관심을 가질 만한 화면을 보여 드렸다. 그분은 화면을 유심히 보더니 갑자기 "저 수치는 내가 보고 받는 것과 다르다"고 하셨다. 그래서 내가 "언제 보고 받으셨습니까?"라고 하니 "글쎄? 며칠 전인 것 같은데."라고 대답하셨다. 그런데 지금 그 화면에는 오늘 아침에 갱신된 월간 영업 실적과 계획 자료가 표시되고 있었다.

나는 "사장님께서는 굳이 직원을 만날 필요가 없으면 궁금하실 때 그 즉시 회사의 여러 가지 경영 상황을 쉽게 보실 수가 있습니다."라고 말했다. 얼마 후, 고객과 식사 자리에서 모 팀장이 "요즘 사장님이 웬일인지 BI 시스템을 자주 보셔서 신경 쓰이네."라고 말했다. 사실 그 BI 시스템은 내가 재작년에 설계(ISP)했고, 작년에 개발한 것이었다.

어쨌든 면담 결과는 동일 주제별로 문제점과 개선 방향으로 분류해서 구조화한다. 추후 미래 모형 수립에 반영을 쉽게 하기 위해서이다.

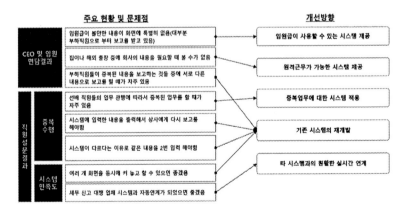

[그림 50] 설문 및 면담 결과 문제점 및 개선 방향 분석도

정보시스템 현황 분석

정보시스템 현황은 ISP 대상 업무가 전사적인 경우에는 모든 업무가 이에 속한다고 할 수 있으므로, 이를 분석하기 위해서 정보시스템 관리 체계부터 전사 응용시스템 구성을 하나씩 분석한다. 정보시스템은 관리 체계, 응용시스템, 데이터베이스, 기반구조, 보안 등을 포함한다. 분석의 대상은 정보시스템 운영 조직과 현재 고객이 운영하고 있는 정보시스템에 대한 내용이다.

전혀 새로운 정보시스템에 대해서 설계할 때는 이러한 분석이 필요 없을 수도 있다. 하지만 새롭게 설계하여야 할 정보시스템이 현재 운영 중인 정보시스템에서 관리 중인 데이터와 기반구조를 참조하거나 활용해야 한다면 당연히 그 정보시스템의 구성 상태를 분석해야 한다.

정보시스템 관리 체계 분석

정보시스템 현황을 분석할 때는 가장 먼저 정보시스템 운영 부서에 대한 관리 체계에 대해서 조사와 분석을 하는 것이 좋다. 이것은 현업의 업무 현황 분석과 마찬가지로, 조직 분석부터 하듯이 그 역할과 임무부터 살피는 것이다. 정보시스템 운영 부서에 따라서 분석 대상과 범위가 달라질 수도 있기 때문이다.

정보시스템 관리 체계는 담당자 인터뷰 수행 및 자료(규정 등)를 분석하여 고객의 정보화 조직 관점, 정보화 업무 프로세스 관점, 정보화 인력 운영 관점, 정보시스템 성과 측정 등을 통하여 문제점과 개선 방향을 제시하는 것이다.

IT 거버넌스(IT Governance)라고 부르기도 하는 정보시스템 관리 체계는 규칙, 표준이 중시되는 것으로서, 기업이나 공공기관 모든 IT 조직에 중요하다. IT Governance의 대상은 초기에는 주로 물리적인 IT 설비에 대하여 관리하는 것부터 시작하며, 점차 네트워크와 응용프로그램 그리고 보안까지 그 영역이 넓어지고 있으며, 궁극적으로는 투자, 성과 관리까지를 대상으로 한다.

다음 [그림 51] IT 거버넌스(IT Governance) 관리 수준 모형도는 IT Governance의 관리 수준을 표현한 것이다. 국제적으로 IT Governance 수준을 측정하는 방법은 미국의 CMMI[24]등 여러 가지가 있지만, 나는 간단하게 아래와 같은 관점으로 평가한다.

- Level 1: 정보시스템 물리적 자원의 관리(재고, 유지 및 보수 등)
- Level 2: 응용시스템, 데이터베이스, 인력(충원, 교육 등), 보안, 표준 관리
- Level 3: 투자 관리, 성과 관리

---

24) CMMI(Capability Maturity Model Integration, 성숙도 모델)

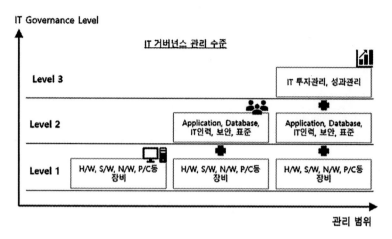

[그림 51] IT 거버넌스(IT Governance) 관리 수준 모형도

이렇게 평가하는 이유는 문제점과 개선 방향을 제시하기 위한 것이다. 이것들은 조직 내에서 평소에 직접 관리하는 것을 의미하며, 일시적으로 전문가에 의한 외부 용역으로 컨설팅이나 연구, 개발 및 유지·보수 등을 하는 것은 가능한 한 배제한다.

즉, 특정 목적 때문에 일회성으로 하는 것은 배제하고 조직에 내재화된 경우에 해당한다는 뜻이다. 하지만 외부 용역으로 처리하는 일은 평가에서 제외하지만, 그 외주 업무의 관리 체계가 명확하고 그대로 준수하고 있다면 포함하기도 한다.

안타깝게도 고객의 사업 유형에 무관하게 기업이나 공공기관 내부의 정보시스템 관리 조직은 그 중요성에 비해서 부각되지 못하고 있다. 우리나라 정보화 초기인 1980년대 말경이나 지금 2025년이나 내가 경험한 바로는 큰 차이가 없어 보인다. 더욱이

정보전략계획 ISP 수립 실무

업종이 IT 전문 회사라고 하는 SI 회사들도 마찬가지이다.

IT를 기반으로 사업을 하는 플랫폼(Platform) 회사들(배달, 택시, 쇼핑몰 등) 도 역시 마찬가지로 그 조직 내에 정보시스템 관리 부서는 특별하게 발전되지 못하고 있다고 생각한다. 여러 가지 이유가 있겠지만 정보시스템 관리 조직은 경영의 핵심 부서가 아니고 인사나 회계 담당 부서와 같이 지원조직이라서 그런 것으로 추정할 뿐이다.

하지만, 정보시스템 관리 조직이 인사나 회계 관리와 같은 경영 지원 조직과의 근본적으로 차이라고 할 수 있는 것은, 기술적으로 항상 변화하고 있으며, 그 변화를 예측하고, 그에 대한 대응을 해야 하며, 특히 점차로 기업 경영에 성패를 좌우할 만큼 그 비중이 증가하고 있다는 것이다. Youtube나 Netflix, 배달, 쇼핑몰 등과 같이 플랫폼 회사는 물론이고 제조업, 금융업을 총망라해서 과거와 비교할 수 없을 만큼 정보시스템 관리 조직의 중요성은 점차 부각되고 있다. 게다가 요즘은 대부분의 고객 서비스를 스마트폰을 통해서 제공하고 있기 때문에 더욱 그렇다.

한 조직 내에서 정보시스템 관리가 여러 개 부서로 분산되어 있으면 각 부서별로 응용시스템 구성에서부터 관리 체계에 이르기까지 동일한 방법으로 분석하고 문제점을 도출한 다음, 개선 방향을 제시한다. 여러 개의 정보시스템 관련 부서를 하나로 통합하는 것이 가장 좋겠지만 그 밖에도 관리 방법만을 공유하는 방법도 있다. 전사정보화위원회가 바로 그것이다.

통합 부서보다는 강제력이나 실효성이 못하지만, 가능한 한 위원장은 조직의 최고 의사결정권자인 CEO나 기관장으로 하고,

정기적인 회합이나 이슈 해결을 위한 회의를 하도록 개선 방향을 제시하는 것도 방법 중 하나다.

고객으로부터 이러한 요구가 있다면 ISP에서는 정보화위원회 운영 방안을 수립해야 한다. 전사 차원에서 통제가 가능한 조직을 구성해야 한다는 뜻이다.

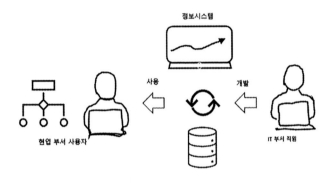

정보시스템

사용　　　개발

현업 부서 사용자　　　IT 부서 직원

[그림 52] 현업 부서 사용자와 IT 부서 직원과의 관계도

정보시스템 부서가 하는 일은 현업 사용자를 대상으로 거의 대부분이 일방적인 서비스이며, 그들로부터 받는 것은 요구와 만족도일 뿐이다. 이것이 인사나 회계와 같은 경영지원 조직과 다른 점이며, 정보시스템을 개발하고 운영하는 부서는 스스로 관리 체계를 사용자 지향적으로 운영해야 하기 때문에 보다 강도 높은 관리 체계가 필요하다.

ISP에서는 이러한 관리 체계에 대한 수준을 진단하고 개선 방향을 제시하는 것이다. 정보시스템 관리 체계는 IT 서비스, 정보화 업무 프로세스, 인력 운영, 성과 측정 등에 대해서 조사와 분석

정보전략계획 ISP 수립 실무

을 하고, 문제점을 파악한 후에 이에 대한 개선 방향을 제시한다.

IT 서비스 현황

IT 서비스에 대한 검토는 전사적으로 정보화 조직의 역할과 책임에 어느 정도 충족하고 있는지를 파악하는 것이다. 이것을 위해서 나는 ITIL[25]의 공개된 서비스 체계를 기반으로 일부 편집해서 활용하고 있다.

조사 방법은 현업의 사용자들과 정보시스템 관리 조직을 대상으로 설문과 면담 결과를 반영하며, 주로 아래의 내용으로 조사한다. 서비스데스크 관리, 기술 관리, 운영관리, 응용시스템 관리, 자원 관리, 통제가 그것들이다.

〈표 14〉 정보화 조직의 IT 서비스 현황 조사 설문 개요

구분	주요 설문 내용	비고
서비스데스크 관리	서비스 장애, 서비스 요청, 변경 요청에 있어 사용자들과의 단일 접점 역할을 함. 사용자와 IT 서비스 조직과의 인터페이스 역할을 담당하며, 다른 서비스 운영 기능들과 구별되어 운영되고 있는가?	
기술관리	세부 기술 지원 및 자원을 제공, IT 인프라의 지속적 운영을 지원함. IT 서비스 설계, 시험, 배포, 개선 등에 중요한 역할을 수행하고 있는가?	
운영관리	IT 인프라를 관리하기 위해 정의된 성능 관리 표준을 준수하며 일상적인 운영 활동을 책임지고 반복적인 운영 관리, 모니터링, 통제, 설비 관리 등을 수행하고 있는가?	

---

25) ITIL(Information Technology Infrastructure Library): 1980년대 영국 정부의 CCTA 에 의해 처음으로 사용

구분	주요 설문 내용	비고
애플리케이션 관리	애플리케이션 수명 주기에 걸친 관리, 애플리케이션의 원활한 운영을 위해 지원 및 관리 기능을 수행하고 있는가?	
자원관리	IT 자원의 구매 및 도입에서 활용, 성과 관리, 폐기에 이르기까지 체계적인 프로세스 준수의 상태와 예산 및 교육 관리에 대한 상태는 어떠한가?	
통제	전사적으로 준용하여야 할 규정 및 조직에 관한 상태, 전사적인 IT 조직의 구성 방향은 어떠한가?	

모 정보시스템 운영 부서의 서비스데스크~자원 관리까지 5개 부문에 대한 설문과 면담 조사 결과 나타난 바에 따르면 아래 [그림 53] IT 서비스 현황 조사 결과 레이더 차트와 같이 기술적 관리와 운영 관리에 비하여 서비스 데스크 관리, 자원 관리, 애플리케이션 관리 부문에 개선이 필요한 것으로 나타났다.

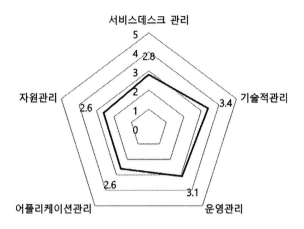

서비스데스크 관리

자원관리

기술적관리

어플리케이션관리

운영관리

[그림 53] IT 서비스 현황 조사 결과

설문은 5점 척도로 구성하였으며, 설문 결과에 의문이 있는 경우, 앞서 조사한 각종 현황 분석 결과를 참고했다. 평균 3점으로 나타났으며, 이는 5점 만점에 비해서 약 60%에 해당하는 수치로서 전반적으로 개선하여야 할 사항들이 있음을 알 수 있다.

• 서비스데스크 관리

정보시스템 사용자에 대한 지원의 수준을 파악하기 위한 것으로서, 헬프데스크(helpdesk) 전담자 여부, 요청 사항 기록 여부, 개선 방안 수립 여부에 관한 3가지 질문에 평균 2.8로써 보통(3)보다 다소 낮은 수준임.

• 기술적 관리

장애에 대한 관리 수준을 파악하기 위한 것으로서, 기록 관리,

유지 및 보수 계약, 모니터링 등 4가지 질문에 대한 답변은 평균 3.4로써, 보통(3)보다 다소 높은 수준임.

- 운영 관리

IT 자원에 대한 관리 수준을 파악하기 위한 것으로서, IT 자산에 대한 식별, 형상 관리, 점검, 비상 계획, 모의 훈련, 백업 실시 여부 등에 대한 질문에 3.1로써, 보통(3)의 수준이며, 모의 훈련은 거의 하지 못하고 있는 실정임.

- 애플리케이션 관리

정보시스템 관리 수준에 대한 것으로서, 서비스 수준, 개발 및 운영의 표준 관리 등에 대한 질문에 2.6로써, 평균(3)보다 다소 낮은 수준임.

- 자원 관리

IT 자원의 관리 수준에 관한 것으로서, IT 자원의 도입에서부터 폐기에 이르기까지의 제반 절차, 성과 관리와 재무 관리에 관한 질문에 2.6으로써, 평균(3)보다 다소 낮은 수준임.

정보시스템 관리 조직의 역할

정보시스템 관리 조직에서 하는 일은 크게 2가지이다. 정보시스템을 구성하는 각종 자원(조직, 규정 등) 관리(개발, 운영)와 정보화 사업 관리를 하는 것이다.

[그림 54]는 우리나라 모 공공기관의 정보시스템 관리 부서의

정보전략계획 ISP 수립 실무

공통적인 역할이다. 기업과 비교했을 때 핵심 업무만 약간 다를 뿐이고, 관리 요건과 관리 대상은 모두 같다.

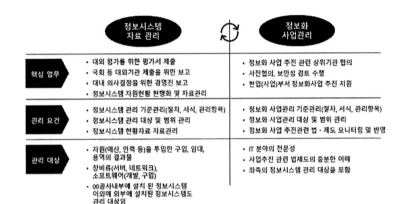

[그림 54] 모 공공기관의 정보시스템 관리 조직의 역할 구성도(사례)

또한 필요에 따라서 정보시스템 인력의 적정성과 정보시스템 운영 성과 관리에 대해서 ISP 수행을 하는 경우가 있다.

정보시스템 인력의 적정성

정보시스템 인력의 적정성 부문은 정보시스템 인력 규모나 조직의 형태에 대하여 조사와 분석하는 것이다. 이것은 일반적인 조직의 변화 컨설팅과는 다르게 접근한다. 접근 관점은 두 가지이다.

첫째는 고객의 내부와 외부의 요인으로 인하여 정보시스템 조직 및 인력에 미치는 영향을 파악하는 것이고, 둘째는 현재 운영 중이거나 향후에 신규로 개발하여 운영할 정보시스템의 운영 능력을 파악하는 것이다.

하지만 지금은 현황 분석을 하는 단계이므로 환경 변화와 현재 운영 중인 정보시스템에 대한 운영 인력의 적정성을 검토한다. 분석 결과, 운영 인력이 불충분하다고 판단되면 향후 개선 방향에 제시하고 미래 모형 수립 시에 해야 할 과제로 다룬다.

• 첫째, 고객의 내부와 외부의 환경 변화가 정보시스템 조직 및 인력에 미치는 영향 분석이다. 이것은 앞서서 진행한 환경 분석 결과를 참고해서 관련 이슈가 정보시스템 조직에 어떠한 영향을 주는지 파악하는 것이다. 환경 분석에서 식별한 관련 이슈를 재평가하고, 정보시스템 관리 부서의 대응 방향을 제시한다.

아래 [그림 55] 정보시스템 관리 조직의 문제점과 개선 방향 구성도는 모 고객의 사례이다.

내부 조직 이슈는 인원 부족과 정보화 지원 서비스 미흡 등으로 식별되었다. 그 이슈의 원인은 IT 부서의 분산 운영과 시스템의 노후화, 전사적 관리 규정의 미비 등으로 그 인과 관계를 파악했다.

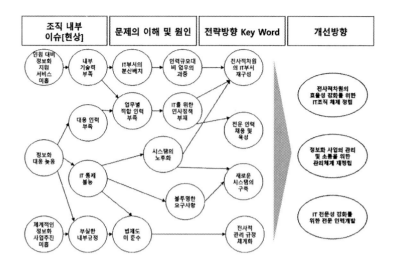

조직 내부 이슈[현상]	문제의 이해 및 원인	전략방향 Key Word	개선방향

[그림 55] 정보시스템 관리 조직의 문제점과 개선 방향 구성도

• 둘째, 현재 운영 중인 시스템에 대한 인력의 충분성을 검토
한다.

현재 운영 중인 시스템에 대한 운영 인력의 충분성 여부를 파
악하기 위해서는 여러 가지 방법이 있지만, 가장 체계적이고 설
득력 있는 방법은 KOSA(Korea Software Industry Association, 한국소프트웨
어산업협회)에서 제공하는 '정보시스템 운영 비용 산정 방법'이다.

매년 새롭게 발표하는 이것은 소프트웨어 사업 대가 산정을
의미하며, 이 중 소프트웨어 운영비 산정 방식을 활용하는 것이
다. 이 방식을 활용하기 위해서는 해당 정보시스템에 대한 설계
산출물 혹은 현재 시스템 분석 과정이 필요하다. 즉, 비용을 인
력수로 환산하는 것이다.

KOSA에서 제공하는 정보시스템 운영 비용 산정 방식은 여러

가지가 있으며, 나는 그중 기능 점수에 의한 방식을 응용해서 활용하고 있다.

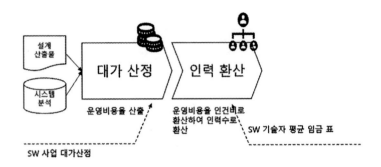

[그림 56] 정보시스템 시스템 운영 인력 산정 절차도

〈표 15〉 운영 단계 서비스 유형별 대가 산정 가이드 표[26)]

운영 단계 서비스 유형		소프트웨어 사업 대가 산정 가이드
유지 관리	응용 SW 유지 관리	요율제 방식/변동비 방식(완전 유지 관리)/ SLA 방식
	상용 SW 유지 관리	요율제 방식
	공개 SW 유지 관리	정액제 방식
	보안성 지속 서비스	요율제 방식
운영	SW 운영	투입공수 방식/고정비 방식(운영, 적응/ 수리 유지 관리)/SLA 방식
	보안관제 서비스	투입공수 방식
재개발	SW 재개발	기능점수에 의한 방식

---

26) (출처: 『SW 사업 대가산정 가이드』(2022년 2차 개정판), 2022. 8., 한국소프트웨어산업 협회)

정보전략계획 ISP 수립 실무

이것은 기능 점수 방식에 의한 유지 관리 대상, 소프트웨어 개발비 재산정과 투입공수 방식, SW 운영비 산정 방식으로 구성되어 있다. 기능 점수 방식은 운영 중인 응용시스템의 기능 점수 산정을 의미하며, 투입공수 방식은 운영에 필요한 인력의 규모로 산정한다.

이 방법으로 현재 운영 중인 정보시스템의 기능 점수를 산정해서 금액으로 환산하고, 다시 그 금액을 인건비로 변환하면 인력 규모 산정이 가능하다. 인건비는 협회에서 매년 실태 조사를 통해 공개하고 있으므로 가장 신뢰성이 높다고 할 수 있다.

혹자는 그 방법은 공공기관만 활용이 가능하다고 하지만, 기업에서의 공통적으로 적용할 기준이 없으니 이것을 기준으로 하자는 것이다. 이 방법은 기업과 공공의 구분이 필요 없이 응용시스템의 기능을 분해해서 기능 점수를 산정하는 것이니까 가장 공통적이고 합리적이라고 할 수 있다.

기능 점수 방식을 적용하고자 할 때 어려운 점은 기능 점수를 산정하는 과정에 있다. 개발 당시에 산정된 자료가 있다면 쉽고 빠르게 산정이 가능하겠지만, 그렇지 못한 경우에는 부득이 재산정을 해야 하는데, 그나마 기본적인 설계 산출물이 없다면 기능 점수 방식은 포기할 수밖에 없다.

이런 경우에는 가장 고전적인 방식으로 접근해서 운영 대상 프로그램의 개수, 직원 수, 근무 시간, 프로그램 개발, 변경 건수와 공수 등을 산정해서 총 몇 명의 직원이 운영해야 하는지를 산정해야 한다.

내가 과거에 근무했던 회사에서 있었던 일이다. 매일같이 인력과 경비를 줄여야 한다는 회사 방침에 시달리고 있었다. 문제는 현업에 인력이 줄수록 그 공백을 줄이기 위해서 정보시스템의 일은 필연적으로 늘어나기만 하는데, 정보시스템실도 인력감축의 대상이라서 진퇴양난이었다.

처리해야 할 프로그램 개발이 자연히 늦어지고 현업에서는 정보시스템실의 협조가 부족하다는 비난이 늘어나고 있었다. 나는 돌파구를 찾고자 직원들과 함께 과연 우리가 하는 일이 얼마나 많은가를 분석했다. 그 방법은 앞서 이야기한 고전적인 방법(프로그램 한 개당 변경에 소요되는 공수를 추정치로 산정)대로였다.

조사와 분석을 마치고 CIO를 찾아가서 정보시스템실 직원들이 운영해야 할 응용프로그램에 대한 개발 부하 산정 결과와 함께 최근에 접수한 현업부서의 개발요청서를 보고했다. 그리고 '현업 직원이 엑셀로 일 년에 이틀만 작업을 하면 되는 일인데 그 일을 프로그램으로 개발하려면 3년차 직원이 한 달 걸립니다. 그러니 현업에서 정보시스템 개발을 요청하려면 성과 분석서를 제출하도록 해 주십시오.'라고 요청했다.

CIO는 그 방법에 대해서 승인했고, 덕분에 약간의 여유가 생겼다. 이러한 이유들 때문에 나는 요즘도 응용시스템을 설계할 때 기능 중에 사용자의 사용 실적을 관리할 수 있는 기능을 반드시 넣는다. 웹로그를 활용할 수도 있지만, 사용 실적 보존 기간이 제한적이라서 신뢰하기가 어렵기 때문이다.

정보시스템 성과 관리

　정보시스템 성과는 2가지로 나누어서 볼 수 있다. 투자 성과와 운영 성과가 그것이다. 투자 성과는 정보시스템 개발 이전에 기대했던 성과를 기준으로 가동 시점에서 약 1~2년 후에 총투자 대비 이득을 비교해 볼 수 있다.

　이 책의 서두에서도 거론하였지만, 기업의 경우에는 ROI를 분석하고 공공기관의 경우에는 BC 분석을 한다. 두 가지 방법 모두 성과의 척도를 재화로 환산하는 것은 동일하지만, ROI는 주로 투자 대비 수익율을 평가하는 것이고 BC는 투자 대비 공공 서비스의 충족도를 재화로 측정하는 것이다. 투자 성과 분석 방법은 이 책의 후반에 이행 계획 수립 단계에 정량적 기대효과에서 상세하게 다루었다.

　운영 성과는 정보시스템 개발 이후 일정 기간이 경과한 후에 측정하는 것으로서, 기업은 그다지 실행하고 있지 않지만 공공기관은 전자정부법에 따라서 운영 성과를 측정해야 한다.

　공공기관의 경우, 전자정부법에 따른 운영성과 측정의 대상은 정보시스템 운영 성과 관리 지침(행정안전부)에 따라서 개발 및 구축이 완료되어 서비스 운영이 개시된 시점으로부터 5년이 경과한 정보시스템이다.

　운영 성과 측정은 비용 측면과 업무 효율성 측면의 2가지 관점의 측정을 통해 5점 척도로 환산하여 유지, 기능고도화, 폐기, 재개발의 4가지 유지 관리 유형으로 평가한다.

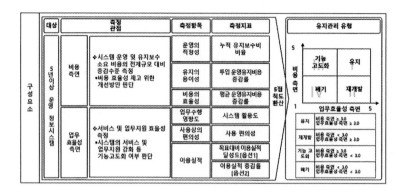

[그림 57] 정보시스템 운영 성과 측정 흐름도[27]

　이것은 정부의 한정된 예산 관리 효율성 문제 해결책으로 나온 것이다. 시간이 갈수록 신규로 개발한 시스템이 다시 운영 비용의 증가로 이어짐에 따라서 신규로 개발해야 할 재원의 부족으로 인하여 신규 서비스를 못 하게 되는 악순환을 개선하기 위한 노력이다. 2024년 행정안전부의 전자정부 관련 예산이 9천억 원이다.

　공공정보화 사업 관련 예산은 매년 증가하고 있으며, 운영 유지 관련 사업 예산이 신규 개발 금액보다 증가하고 있고, 이러한 비율은 특별한 조치가 없으면 해가 갈수록 늘어만 갈 것이며, 한정된 정부 예산에 변화가 없다면 필연적으로 조만간 운영 예산이 개발 예산보다 커질 것이다. 이것은 한정된 예산에서 신규로 개발할 수 있는 재원이 점차 부족해진다는 뜻이다. 이러한 현상

27)　(출처: 『정보시스템 운영 성과 측정 매뉴얼 재편집』, 2017, 행정안전부)

은 비단 공공분야뿐만 아니라 기업도 마찬가지 상황이다.

내가 모 기업에 정보시스템실 책임자로 근무할 때도 이 문제로 고심했었고, 그때 해결책은 해당 시스템의 가동율을 측정해서 현업 사용자와의 합의하에 가동을 중단한 적이 있었다. 날로 증가하는 유지 및 보수 비용의 증가가 부담이 되었기 때문이었다.

별로 사용하지도 않는 DBMS, O/S, 서버 등에 대한 유지 보수료(라이선스 사용료 등)가 바로 그것이다. 하지만 이러한 운영성과 측정을 하면서 여러 이해관계에 얽혀서 제대로 시행하지 못하는 경우가 많다. 뜻은 좋고 전체적으로는 모두가 그 필요성에 대해서 공감하지만, 막상 특정 시스템을 폐기해야 한다는 평가가 나오면 담당자 입장에서는 매우 난처한 입장이 되기도 하기 때문이다. 그래서 시행 초기(2012년)부터 많은 이슈가 발생했고, 법에 따라서 시행하던 운영성과 측정은 2018년도에 폐지되었다.

어쨌든 현재 운영 중인 시스템의 처리 방안을 고심해야 한다면 앞의 [그림 57] 정보시스템 운영 성과 측정 흐름도와 같은 기준으로 조사와 평가할 것을 권고한다.

최근에 내가 모 대기업에 컨설팅 제안을 했는데, 그 내용은 운영 성과를 평가해서 전체 시스템을 재편성하려고 하는 것이었다. 그 회사는 20여 개 회사 그룹에 IT를 전담하는 회사인데, 제안 발표 중 갑자기 젊은 CEO가 들어왔다. 제안의 요점은 운영성과 측정 방법이었는데, 나는 전자정부법의 정보시스템 운영 성과 관리 지침을 활용할 것을 제안했고, 나의 프로젝트 경험을 소개했다.

그 CEO는 "그건 공공기관에 해당되는 것 아닌가? 기업은 다르지 않은가?"라고 나에게 질문했다. 업무의 추진 대상과 방법은 기업과 다르지만 관점을 좁혀서 정보시스템 개발 및 운영에 관한 사항만 보면 전혀 다를 것이 없다고 내가 답변했지만, 아쉽게도 수주에 실패했고, 후에 들리는 말로는 경쟁사도 그 방법을 사용했다고 했다.

기업과 공공을 비교하는 사람들 중 공공업무의 경직성과 형식과 절차 중심의 수행에 대해서 편견을 가지고 있는 사람이 있다. 물론 규정과 절차를 중요시해야 하는 공공업무 측면에서 일부는 맞는 말이지만, 정보시스템을 구성하는 요소들(O/S, 서버, DBMS, 개발 언어 등)이 공공용으로 별도로 만든 것은 없기 때문에 이러한 편견보다는 기업 분야에 비해서 체계적으로 일하는 방식을 본받아야 한다.

앞의 [그림 57] 정보시스템 운영 성과 측정 흐름도에서 보듯이 여기에 기업과 공공의 구분이 어디에 있는가? 어쨌든 ISP의 현황 분석 단계에서 성과 분석은 주로 운영 성과를 분석하는 것이다.

정보시스템 관리 체계 분석 과정에서 발견된 문제점들을 모아서 정리하고, 각각의 개선 방향을 수립한다. 이것은 환경 분석과 같은 방법으로 정리를 한다. 여기서 개선 방향이라는 것은 구체적인 것이 아니고 무엇을 개선해야 한다는 정도만 기술을 한다. 구체적인 개선 방안을 제시하는 것은 추후 미래 모델 수립 단계에서 한다.

문제점 및 개선 방향에 대한 정리는 아래와 같이 예를 들어서 설명할 수 있다.

정보전략계획 ISP 수립 실무

- 정보시스템 관리 규정이 부족하므로 이에 대한 보완이 필요함 (O)
- 정보시스템 관리 규정이 부족하므로 이와 보완해서 정보시스템 관리 규정을 정보시스템으로 개발해야 함 (X)

응용시스템 분석

■ 전사 응용시스템 구성 분석

우선 전사 응용시스템을 한눈에 파악할 수 있는 전체 구성도를 개략적으로 표현하고 각각의 개별 응용시스템들은 추후 상세하게 분석한다. 논리상으로는 전체 시스템 구성은 개별 응용시스템을 파악한 후에 작성해야 하지만, 전체를 개략적으로 파악부터 하는 것도 좋은 방법이다.

다음 [그림 58]은 모 제약회사의 현재 전사 정보시스템 구성도이다.

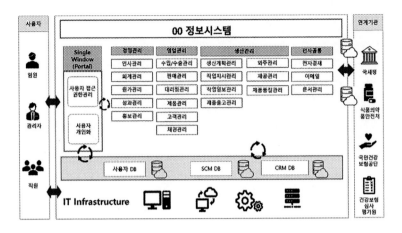

[그림 58] 전사 응용시스템 구성도 (현재)

특정 단위 업무에 대한 ISP가 아니고 전사를 대상으로 하는 ISP라면 전사 업무에 대한 정보시스템의 지원 여부를 파악할 수 있는 대비표가 필요하다. 만일 인사관리와 같이 특정 단위 업무가 ISP 대상이라면, 더 낮은 수준의 업무 대비 정보시스템의 지원 여부를 파악해야 한다.

<표 16> 업무 대비 정보시스템 지원 대비 표

	인사관리 시스템	회계관리 시스템	원가관리 시스템	영업관리 시스템	생산관리 시스템	비고
인사 관리	○	○	○	○	○	
회계 관리	○	○	○	○	X	
원가 관리	○	○	○	X	X	

정보전략계획 ISP 수립 실무

	인사관리 시스템	회계관리 시스템	원가관리 시스템	영업관리 시스템	생산관리 시스템	비고
기획 관리	X	X	X	X	x	
영업 관리	○	○	X	○	x	
생산 관리	○	○	X	X	○	
재고 관리	X	○	X	X	x	
품질 관리	X	X	X	X	▲	
물류 관리	X	V	X	▲	x	
설비 관리	X	X	X	X	▲	

〈표 16〉 업무 대비 정보시스템 지원 대비 표를 보면 이 회사
는 회계 업무가 대해서 생산정보시스템의 연계가 부족한 것으로
보이며, 특히 품질, 물류, 설비 업무가 정보시스템의 지원 혹은
연계가 필요할 것으로 판단된다. 기획 업무는 정보시스템의 지
원을 전혀 받지 못하고 있는데, 통상적으로 비정형적인 업무는
대부분 정보시스템의 의존도가 낮은 편이다. 이러한 조사는 귀
납적 접근이 필요할 때 해 볼 만한 방법이다.

전사적으로 정보시스템의 의존 상태를 방사형 그래프로 표현
하면 [그림 59] 업무의 정보시스템 의존도와 같다.

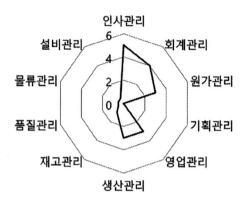

[그림 59] 업무의 정보시스템 의존도

[그림 59] 업무의 정보시스템 의존도를 보면 업무 전체에 IT 지원이 고르지 못하고, 인사관리 업무의 정보시스템 의존도가 가장 높은 것임을 알 수 있다. 정보시스템 의존도는 업무뿐만 아니라 조직의 계층별로도 분석이 필요하다.

이것은 그 조직에서 활용하고 있는 정보시스템이 어느 계층까지 활용하고 있는지를 분석해서 고르게 활용 가능하도록 하는 것이다. 정보화 초기에는 실무자를 위한 정보시스템의 개발과 활용이 대세를 이루지만, 차츰 갈수록 의사결정권자까지 임원급을 위한 정보시스템을 지원하게 된다.

RPA[28]가 실무자를 위한 시스템이라면 BI가 고급관리자를 위

---

28)   RPA(Robotic Process Automation): 비즈니스 규칙 기반의 반복적 프로세스를 지원하

한 대표적인 시스템이다. 전사 정보시스템 분석은 각 직급별 정
보시스템 활용 표로 표현할 수 있다.

이를 위한 기초자료는 기존에 프로그램에서 미리 준비된 사용
실적 기능에서 제공되는 실적 데이터를 활용할 수도 있고, 웹 로
그(Web Log)를 활용할 수도 있다. 이 두 가지가 모두 없다면 부득
이 사용자 설문 혹은 인터뷰를 통해서 집계해야 한다. Web Log
분석 Tool은 시중에 오픈 소스(Open Source)와 상용 제품이 많이 출
시되어 있으므로 이를 활용할 수 있다.

〈표 17〉 임직원의 정보시스템 활용 분석 표

	CEO	임원	팀장	직원	비고
전자결재시스템	●	●	●	●	전체 직원 사용
인사관리시스템	△	△	●	●	CEO, 임원은 직원 인사기록 카드만 조회
회계관리시스템	△	△	●	●	CEO, 임원은 결산서만 조회
원가관리시스템			●	●	
영업관리시스템		△	●	●	임원은 영업 실적만 조회
생산관리시스템		△	●	●	임원은 생산 실적만 조회
재고관리시스템			●	●	

앞에 〈표 17〉 임직원의 정보시스템 활용 분석 표와 같이 조
사된 임직원의 정보시스템 활용 표를 보면 대부분 팀장급 이하
실무자 선까지만 정보시스템이 지원되고 있음을 알 수 있다.

는 자동화 솔루션

임원급 이상에 대한 정보시스템 지원은 갈수록 중요해지고 있으므로 고객의 특별한 요구 사항이 없어도 시사점을 통해서 권고하는 것이 좋다. 정보시스템의 성공 요소로 경영진의 적극적인 지지를 우선순위로 꼽으면서 정작 그들을 위한 시스템이 없는 것은 정보시스템 후원자에 대한 배려가 미약하다고 할 수 있다.

<표 16>과 같이 직급별로 활용 수준을 분석하는 경우도 있지만, 각 업무에 제공되는 정보시스템에 대한 수준 분석도 필요하다.

[그림 60] 업무별로 제공되는 시스템의 지원 수준 분석도는 업무별로 제공되는 시스템의 지원 수준을 분석한 도표이다. 시스템의 지원 정도를 평가하는 기준은 각 시스템의 기능을 분석·통계, 관리통제, 실무 지원으로 구분하고 이에 대한 만족도 조사와 사용 실적을 조사해서 평균을 산출한 것이다.

만족도 조사 결과는 정성적인 질문을 다시 정량적으로 환산하고 이를 입증할 수 있는 시스템 사용 실적을 대입한다.

'측정할 수 없으면 관리할 수 없고, 관리할 수 없으면 개선할 수 없다.'라고 말한 미국의 경영학자 피터 드러커는 계량적 관리의 중요성을 강조했다. 나는 이 말에 대해 측정하기 위해서는 준비가 필요하다고 생각한다. 그 준비란 업무 프로세스 진행에 소요되는 자원(시간, 사람, 돈)과 프로그램의 사용 실적 관리를 의미한다.

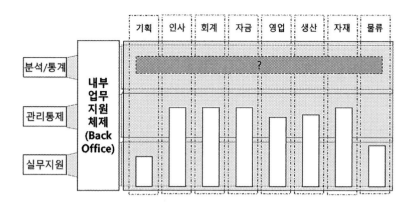

[그림 60] 업무별로 제공되는 시스템의 지원 수준 분석도

- 분석·통계: 제공되는 정보시스템에서 분석과 통계 기능을 제공하고 있는지 여부(예: BI)

- 관리 통제: 제공되는 정보시스템에서 업무 수행 조건에 따라서 기준 정보가 제공되고 있는지 여부(예: 적정 재고, 입력하는 데이터에 대한 기준치)

- 실무 지원: 실무자의 업무 처리를 위한 기능이 제공되고 있는지 여부(예: 전표처리)

[그림 60] 업무별로 제공되는 시스템의 지원 수준 분석도에 따르면 기획 업무와 물류 업무는 실무자급에 지원이 약하고, 모든 업무가 관리 통제 기능이 약하며, 분석·통계는 전혀 지원하지 못하고 있다.

〈표 17〉 임직원의 정보시스템 활용 분석 표와 [그림 60] 업무

별로 제공되는 시스템의 지원 수준 분석도를 종합해 보면 이 회사는 실무 지원을 위한 정보시스템 기능은 일부 업무를 제외하고 비교적 충분하게 제공되고 있는 데 반해서, 의사 결정을 위한 분석·통계 기능은 매우 부족한 것으로 판단할 수 있다.

이것은 전사 시스템에 대한 조사 결과이지만 부분 업무에 대해서도 동일한 방법으로 조사와 분석을 할 수 있다. 특히 경영진의 IT 요구 사항을 분석할 때는 그 경영진에게 정기 혹은 부정기로 보고하는 보고서를 참조하며, 매년 말경에 차년도 경영전략 보고서는 정보화 방향 설정에 매우 중요한 참고 자료가 될 수 있다.

■ 업무 정보화 현황 분석

업무 정보화는 ISP 대상 업무가 정보시스템의 지원이 충분한가에 대하여 조사와 분석을 하는 것이다.

조사 대상은 주로 앞서 조사한 프로세스에 대하여 활동별로 그 업무를 지원하는 정보시스템의 지원이 충분한지를 분석한다. 활동기술서에 해당 활동의 정보시스템을 표기하는 이유가 그것이다. 그 활동에 지원하는 정보시스템이 없거나 부족한지 여부를 파악하고, 정보시스템 지원의 필요성을 분석한다. 모든 활동이 정보시스템의 지원을 필요로 하는 것은 아니기 때문이다.

불필요할 정도로 정보시스템으로 하여금 업무를 진행하도록 하면 이중 입력의 낭비가 생기거나 데이터의 무결성이 훼손되어서 신뢰도가 떨어지는 경우까지 발생할 수 있기 때문에, 우선은 해당 활동에 정보시스템 기능의 필요성부터 따져 봐야 한다. 예를 들어서 설비 관리 시스템에서 사용하는 작업 일보의 입력 과정에서 작업자 인적 사항을 별도로 관리하는 경우가 있다. 주로 기존 시스템과 다른 패키지 형태의 솔루션을 사용하는 상황에서 발생하는데, 이런 경우를 데이터 무결성 훼손 가능성을 문제점으로 발췌해야 한다.

프로젝트 자원에 여유가 있으면 해당 업무에 대한 정보화 준비도를 평가할 수도 있다. 활동 수준의 정보화 준비도 평가 요소는 소규모이므로 주로 표준화 여부, 타 활동과의 연관성, 사용자의 요구 정도, 활동에 참여하는 직원의 규모 정도이고, 평가 방법은 상, 중, 하로 간단하게 표기한다.

그리고 이러한 분석 결과에 대해서 나타난 문제점 및 개선 방향을 간략하게 정리한다.

■ 각 응용시스템별 구성 분석

응용시스템별 구성 분석은 업무 현황 분석 단계에서 분석한 내용에 대하여 활동 혹은 작업 단위로 정보시스템의 지원 상태를 분석하는 것이다. 응용시스템은 주로 업무 프로세스에 대한 지원 관점으로 분석한다. 특별한 경우를 제외하고 대부분의 정보시스템은 조직의 업무 지원을 하는 것이 그 목적이기 때문이다.

이것은 전사 응용시스템 분석표와 같은 형태로 작성한다.

<표 18> 업무 활동 기반의 응용시스템 구성 분석 표

활동명	문제점	개선 방향
인력 충원 요청서 작성 및 제출		
검토 및 채용계획 (안) 수립	인력 충원을 요청한 부서의 과거 인력 이력 정보를 문서로 관리하고 있어서 참고에 어려움이 있음	인사 이력 정보 이력 관리 정보화
결재		
심의		
채용공고	동일한 내용을 홈페이지, 채용사이트 각각의 외부 시스템에 입력하여야 함	
응시원서 제출	응시원서에 일관성이 없이 입력되고 있음(학교명, 회사명)	표준 코드 활용이 필요함
응시원서 출력 및 제출	심사위원들에게 종이 문서로 출력하여 제출	인사 채용 심사 관리 정보화
서류전형	심사 이력 관리를 종이 문서로 관리하고 있어서 과거 이력 관리가 안 됨	인사 채용 정보 이력 관리 정보화
서류전형 결과 보고	전자결재를 위하여 서류전형 결과 종이 문서의 내용을 다시 전자문서로 재편집함	인사채용 심사 관리 정보화

앞서 업무 흐름 분석에서 나타난 프로세스에 대해서 각 활동별로 문제점을 파악하고 이에 대한 개선 방향을 기록한다. 문제점 파악은 가능한 정보기술 측면에서만 기록하며, 필요한 경우 해당 활동에 대한 개선(변경, 삭제)을 제안할 수 있다.

예를 들어 앞에 <표 18> 업무 활동 기반의 응용시스템 구성 분석 표와 같이 채용 관련 업무 중에 일부는 정보화로 인하여 없어질 수 있는 활동들도 있다. 응시원서 출력 및 제출이 그것이다. 이 회사는 수시로 인력을 채용하고 있고, 응시율이 높아서 담당 부서는 그 일도 상당한 부담이 되고 있었다.

이렇게 활동별로 분석하는 것이 상당한 시간과 노력이 필요하고, 다소 지엽적으로 보일 수도 있지만 결국 이러한 조사와 분석하는 것이 현황 분석이므로 간과할 수는 없다.

문제점은 업무 흐름 분석 과정에서 면담 혹은 설문 조사를 하면서 입수할 수 있는 정보들이다. 면담 대상자가 평소에 자신이 사용하는 응용시스템에 대한 개선 요구나 새로운 기능을 요구할 수도 있고, 컨설턴트의 판단에 따라서 문제점 파악과 개선 방향을 제시할 수도 있는 것이다. 때로는 응용시스템의 현황 분석을 하면서 상기와 같은 과정을 거치면서도 보고서에 표현은 간략하게 기능도와 기능 설명 정도만 기술을 하고 종합시사점 및 개선 방향으로 그치는 경우가 있다.

두 가지에 드는 시간은 큰 차이가 없다.

결국 보고서에 표현하는 방법의 문제일 뿐인데, 보고서 작성에 소요되는 시간이 많다는 이유 때문에 이를 간과하는 것이다.

컨설턴트의 경험적 지식에만 의존해서 거두절미하고 이러저러한 개선이 필요하다는 내용을 비약적으로 기술하면 충분한 설명을 듣지 못한 고객은 이해하기도 어려울 뿐만 아니라, 왜 그런 기능이 필요하냐고 반문하면 답변이 궁색해지기까지 한다. 더욱이 프로젝트가 끝나고 한참 뒤에 고객이 보고서를 읽을 때는 잘 이해가 안 되어 신뢰감마저도 잃게 되는 문제가 생길 수도 있다.

컨설턴트는 처음 프로젝트가 시작할 때 조사와 분석을 수행하는데, 사실 몇 가지를 제외하고 현재의 문제점과 개선 요구 사항은 시작한 지 며칠 안 되는 컨설턴트보다 그 업무를 수년째 하고 있는 고객이 더 잘 안다. 어떤 면에서는 컨설턴트가 하는 조사와 분석 행위 자체가 고객의 입장에서는 시간 낭비라고 생각할 수도 있다. 가끔은 현황 자료는 다 줄 테니까 시간을 절약하고 미래 모형 발굴에 집중해 달라는 요구를 고객으로부터 받을 때도 있다.

하지만 컨설팅이란 고객의 경험과 지식을 체계적으로 정리하고 이를 바탕으로 논리적으로 개선 방향과 미래 모형을 제시하는 것이다. 이것은 절름발이를 업고 가는 장님의 모습과도 같다고 할 수 있어서, 서로가 부족한 점을 보완하는 협력 관계라는 뜻이다. 그래서 다소 시간이 걸리더라도 프로세스 분석에서 도출된 2수준 이하의 활동 단위로 구체적인 문제점을 파악하고 개선 방향을 모색하는 것이 신뢰성 있는 미래 모델을 설계할 수 있다.

현재 응용시스템의 기능도와 설명만 무의미하게 보고서에 반영하고, 맨 나중에 모아서 문제점 및 개선 방향을 제시하는 것은 가능한 피해야 한다는 뜻이다. 현재 운영 중인 응용시스템의 분석이 끝나면 문제점과 개선 방향을 정리한다.

데이터베이스 분석

우선 데이터의 개념에 대해서 표현이 잘 된 사례가 있어 소개한다.

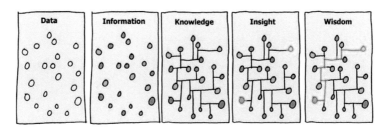

[그림 61] David Somerville의 일러스트레이션

David Somerville[29])에 주장에 따르면 데이터는 정보를 구성하는 최소 단위이고, 정보는 지식을 구성하는 단위이며, 지식은 지혜를 구성하는 단위라고 주장했다. 나는 이 그림에서 Data, Information, Knowledge, Insight, Wisdom의 차이를 적절하게 표현한 그림이라고 생각한다. 특히 Wisdom의 경우는 Data를 기반으로 하는 AI와 연관성이 있어 보인다.

데이터베이스는 기능 못지않게 매우 중요한 분석 대상이다.

데이터베이스에 대한 분석을 제대로 하면 업무 프로세스가 보인다고 할 수 있다. ERD(Entity Relationship Diagram)의 키(Key) 구조와 관계가 잘 정리되어 있다면 말이다. 게다가 응용시스템의 기능은 환경과 사용자 요구의 변화에 따라서 자주 바뀌는 데 비해서 한번 수집된 데이터는 영원히 바뀌지 않기 때문에 세밀한 관찰이 필요하다.

데이터베이스를 분석할 때 가능한 전사 ERD를 확보하여 참고

---

29)   David Somerville은 FGS Global의 북미 크리에이티브 부문 파트너이자 책임자

하는 것이 필요한데, 이것이 없다면 컨설턴트가 개략적으로라도 개념적 ERD를 작성하는 것이 좋다. 목표 모델 수립 시 참고해야 하기 때문이다. 이것은 ISP 대상 업무가 전사가 아니고 인사관리 등 부분적이라면 인사관리와 관계가 있는 모든 업무를 대상으로 조사해야 한다는 뜻이기도 하다. ISP는 부분 최적화가 아니고, 전사 최적화를 목표로 하기 때문이다.

개발 현장에서는 DB의 논리, 물리 모델을 사용하지만, ISP에서는 그렇게까지 할 수는 없고 ISP 대상 DB가 어떻게 구성되어 있으며 상호 관계성은 어떤지 ERD를 통해서 전반적으로 살피는 것이다.

[그림 62] 개념 ERD 사례 1은 현재 운영 중인 인사시스템 중에서 인사 채용에 관한 현재의 DB 구조를 표현한 것으로써, 응모자를 중심으로 채용공고와 합격자에 한해서 발령 그리고 심사와 발령받는 부서에 대한 Entity를 표현한 것이다.

이 중에 응용시스템 분석에서 나타난 응시원서에 학교명, 회사명이 일관성 없이 입력되고 있는 문제가 DB에서도 나타나고 있다. 이것은 학교, 회사를 관리하는 데이터군(Entity)이 없고, 응모자가 입력하는 그대로 저장하고 있다는 뜻이다.

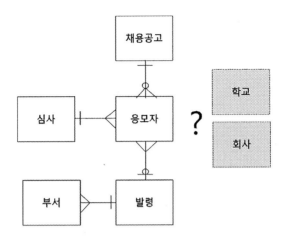

[그림 62] 개념 ERD 사례 1

[그림 63] 개념 ERD 사례 2는 현재 운영 중인 구매관리시스템에 대한 데이터 구조를 표현한 것이다.

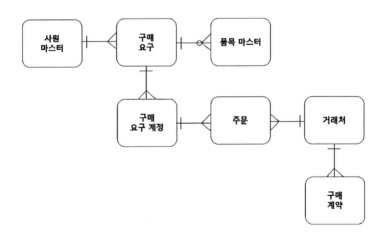

[그림 63] 개념 ERD 사례 2

ERD를 그리는 데 도움을 주는 케이스 툴(CASE Tool)은 많이 있지만, ISP에서는 특별한 경우를 제외하고는 키(Key) 속성까지 부여할 필요는 없기 때문에 굳이 그것들을 사용할 필요는 없다. 그것들은 개발에서는 유용하게 사용되지만, ISP에서는 데이터 집합들의 식별과 이들 간에 관계만 표현하면 되며 기능 점수 도출과 예산 수립에 필요하고, 향후에 개발 과정에서 참고가 용이할 정도만 표현하면 된다. 그 이유 중 하나는 기능 점수 도출과 예산 수립을 위한 것이기 때문이다.

데이터베이스는 다음과 같은 관점으로 분석한다.

- 업무 프로세스의 지원성
- 무결성
- 표준화

데이터 현황 분석 과정에서 참조할 자료가 없어서 분석할 수 없는 경우가 있다. 이때는 부득이 현재 운영 중인 DB에 접속해서 테이블 정보를 참조하고 직접 그릴 수밖에 없는데, 시간이 많이 걸리기 때문에 현행 프로세스 분석할 때 파악된 관리 항목을 중심으로 그릴 수밖에 없다. 하지만 그조차도 시간이 부족하다면 부득이 미래 모델을 수립할 때 작성할 수밖에 없지만, 현황 분석 단계에서 최대한 분석이 되도록 노력해야만 한다.

■ 업무 프로세스 지원성

데이터베이스 분석도 응용시스템 분석표와 같은 형태로 작성한다. 데이터 역시 업무에 의존적이라는 뜻이다. 업무의 흐름은 데이터의 흐름이라고도 할 수 있다.

〈표 19〉 업무 활동 기반의 데이터베이스 분석 표

활동명	문제점	개선 방향
인력 충원 요청서 작성 및 제출		
검토 및 채용계획(안) 수립		
결재		
심의		
채용공고		
응시원서 제출	응시원서를 제출한 응모자들의 전체 이력 관리를 위한 데이터가 없음(합격자만 관리)	전체 응모자 관리를 위한 데이터 수집 체계 마련(응모 분야, 응모 번호, 성명, 생년월일, 학력, 경력 등)
응시원서 출력 및 제출		
서류전형	채용 심사위원들의 인적 사항과 심사 이력 관리를 위한 메타데이터가 없음(종이 문서 관리) 불합격자에 대한 이력 관리가 필요함	심사위원 POOL DB가 필요함(성명, 전형 분야, 전형 일자, 경력, 소속 등)
서류전형 결과 보고		

  각 활동별로 필요로 하는 데이터의 충분성 여부를 검토하는데, 기본적으로는 활동에 필요한 서식, 보고서 등에 있는 성명, 날짜 등 관리 항목이 충분하게 현재 응용시스템에서 데이터로 관리되고 있는지, 또는 응용시스템으로 구현되지 않는 활동은 현재 사용 중인 서식에 정보화를 위해서 필요로 하는 관리 항목을 추가하여 개선 방향으로 제안할 수 있다.

관리 항목이란 업무를 수행하면서 필요로 하는 항목들이다. 이것은 날짜, 성명, 제목, 품목 등을 의미한다.

이러한 것들 모두가 메타데이터고, 프로세스는 이러한 데이터들 간의 움직임이라고 할 수 있다. 따라서 각 업무 프로세스 내에 활동을 지원하거나 통제하는 관리 항목들의 조사와 분석은 필수적으로 필요하다. 프로세스는 이러한 데이터들 간의 움직임이라고 할 수 있다. 따라서 각 업무 프로세스 내에 활동을 지원하거나 통제하는 관리 항목들의 조사와 분석은 필수적으로 필요하다.

■ 무결성

오래된 조직일수록 필연적으로 정보시스템의 변화가 생기게 마련이며, 이러한 것은 특히 데이터의 변화에 많은 영향을 주고 있다. 조직의 정보화 초기부터 전사적으로 체계적인 정보시스템을 설계하고 개발하는 경우가 아니라면 대부분의 경우에는 각 업무 분야별로 정보시스템을 개발하고 운영하게 된다.

인사, 회계, 영업, 생산 업무별로 필요에 따라서 각각의 업무를 지원하는 정보시스템을 개발하게 되고, 이 결과 서로 간에 공통으로 사용할 데이터가 어긋나는 경우가 생기게 된다.

예를 들어, 고객의 주소에 대해서 살펴보면, 구매와 영업에 거래처 데이터가 회계의 그것과 다른 경우를 흔하게 본다. 영업은 영업대로 판매와 수금을 위한 거래처의 주소를 관리하고, 구매는 구매 대금 지급을 위한 거래처의 데이터를 관리하며, 회계는 청구와 지급을 위한 거래처의 데이터를 관리한다.

처음에는 동일한 주소를 사용하지만, 고객의 주소가 변경됨을 영업이 먼저 알았을 때 즉시 관련 업무에 통보해 주지 않으면 이 때부터 서로 다른 주소를 사용하게 되는 것이다. 특히 지사가 많은 조직일수록 더 많은 혼란을 초래하게 된다.

사회 전 분야에 정보시스템이 2차 도약기를 맞이하던 2000년 후반부터 이러한 문제점을 해결하고자 차세대 정보시스템 구축 이라는 용어가 유행하기도 했다. 이것의 초점은 데이터의 일원 화였다.

각 업무 간에 관리 중인 서로 다른 고객 데이터로 인하여 생기는 문제점이 날이 갈수록 심각해짐에 따라서 이를 해결하기 위하여 대규모로 전사적인 프로젝트를 진행한 것이다. 금융, 유통, 제조업 등 전 산업과 공공기관이 모두 동일하게 겪는 문제였고 이 문제를 해결하기 위하여 많은 비용을 투입해야만 했다. 종이 문서로만 관리하던 시절에는 무엇이 문제인지, 무엇이 경영에 영향을 미치는지 몰랐지만, 정보화가 폭넓게 진행될수록 그 문제의 원인을 알게 되었던 것이다. 그리고 그들은 경쟁에 앞서기 위해서 이러한 분야에 투자를 아끼지 않은 것이다.

나는 온라인 쇼핑몰에서 구입한 물건에 대해서 두 가지 황당한 경우를 당했다. 첫 번째는 사은품으로 헤어드라이어를 받았는데, 일주일 뒤에 또 왔다. 판매자에게 전화했더니 사은품이기 때문에 그냥 쓰라는 답변을 받았다. 그런데 그 이후에 일주일 간격으로 3개가 더 왔다.

두 번째 경우는 제습기였다. 꽤 비싸고 작은 냉장고만큼 큰 제품이었는데, 작동에 이상이 생겨서 반품을 요청했더니 1대가 다시 왔고, 반품하려고 문밖에 놔두었는데 2달이 지나도록 회수를 하지 않았다. 그래서 전화했는데, 곧 회수를 하겠다고 하고는 5년이 지난 지금도 가져가지 않고 있다. 여러 가지 사유가 있겠지만 이런 두 가지 경우가 바로 입출고와 재고, 물류에 대한 데이터의 무결성이 훼손된 사례라고 할 수 있다.

내가 모 은행에 계좌를 모두 해지하고, 그 은행 인터넷 사이트에 회원 탈퇴를 하고 더 이상 알림을 받지 않겠다고 했다. 그럼에도 불구하고 끊임없이 알림이 오고 있다. 물론 광고이기 때문에 이해는 되지만, 오히려 반감만 생긴다. 이런 경우 고의적이 아니라면 역시 회원 관리를 위한 DB와 영업을 위한 DB 간의 무결성이 훼손된 사례이다. 개인정보보호법도 위반한 것이라고 할 수 있다. ISP에서는 이러한 문제가 발생하거나 증폭 혹은 전이되지 않도록 해야 한다. 그러기 위해서는 우선 현재 운영 중인 데이터베이스의 구성 상태를 점검해야 한다.

점검 대상은 ERD, DB Table 등 데이터베이스 설계서이고, 테이블(Table) 간의 중복성이나 연관성을 검토한다. 예를 들어 거래처 사업자 등록 번호, 주소 등이다. 그런데 이러한 데이터베이스 설계서가 없는 경우가 많기 때문에 부득이하게 현재 운영 중인 DB에 직접 접근해서 테이블의 내용을 검색해야만 할 때가 자주 있다. 이러한 상황에서는 메타데이터(컬럼 명칭과 속성)만 분석하면 된다.

무결성 중 가장 많은 오류가 발생하는 참조 무결성은 개체 간에 참조해야 할 또 다른 개체에 일관성이 부족한 경우를 의미한다. 참조 무결성은 데이터베이스의 정확성과 일관성을 유지하는

정보전략계획 ISP 수립 실무

데 중요한 역할을 한다. 참조 무결성을 설정하면 데이터베이스 사용자의 실수로 인해 데이터가 훼손되는 것을 방지할 수 있다. 물론 이러한 내용은 개발 과정에서 검토할 문제이기는 하지만, ISP 과정에서도 고려하는 것이 좋겠다.

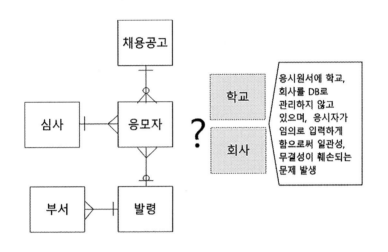

[그림 64] 참조 무결성 사례 ERD

DB 검토는 무결성뿐만 아니라 저장된 데이터 자체가 컬럼 속성과 다른 경우도 조사해야 한다. 예를 들어 숫자로 정의된 컬럼에 문자가 있거나 거래처 주소가 있어야 할 곳에 숫자로 채워진 경우도 있다. 이러한 DB 검토는 가능한 전체 DB Table을 대상으로 조사를 하는 것이 좋지만, 많은 시간을 필요로 하기 때문에 전문 tool을 사용하기도 한다. 하지만 ISP는 DB 튜닝(Tuning)이나 DB 품질 검토를 하는 것은 아니기 때문에 몇 가지 대표적인 사례가 발견되면 이들 문제점을 바탕으로 향후 개선 방향을 제시하고, 궁극적으로는 미래모형에 향후에 해야 할 일로 정의하면 된다.

DB Tuning 혹은 DB 정제(Cleaning)작업이 그것이다. 이것들은 개발 단계에서 개발자 혹은 DB 전문가가 수행해야 할 몫이다. ISP에서는 해야 할 필요성과 방법 그리고 소요 예산을 산정한다.

■ 표준화

데이터베이스에 가장 하부를 구성하고 있는 것은 메타데이터, 즉 RDB에서 컬럼을 의미한다. 그런데 이 컬럼 명칭의 일관성이 없어 여러 가지 문제가 발생하고 있다.

업무 현황을 분석할 때 업무에서 사용하는 용어의 표준화 여부를 검토하는 것과 동일하게 DB에서도 메타데이터에 대한 동음이의어와 이음동의어가 존재하는지 검토해야 한다. 검토의 대상은 이것 역시 DB Table 등 데이터베이스 설계서인데, 이것이 없으면 부득이하게 현재 운영 중인 DB에 직접 접근해서 테이블에 정의된 컬럼(Column) 명칭을 검색해야 한다.

예를 들어 사용자 이름을 USER_NM 혹은 NAME으로 표기하는 경우이다. 이런 상황에서는 사용자가 몇 명인지 집계할 때 어떤 컬럼을 기준으로 계수를 하는가에 따라서 서로 다른 숫자가 나올 수 있다. 이러한 경우는 한글 명칭도 마찬가지이다.

다음 〈표 20〉 코드 표준화가 필요한 사례는 이러한 문제점들이 나타난 사례이다.

<표 20> 코드 표준화가 필요한 사례

단위시스템명	테이블 ID	테이블 명	컬럼 ID	컬럼 명	
경영정보시스템	IP_ADJ_GIBU_JOJUNG	연말정산 기부금 조정 관리	USR_CMPNY	회사ID	코드체계 상이
자료관리시스템	ADMUSER	사용자 관리	company	회사ID	
경영정보시스템	USR_MST	사용자 관리	USR_PWD	비밀번호	공통코드 관리 미흡
성과관리시스템	CPM_USER	사용자	PASSWORD	암호	
자료관리시스템	ADMUSER	사용자 관리	passwd	비번	
경영정보시스템	IP_ADJ_YUNGUM	연말정산 연금 관리	ADJ_SEQ	순번	컬럼속성 간 정의 비표준화
경영정보시스템	IP_BOJOONG	인사 보증사항 관리	BJSEQ	순번	
경영정보시스템	IP_FAMILY	인사 가족사항 관리	SEQNO	순번	
경영정보시스템	IP_HUGAYY_DUSE_APPLY_DET	대체휴가 전자결재 신청관리 서브	ISEQ	순번	
자료관리시스템	ADMUSER	사용자 관리	no	순번	
자료관리시스템	CD_PLAYLIST_R	PLAYLIST 관리	pidx	순번	
자료관리시스템	CDR_JASAN_RPT	음반실사 관리	ino	순번	

　ISP에서 데이터베이스 표준화는 문제점 파악을 위한 일부 사례를 추출하고 향후 개선 방향을 제시하며, ISP 대상 데이터베이스의 표준화에 문제가 있으면 표준화 대상, 절차, 방법 등을 제안한다. 데이터베이스 표준화 관리를 위한 전문소프트웨어가 시중에 많이 있으므로 이들에 대한 도입 검토를 하는 것도 필요하다. DQMS(Data Quality Management System)이 바로 그것이다.

　참고로 정부에서는 공공데이터의 신뢰도 향상을 위해서 관련 법(공공데이터의 제공 및 이용 활성화에 관한 법률, 2013년, 행정안전부)을 제정해서 시행 중에 있다. 그 법에 따르면 데이터베이스 품질을 중요시하고 있고 최근에는 각 공공기관의 수준을 평가하고 그 결과를 경영 평가에 반영하고 있다.

정보시스템 기반 분석

정보시스템 기반 분석은 소프트웨어 이외 것으로서 아래 대상에 대한 조사와 분석을 한다.

- 서버(Server)
- 네트워크(Network)
- 상용 소프트웨어(Commercial software)
- 개인용 컴퓨터(Personal computer)

■ 서버

서버는 주로 CPU, 저장 장치, 백업 정책, 이중화, 가동상태, 도입 시기, 유지 및 보수 방식 등에 대하여 조사와 분석한다. 개략적으로 서버 구성도를 작성하고 전체 구성 상태를 파악한다.

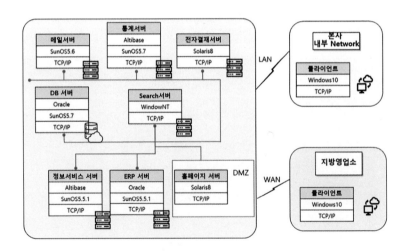

[그림 65] 서버 구성 현황도

조사 항목은 서버의 CPU, Memory, 제조사, 모델명, 수량, 도입 연도, 유지·보수 계약 유지, 보험 가입 등 구성 요소와 관리 요소를 조사한다.

〈표 21〉 서버 조사표

구분	서버명	제조사	모델명	수량	CPU	Memory	Disk 용량	도입 연도	유지·보수	보험 가입
1	메일 서버	HP	DL 380 G7	1	2.0Ghz ×12	12GB	300GB ×2	2012. 11	Y	Y
2	통계 서버	HP	DL 380 G7	1	2.0Ghz ×12	12GB	300GB ×2	2012. 11	N	N
3	전자 결재 서버	Dell	R 720	1	2.0Ghz ×24	12GB	300GB ×2	2012. 11	N	N
4	DB 서버	Dell	R 720	1	2.0Ghz ×24	12GB	300GB ×2	2012. 11	Y	Y
5	응용 시스템 서버	Dell	R 720	1	2.0Ghz ×24	12GB	300GB ×2	2012. 11	N	N

이렇게 서버에 대한 재물 조사 결과는 내구연한이 지난 서버, 유지 및 보수 계약 유지, 보험 가입, 보증 기간 등에 대해서 검토하고, 각 서버의 중요도에 따라서 대응되는 권고를 한다.

서버 등 정보화 자산에 대한 조사는 보안 부문에서도 필요하며, 만일 보안 업무에 이 자료가 있다면 요청해서 활용하는 것이 바람직하다. 서버는 가장 중요한 것이 바로 가용성과 부하량이다. 가용성(Availability)이란 서버가 정상적으로 사용 가능한 정도를 말한다. 가동률과 비슷한 의미이고, 부하량은 사용량을 의미한다.

가용성은 서버 운영 기록을 조사하여 최근 2~3년간 가동 실적을 분석하여 현재 서버에 대한 상태를 판단하고 교체 혹은 증설 여부를 제안한다. 부하량은 성능과도 관계가 있다.

성능 그 자체는 서버의 규격에 따르지만, 부하가 걸리는 정도에 따라서 성능이 변화하므로 이를 분석해야 한다.

서버명	자원	2020									2021									
		03	04	05	06	07	08	09	11	12	01	02	03	04	05	06	07	08	09	10
메일서버	CPU	1%	1%	1%	1%	2%	1%	1%	1%	4%	7%	1%	1%	-	1%	2%	2%	1%	1%	3%
	MEM	54%	77%	75%	48%	73%	53%	58%	61%	62%	66%	70%	63%	-	67%	66%	70%	62%	61%	57%
통계서버	CPU	1%	2%	1%	1%	1%	1%	2%	2%	16%	1%	2%	1%	-	1%	1%	2%	2%	2%	2%
	MEM	44%	51%	55%	43%	48%	59%	61%	59%	61%	70%	71%	68%	-	66%	63%	70%	64%	62%	60%
전자결재서버	CPU	48%	50%	1%	50%	82%	66%	53%	60%	54%	62%	50%	52%	-	51%	52%	50%	52%	51%	52%
	MEM	71%	60%	61%	43%	46%	44%	38%	46%	100%	100%	95%	88%	-	85%	74%	80%	88%	89%	89%
DB서버	CPU	1%	1%	1%	1%	5%	5%	7%	9%	3%	2%	4%	1%	-	1%	1%	1%	1%	3%	1%
	MEM	85%	81%	84%	21%	21%	21%	21%	21%	82%	82%	94%	88%	-	-	26%	8%	51%	89%	51%
응용서버	CPU	3%	1%	3%	1%	6%	2%	4%	4%	8%	6%	2%	4%	-	3%	3%	2%	6%	5%	3%
	MEM	22%	21%	23%	23%	24%	25%	22%	22%	23%	24%	23%	23%	-	21%	22%	20%	22%	21%	21%

서버의 가용성과 부하량에 대해서 고객이 평소에 가동 현황과 모니터링 결과를 주기적으로 관리하고 있으면 좋겠지만, 그렇지 못하면 가용성은 인터뷰 등 고객의 기억에 의존할 수밖에 없고 부하량은 OS 등에서 제공하는 최근 누적치를 추출한다.

통상적으로 시스템 사용 실적은 시스템 로그(Syslog)를 활용하는데, 제조사에 따라 다르고 설정하기에 따라서 다르지만, Syslog는 3개월 정도 보존하고 계속 같은 파일에 갱신하는데 저장 공간이 허용하는 한 1년 치를 보존하는 것이 유용하다. 왜냐하면 계절별로 사용량이 다를 수 있기 때문이다. 그렇게 설정되어 있지 않으면 개선 권고를 한다.

서버의 CPU 부하량은 제조사의 권고치를 참고하여야 하지만, 통상적으로는 70%가 넘지 않도록 권고하고 있다. 이는 저장 공간(디스크)의 경우에도 동일하다. 이 수치를 넘는 서버는 추가증설 혹은 여유가 있는 타 서버로 분산해서 응용시스템 등을 이전할 것을 권고한다.

요즘은 클라우드 시스템 이용이 점차 증가하고 있는 추세이기 때문에 이러한 실적치를 수집하는 수고가 그렇지 않은 상황(온프로미스)에 비해서 수월한 편이다.

분석이 끝나면 가용성과 부하량에 문제점을 정리하고 그에 대한 개선 방향을 제시한다.

■ 네트워크

네트워크 분야는 서버와 동일하게 네트워크 장비에 대한 자산관리 대장을 참고하여 네트워크 장비의 CPU, Memory, 제조사, 모델명, 수량, 도입 연도, 유지 보수 계약 유지, 보험 가입, 보증기간 등 구성 요소와 관리 요소들에 대해 조사한다. 이때 방화벽과 같은 보안 장비는 보안 분야 분석 과정에서 별도로 다룰 수 있다.

점차적으로 네트워크 보안뿐만 아니라 서버 보안에 관한 장비도 증가 추세에 있기 때문이고, 보안 관점에서 종합적인 분석이 용이하기 때문이다. 하지만 네트워크 구성도에는 포함시키는 것이 좋다.

네트워크는 도로망과 같은 것이기 때문에 네트워크 선상에 있는 모든 객체를 표현해야 한다는 뜻이다. 조사가 끝나면 가용성과 부하량에 대한 조사를 한다. 네트워크 장비는 단위 시간당 패킷의 처리량(Throughput)이 중요하다.

그래서 백본 스위치(Backbone Switch)와 L2/L3 스위치에 대한 부하량 조사가 필요하다. 필요에 따라서는 종단 간의 처리량을 분석하고, 네트워크의 부하분산을 권고해야 할 때도 있다. 장비 증설 없이 네트워크 부하분산만 잘해도 속도가 향상될 수 있기 때문이다.

초기에 네트워크 설치를 잘했어도 네트워크는 여러 가지 요인으로 구성이 자주 변경되기 때문에 이에 대한 조사와 분석이 필요한 것이다. 예를 들어 백본(Backbone) 네트워크는 변동이 없지만, 조직의 이동에 따라서 서브네트워크(Subnetwork), 허브(Hub) 등에 변화가 생기게 마련인데, 이때 처리량(Throughput)을 고려하지 않고 네트워크 구성을 변경하게 되면 네트워크에 병목현상이 생긴다.

점차로 장비들의 기능이 좋아져서 자동으로 부하분산을 시켜주지만, 특정 Port에 부하가 집중해서 걸리면 서버의 성능과 무관하게 최종 사용자(Last Mile)가 느끼는 응답 속도는 저하될 수 있다.

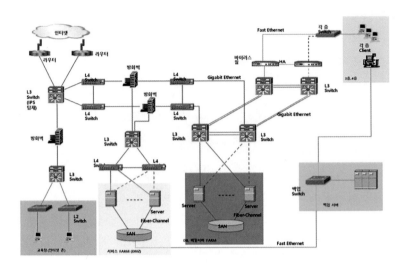

[그림 66] 현재 네트워크 구성도

　네트워크 장비는 CPU가 가장 중요하지만, 때로는 Memory가 더 중요할 때도 있다. 인터넷의 사용이 점점 많아지고 복잡해짐에 따라서 경로(Routing)를 저장해야 하는 정보가 기하급수적으로 증가하고 있기 때문이다.

　빠른 경로를 제공하기 위해서 네트워크 장비들은 이러한 경로를 Memory에 저장해 두기 때문에 이에 대한 충분한 용량이 필요하다. 만일 네트워크 구성에 이상이 없는데 간혹 느려진다면(특히 아침 출근 후 1시간 정도) Memory 사용량을 조사할 필요가 있다.

　단위 시간당 처리량(Throughput)이나 메모리 사용량은 네트워크 장비에서도 제공하지만 네트워크 구성의 복잡도에 비하여 충분치 못한 경우에는 네트워크 모니터링 tool 도입을 제안할 수

　　　　　　　　　　　정보전략계획 ISP 수립 실무

있다.

분석이 끝나면 가용성과 부하량에 문제점을 정리하고 개선 방향을 제시한다.

▓ 유틸리티 소프트웨어

유틸리티 소프트웨어는 WAS, DBMS, Web Server, ESB 등이 이에 속한다.

이것들은 서버와 동일하게 자산관리 대장을 참조하여 소프트웨어별로 제조사, 명칭, 형상(Version), 수량, 도입 연도, 유지 보수 계약 유지, 보증 기간 등 구성 요소와 관리 요소들에 대해 조사한다.

특히 유틸리티 소프트웨어는 형상(Version) 관리가 중요하므로 이에 대한 관리의 충분성을 검토한다. 최신 버전을 유지하고 있는지, 관련 패치(Patch)를 수시로 제공받아서 Bug나 기능 향상에 대응을 하고 있는지 등이다.

간혹 유지 보수 계약을 유지하지 않아서 난감한 문제가 생기는 경우가 있는데, 시스템의 중추적인 역할을 하는 소프트웨어들은 보증 기간이 만료되면 반드시 유지·보수계약을 체결하고 운영해야 한다. 도입 및 유지·보수 비용의 절감 차원에서 공개 소프트웨어를 사용하는 경우에는 아래 사항을 고려해야 한다.

- 현재 정보시스템 직원의 유지·보수 능력
- 기능 개선이 필요한 경우 대비책
- Bug 등 문제 발생 시 대비책

공개 소프트웨어가 비용 측면에서 여러 가지 장점이 있지만 WAS에서 가장 많이 사용하고 있는 레드 헷(Red Hat) 등과 같은 공개 소프트웨어는 가능한 핵심 업무에는 적용하지 않을 것을 권고하는 것이 좋다. 위의 고려 사항에 대해서 부정적이라면 말이다.

유틸리티 소프트웨어의 가동상태에 대한 조사와 분석도 필요하다. 이것은 특정 시간대에 CPU, Memory 점유율을 조사하는 것이며, 해당 서버에서 제공하는 경우도 있고, 별도의 모니터링 tool을 사용하여 관리하는 경우도 있다.

WAS는 화면과 DB 사이에서 트랜잭션(Transaction)을 관리하는 것이므로 특정 시간 혹은 특정 SQL에 의해서 점유율이 급증했다면 WAS의 Buffer가 부족하거나 문제를 일으키는 SQL의 튜닝(Tunning)이 필요한 경우이다.

ISP에서는 모니터링 결과를 바탕으로 문제점과 향후 개선 방향을 제시한다. SQL 튜닝(Tunning)까지 할 수는 없다. 이것은 ISP와는 별도의 프로젝트로 해야 한다.

■ 개인용 컴퓨터

개인용 컴퓨터는 조직의 사무 자동화 기기로서 1인 1대 혹은 그 이상의 컴퓨터를 사용하고 있다. 이러한 기기에서 사용하고 있는 각종 소프트웨어에 대한 자산 관리가 제대로 운영되고 있는지, 최신 소프트웨어를 사용하고 있는지를 살펴본다.

개인용 컴퓨터에 여러 가지 소프트웨어를 사용하는 경우에 불법 소프트웨어의 사용 방지와 Bug 등이 개선된 최신의 제품을 유지하기 위해서 자산 관리는 필수적이다. 시중에 컴퓨터 자산

관리 소프트웨어가 많이 있으며, 개인용 컴퓨터뿐만 아니라 서
버나 네트워크 장비 관리도 용이하게 해 주므로 이를 조사해서
제안한다.

정보시스템 보안 분석

정보시스템 보안 분석은 정보보호 분야와 개인정보보호 분야
로 나뉘며, 그 대상은 서버, DB, 응용시스템, 네트워크 장비 등
이다.

분석 목적은 ISP 대상에 대한 정보자산을 안전하게 보호하기
위한 정보보호 관리 체계 분석을 통해 영역별 개선 방향을 수립
하는 것이다.

정보보호 부문의 장비들도 정보시스템 기반 분석에서 분석한
서버의 CPU, Memory, 제조사, 모델명, 수량, 도입 연도, 유지·보
수 계약 유지, 보험 가입 등 구성 요소와 관리 요소들에 대한 것
들도 동일하게 조사와 분석한다.

정보시스템 보호 분야는 그 분야에 전문지식과 기술이 필요한
분야이며, 법에 따라 지식정보보안 컨설팅 전문업체가 할 수 있
는 영역이므로 ISP에서 깊숙하게 다루기에 적절치가 못하다. 하
지만 ISP 대상에 보안 분야 문제가 심각하게 발견이 되었다면 향
후 개선 방향을 제시하고, 구체적인 사항은 후속 과제로 진행할
수 있도록 한다. 필요에 따라서는 보안 컨설팅을 후속 과제로 제
안할 수도 있다.

분석의 기준은 정보보호 및 개인정보보호 관리 체계(ISMS-P)를
활용한다. ISMS-P는 정보통신망 이용촉진 및 정보보호 등에 관

한 법률에 따라서 한국인터넷진흥원에서 관리하고 있는 인증 제도이며, 고객의 정보보호 및 개인정보보호를 위한 일련의 조치와 활동이 인증 기준에 적합함을 증명하는 제도다.

이 법에 적용되는 대상자는 다음과 같으며 불특정 다수의 고객을 상대로 하는 기업이나 공공기관이 이에 속한다.

• (ISP[30]) 전기통신사업법의 전기통신사업자로 전국적으로 정보 통신망 서비스를 제공하는 사업자

• (IDC[31]) 타인의 정보통신서비스 제공을 위하여 집적된 정보통신시설을 운영 및 관리하는 사업자

• (매출액 및 이용자 기준) 연간 매출액 또는 세입 등이 1,500억 원 이상이거나 정보통신서비스 매출액 100억 또는 이용자 수 100만 명 이상인 사업자

ISMS-P는 3개 영역에서 총 102개의 인증 기준으로 구성되어 있다.

• 관리 체계 수립 및 운영(16개)
• 보호 대책 요구 사항(64개)
• 개인정보처리 단계별 요구 사항(22개)

---

30) Internet Service Provider, 전기통신사업자
31) Internet Data Center

만일 고객이 ISMS-P에 대한 인증을 받고 싶어 한다면 ISP에서는 법에 따라서 인터넷진흥원에서 수행하고 있는 인증 절차에 대한 소개와 현재 현황에 대비하여 보완하여야 할 사항을 제시한다.

■ 정보보호 부문

정보보호 부문은 ISMS-P 점검 기준을 바탕으로 고객사의 보안 지침, 규정 등을 분석하여 수행 여부를 점검한다.

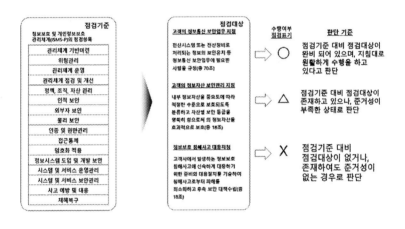

[그림 67] ISMS-P 점검 절차와 방법

각 조항별로 수행 여부를 점검하고, 점검 기준에 비해서 고객이 수행하지 않거나 부족한 부분을 아래 표와 같이 작성한다.

〈표 23〉 ISMS-P 점검표

구분	세부 항목	점검항목	고객 수행현황	수행 여부
암호화 적용	암호 정책 적용	• 개인정보 및 주요정보 보호를 위하여 법 적 요구사항을 반영한 암호화 대상, 암 호 강도, 암호 사용 정책을 수립하고 개 인정보 및 주요정보의 저장·전송·전달 시 암호화를 적용하고 있는가?	• 보안업무 지침 제20조	△
정보 시스템 도입 및 개발 보안	보안 요구사항 정의	• 정보시스템의 도입·개발·변경 시 정보 보호 및 개인정보보호 관련 법적 요구사 항, 최신 보안취약점, 안전한 코딩방법 등 보안 요구사항을 정의하고 적용하고 있는가?	• 보안업무 지침 제47조 • 시스템 유지 보수 보안에 명시	△
	시험과 운영 환경 분리	• 개발 및 시험 시스템은 운영시스템에 대 한 비인가 접근 및 변경의 위험을 감소 시키기 위하여 원칙적으로 분리하고 있 는가?	• 보안업무 지침 제47조	○
시스템 및 서비스 운영 관리	변경 관리	• 정보시스템 관련 자산의 모든 변경내역 을 관리할 수 있도록 절차를 수립·이행 하고 있는가?	• 보안업무 지침 제46조 • 보안관리 지침 제16조	△
	성능 및 장애관리	• 정보시스템의 가용성 보장을 위하여 성 능 및 용량 요구사항을 정의하고 현황을 지속적으로 모니터링하고 있는가?	• 시행 미비	×
	백업 및 복구 관리	• 정보시스템의 가용성과 데이터 무결성 을 유지하기 위하여 백업 대상, 주기, 방 법, 보관장소, 보관기간, 소산 등의 절차 를 수립·이행하고 있는가?	• 보안업무 지침 제8조 • 백업수행 중	△
	로그 및 접속기록 관리	• 서버, 응용프로그램, 보안시스템, 네트 워크시스템 등 정보시스템에 대한 사 용자 접속기록, 시스템로그, 권한부여 내역 등의 로그유형, 보존기간, 보존방 법 등을 정하고 위·변조, 도난, 분실 되 지 않도록 안전하게 보존·관리하고 있는 가?	• 보안업무 지침 별표1	○

정보전략계획 ISP 수립 실무

시스템 및 서비스 보안 관리	보안 시스템 운영	• 보안시스템 유형별로 관리자 지정, 최신 정책 업데이트, 룰셋변경, 이벤트 모니터링 등의 운영절차를 수립·이행하고 보안시스템별 정책적용 현황을 관리하고 있는가?	• 보안업무 지침 제46조	△
	공개 서버 보안	• 외부 네트워크에 공개되는 서버의 경우 내부 네트워크와 분리하고 취약점 점검, 접근통제, 인증, 정보 수집·저장·공개 절차 등 강화된 보호대책을 수립·이행하고 있는가?	• 보안업무 지침 제57조	△

ISMS-P는 대부분 제시되는 기준에 따라서 고객의 보안지침, 설치된 보안시스템을 대상으로 평가하지만, 위험 관리의 경우에는 위험 평가를 별도로 한다. 위험 분석 절차와 방법은 자산 파악부터 시작한다. 그래서 컴퓨터 관련 자산 관리 시스템이 필요하다는 것이다. 관리 대상이 적으면 엑셀로 관리가 가능하겠지만, 그렇지 않은 경우에는 자산 관리 시스템의 도입이 필요하다는 것이다.

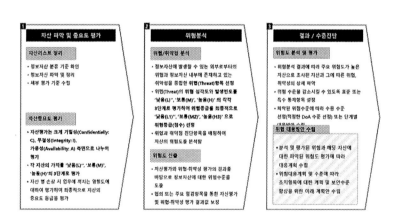

[그림 68] 위험 분석 프로세스

위험 분석은 각 서버 등 개별 정보 자산별로 실행하며, 개인용 컴퓨터의 경우에 그 숫자가 많으면 부서별로 일부 표본을 추출해서 분석하기도 한다.

다음 [그림 69] 정보 자산별 위험도 분석 결과는 자산의 위험도를 분석한 결과에 대한 것이다. 위험도 분포에 따르면 각 자산별로 다양한 저위험 및 고위험이 발견되었으며, 위험 평가 프로세스에 따라 구분된 고위험도(위험도 18 이상)의 위험 건수가 주요 시스템(네트워크 및 서버)에서 다수 발견되어 조치가 필요한 것으로 나타났다.

위험분석 결과

✓ 각 정보자산별 위험발견 건수

구분	자산 총 개수	샘플선별 개수(%)	발견위험 건수
정보보호시스템	6	1(17%)	9
네트워크	115	3(3%)	34
서버	72	9(13%)	66
사용자PC	257	3(1%)	26
총계	450	16(4%)	135

• 위험분석 대상 자산에 대해 중요도, 위협, 취약점을 고려하여 위험평가를 실시한 결과 135개의 위험이 발견되었음
※ 자산 총 개수 : 정보자산관리대장의 총 식별자산의 개수 참조

✓ 위험도 분포

구분	위험도													자산 별 총계
	1	2	3	4	6	8	9	12	15	18	21	24	27	
정보보호시스템	-	-	1	-	3	-	2	-	-	1	-	-	2	9
네트워크	-	-	-	-	9	-	12	-	-	5	-	-	8	34
서버	-	3	1	4	11	6	7	8	-	17	-	-	9	66
사용자PC	2	3	9	-	6	-	6	-	-	-	-	-	-	26
총계	2	6	11	4	29	6	27	8	0	23	0	0	19	135

• 자산의 각 개별 위험은 최소값 "1"부터 최대값 "27"까지 정량화된 값으로 평가되었으며, 각 자산 별 위험 분포를 분석한 결과 위와 같은 결과가 도출됨

[그림 69] 정보 자산별 위험도 분석 결과

통상적으로 ISP에서 위험도 분석까지 하지는 않지만, 정보시스템 보안의 중요성이 점차 증가하고 있으므로 ISP 수행 자원이 충분하다면 하는 것이 좋다고 생각한다. 그리고 위험도 평가 방법은 한국인터넷진흥원의 가이드라인을 기본적으로 따르지만, 현장에 맞게 최적화해서 적용해야 한다.

아래 [그림 70] 정보 보안 부문 현황 진단 결과(준수율) 방사형

그래프는 정보보호 분야(관리 체계 수립 및 운영(16개), 보호 대책 요구 사항(64개))에 대하여 그 검토 결과 일부를 표현한 것이다. 이 분석 결과 표에 따르면 고객사의 정보보호 분야에서 인적 보안과 접근 통제, 암호화 적용, 시스템 및 서비스 운영 관리와 보안 관리, 재해 복구 부문에 개선해야 할 사항들이 있음을 알 수 있다.

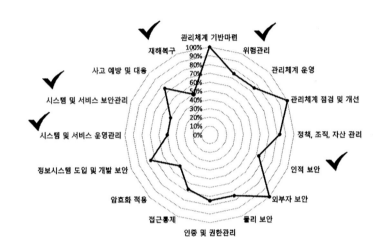

[그림 70] 정보 보안 부문 현황 진단 결과(준수율)

■ 개인정보보호 부문

개인정보보호 부문에 대한 분석은 개인정보 파일을 조사하고 개인정보의 수집, 보유 및 이용, 제공, 파기에 대한 개인정보 흐름표를 작성한다. 고객의 개인정보보호 관련 규정이 ISMS-P 기준에 부합되는지 여부를 점검하고, 수행 여부를 기록한다.

〈표 24〉 정보보호 관리 체계(ISMS-P) 개인정보 처리 단계별 요구 사항 점검 표

구분	세부항목	점검항목	고객 수행현황	수행 여부
개인 정보 보유 및 이용 시 보호 조치	개인정보 목적 외 이용 및 제공	• 개인정보를 수집 목적 또는 범위를 초과하여 이용하거나 제공하는 경우 정보주체[이용자]로부터 별도의 동의를 받거나 법적 근거가 있는 경우로 제한하고 있는가?	• 보호 지침 제27조	O
		• 개인정보를 목적 외의 용도로 제3자에게 제공하는 경우 제공받는 자에게 이용목적·방법 등을 제한하거나 안전성 확보를 위해 필요한 조치를 마련하도록 요청하고 있는가?	• 보호 지침 제27조	△
개인 정보 제공 시 보호 조치	개인정보 제3자 제공	• 개인정보를 제3자에게 제공하는 경우 법령에 규정이 있는 경우를 제외하고는 정보주체[이용자]에게 관련 내용을 명확하게 고지하고 동의를 받고 있는가?	• 미수행	X
	업무 위탁에 따른 정보주체 고지	• 개인정보 처리업무를 제3자에게 위탁하는 경우 인터넷 홈페이지 등에 위탁하는 업무의 내용과 수탁자를 현행화하여 공개하고 있는가?	• 보호 지침 제23조	O
		• 재화 또는 서비스를 홍보하거나 판매를 권유하는 업무를 위탁하는 경우에는 서면, 전자우편, 문자전송 등의 방법으로 위탁하는 업무의 내용과 수탁자를 정보주체에게 알리고 있는가?	• 미수행	X
	영업의 양수 등에 따른 개인 정보의 이전	• 영업의 전부 또는 일부의 양도·합병 등으로 개인정보를 다른 사람에게 이전하는 경우 필요한 사항을 사전에 정보주체[이용자]에게 알리고 있는가?	• 보호 지침 제25조	O
	개인 정보의 국외이전	• 개인정보 보호 관련 법령 준수 및 개인정보 보호 등에 관한 사항을 포함하여 국외 이전에 관한 계약을 체결하고 있는가?	• 보호 지침 제66조	O
		• 개인정보를 국외로 이전하는 경우 개인정보 보호를 위해 필요한 조치를 취하고 있는가?	• 보호 지침 제66조	O

고객사의 개인정보보호 분야에 점검한 결과 아래 도표와 같이 영상처리기기, 홍보 및 마케팅 목적으로 활용할 때 조치, 휴면 이용자 관리 등 몇 가지 항목에 결함이 있음을 알 수 있다.

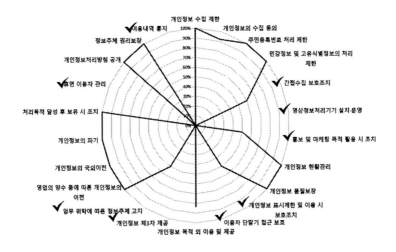

[그림 71] 개인정보보호 부문 현황 진단 결과(준수율)

ISP에서는 개인정보보호 분야에 대한 검토를 관련 기준에 따라서 점검만 하고, 구체적인 개선안을 제시하는 것은 아니다. 향후에 해야 할 과제를 정하는 것이다. 이것은 개인정보영향평가를 의미하는 것이며, 이것은 법에 따라서 개인정보보호위원회가 지정한 개인정보영향평가기관에 소속된 개인정보보호사 자격증 보유자만이 할 수 있다.

정보보호와 개인정보보호 분야에 조사와 분석이 끝나면 문제점 및 개선 방향을 제시한다.

정보시스템 현황 분석 결과, 종합 문제점 및 개선 방향 수립

고객을 대상으로 진행한 설문 및 면담, 정보시스템의 관리 체계, 응용시스템, 데이터베이스, 정보시스템 기반, 정보시스템 보안에서 제시한 개별 문제점 및 개선 방향을 유사하거나 동일한 내용을 분류하고, 정리해서 다시 종합적으로 기술한다.

만일 이 과정에서 각각의 항목에 대한 개별 문제점과 개선 방향 제시가 되어 있지 않은 것이 발견되었다면 다시 그 부분부터 기술해야 한다. 그렇지 않으면 누락되거나 왜곡될 우려가 있기 때문이다. 개선 방향을 알고 있기 때문에 대충 넘어가도 된다는 생각은 버려야 한다.

내부 현황 분석 결과, 문제점 및 개선 방향 정리

이 책의 첫 장에서도 말했듯이 ISP는 순방향으로는 논리적이어야 하고, 역방향으로는 검증이 가능해야 한다. 밑도 끝도 없이 손오공이 바위에서 태어나듯 느닷없이 개선 방향이 나오면 안 된다. ISP 보고서는 앞뒤가 논리적으로 맞아야 하며, 지금 작성 중인 내용이 어떠한 근거로 출발했는지 역추적이 가능해야 한다. 수학 공식 수준까지는 아니더라도 제3자로 하여금 이해가 되도록 해야 한다는 뜻이다.

ISP는 보고서가 고객에게 인도할 완성품이다. 즉, 보고서는 그동안 노력의 유일한 결과물이라는 것이다. ISP 프로젝트가 끝나면 이와 관련 있던 사람들은 모두 떠나고 남는 것은 보고서뿐이다. 어떤 이유로 그러한 기능이 필요한지를 논리적으로 설명해야만 제3자가 이 보고서를 보고 전후 사정을 이해하게 되고 공감하게 되는 것이다. 근거 없는 논리적 비약은 금물이라는 뜻이다.

이제 조직, 업무, 설문 및 면담, 정보시스템 현황 분석이 끝났으니 총정리를 할 때다. 내부 현황 분석 결과의 총정리는 다른 분석 결과와 마찬가지로 문제점과 개선 방향을 중심으로 매트릭스를 작성한다. 양이 많으면 엑셀을 활용하기도 한다.

내부 현황 분석 결과는 〈표 25〉와 같이 가능한 빠짐없이 분석 활동별로 정리한다. 이렇게 정리된 분석표는 목표 모델 수립 전에 환경 분석 결과와 병합해서 상호 연관성을 부여한다. 공통점은 없겠지만 서로 간에 인과 관계 혹은 영향 요인을 찾아볼 수 있도록 하는 것이다.

〈표 25〉 현황 분석 결과 문제점 및 개선 방향 정리 표

구분	분석항목	문제점	개선방향
업무 현황	업무 기능 효율성	예산/지출관련 중복적인 업무활동 수행	시스템간 연계를 통한 업무 효율화
		불충분한 자산관리환경에 따른 유사·중복 업무 활동 발생	전사적 자원관리를 통한 효율적인 협업환 경 마련
		○○업무 수행에 수반되는 수작업 업무 환경	전사적 자원관리를 통한 효율적인 협업환 경 마련
	업무 흐름 효율성	개별 담당자 PC, 공유 폴더 및 외부 응 용서비스 등을 사용하는 업무 문서, 데 이터, 정보 등 분산된 정보자원 관리	전사적 자원관리를 통한 효율적인 협업환 경 마련
		○○ 자산 활용에 대한 유기적인 연계 및 공유 여건 부재	시스템간 연계를 통한 업무 효율화
		외부 프로젝트 관련된 모든 정산 업무처 리 중 오류가 발생되면 정산 업무를 처 음부터 다시 처리해야 함	업무 절차 마련 혹은 재조정
	업무 표준화	외부 프로젝트 평가에 대한 기준, 근거 등이 모호하거나 없음	업무 절차 마련 혹은 재조정
		통계요청 시 문서를 확인하거나 엑셀을 통해 자료를 전달함	자동화를 통한 업무 효율화
설문 면담	CEO 및 임원 면담 결과	임원급이 볼만한 내용이 화면에 특별히 없음(대부분 부하직원으로부터 보고를 받고 있음)	임원급이 사용할 수 있 는 시스템 개발
		집이나 해외 출장 중에 회사의 내용을 필요할 때 볼 수가 없음	원격근무가 가능한 시스템 개발
		부하직원들이 중복된 내용을 보고하는 것들 중에 서로 다른 내용으로 보고를 할 때가 자주 있음	기존 시스템의 재개발
	중복 수행	선배 직원들의 업무 관행에 따라서 중복 된 업무를 할 때가 자주 있음	중복업무에 대한 시스템 적용
		시스템에 입력한 내용을 출력해서 상사 에게 다시 보고를 해야 함	기존 시스템의 재개발

정보전략계획 ISP 수립 실무

		시스템이 다르다는 이유로 같은 내용을 2번 입력 해야 함	기존 시스템의 재개발
	시스템 만족도	여러 개 화면을 동시에 켜 놓고 할 수 있으면 좋겠음	기존 시스템의 재개발
		세무 신고 대행 업체 시스템과 자동연계가 되었으면 좋겠음	타 시스템과의 원활한 실시간 연계
IT 현황	정보 시스템 관리 체계	전사적 IT 표준관리가 부족해서 정보화 업무지연, 혼란발생	전사 IT관리 표준정립 및 관리체계 개선
		현업 사용자의 요구관리가 체계적이지 못하여 불만의 요인이 되고 있음	전사 IT관리 표준정립 및 관리체계 개선
			업무지원 시스템 신규 개발
	응용 시스템	생산 외주관리, 물류관리 기능 설비관리 기능 없음	업무지원 시스템 신규 개발
		업무지원 시스템 간에 부분적으로 데이터 단절로 인한 무결성 문제가 발생하고 있음	시스템간 연계를 통한 업무 효율화
	데이터	용어 및 컬럼의 표준이 없어서 Table간에 무결성이 훼손되고 있음	DB 표준화 및 정규화
		RDB를 사용하면서도 일부 테이블은 SAM파일 형태로 운영하여 반복되는 데이터가 많음	DB 표준화 및 정규화
	정보 시스템 기반	10년 이상 노후 장비에 대한 고장이 빈번하게 발생하고 있음	노후 설비 교체 및 중요 설비에 대한 유지보수 계약 체결
		서버, 네트워크 장비의 유지보수 계약이 불충분하여 고장 시 고가의 수리비가 예상됨	노후 설비 교체 및 중요 설비에 대한 유지보수 계약 체결
	정보 시스템 보호	접근통제, 암호화 대상에 대한 조치가 부족함	정보보호 체계 재정립
		재해복구에 대한 매뉴얼이 없음	정보보호 및 개인정보 보호 시스템 도입

이렇게 분석된 표는 다시 [그림 72] 정보시스템 현황 분석 결과 종합 문제점 및 개선 방향 수립도와 같이 정리할 수 있다.

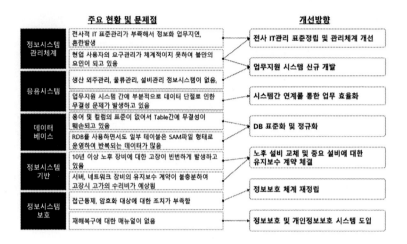

[그림 72] 정보시스템 현황 분석 결과 종합 문제점 및 개선 방향 수립도

각 문제점에 따른 개선 방향이 같은 경우에는 이를 개선 방안으로 정렬해서 미래 모형 수립 시에 반영한다. 개선 방향에 대한 기술은 방향이므로 구체적인 대안까지 언급할 필요는 없다. 예를 들어 '정보보호 체계 재정립'의 경우 '정보보호 체계 재정립을 위한 정보보호 컨설팅 수행'이라든가 혹은 '시스템 간 연계를 위한 ESB 연계 솔루션 도입'과 같은 표현은 하지 않는 것이 좋다는 뜻이다.

구체적인 방안은 미래 모형 수립할 때 해야 한다. 즉, 방향(Direction)과 방안(Plan)을 구분해야 한다.

그때 구체적인 방안을 결정해야 하는데, 미리 추정으로 정하면 하면 나중에 변경하는 일이 잦거나 개선 방향과 미래 모형이 어긋나는 일이 생기기 때문이다. 방향과 방안의 차이점을 분명히 해야 한다는 뜻이다. 방향이라는 것을 혹자는 개선 기회라고 표현하기도 하는데, 마찬가지 의미이다.

여기까지 현황 분석이 끝났고, 현황 분석에 30%의 비중이 있다고 했으니 환경 분석 20%를 더하면 이제 50%가 끝났다.

미래 모형 확정을 위한 워크숍

미래 모형 수립을 위해서 그동안 수행했던 외부 환경 분석 결과 시사점과 내부 현황 분석 결과 개선 방향을 정비하고 대략적인 개선 방안을 수립한다. 이에 대해서 미래 모형을 확정하기 전에 고객 검토가 필요하다.

고객의 요구 사항이 충분하게 반영되었는지, 각 개선 방향과 방안에 대해서 고객이 이해하고 공감하는지에 대한 확인과 협의가 반드시 필요하다. 이 과정에서 개선 방안에 대한 추가와 변경이 있을 수 있다.

분석 결과를 토대로 미래 모형 정립

이 단계에서는 목표에 관한 이야기만 해야 하지만, 환경 분석과 현황 분석 결과를 모아서 정리하고 기술할 보고서의 위치가 애매하기 때문에 나는 부득이하게 이 단계에서 기술한다. 분석된 결과에 대한 총정리이므로 환경 분석 및 현황 분석과 수준 같은 별도의 목차를 만들기에는 그 중요도에 비해서 내용이 너무 적고, 목차의 순서상 현황 분석 끝에 위치하기에는 환경 분석 내용까지 기술하기가 적절치 못하기 때문이다. 환경과 현황 분석의 최종 결과는 개선 방안으로 표현한다.

좀 더 구체적으로 미래 모형 도출을 위한 용어이다. 이때부터 컨설턴트의 역량이 집중되어야 할 시점이다. 여태까지의 분야별 문제점과 개선 방향 제시는 특정 분야에 국한한 것이거나 고객의 의견을 분류한 것이라고 한다면, 지금부터는 컨설턴트의 경험적 지식과 논리적 역량 그리고 관찰력을 총동원해서 구체화(방안 제시)시켜야 한다.

이 단계에서 실수하면 애써 분석한 것들에 대해 미래 모형을 수립하는 과정에서 누락이나 왜곡이 생길 수 있기 때문이다. 개

정보전략계획 ISP 수립 실무

선 방안을 수립하는 산출물 모형은 분석 단계에서 수행한 것과
동일하다.

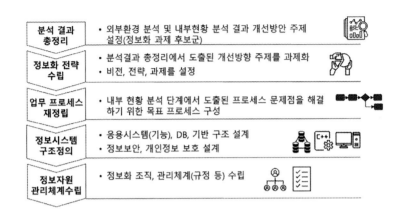

분석 결과 총정리	• 외부환경 분석 및 내부현황 분석 결과 개선방안 주제 설정(정보화 과제 후보군)
정보화 전략 수립	• 분석결과 총정리에서 도출된 개선방향 주제를 과제화 • 비전, 전략, 과제를 설정
업무 프로세스 재정립	• 내부 현황 분석 단계에서 도출된 프로세스 문제점을 해결 하기 위한 목표 프로세스 구성
정보시스템 구조정의	• 응용시스템(기능), DB, 기반 구조 설계 • 정보보안, 개인정보 보호 설계
정보자원 관리체계수립	• 정보화 조직, 관리체계(규정 등) 수립

[그림 73] 정보시스템 미래 모형 설계 범위와 진행 과정

방향을 방안으로 정리

방안은 지금까지 조사와 분석 과정 결과를 집계하고 외부 환
경 분석 결과 시사점에 따라서 어떠한 부분을 참고하고 고려해
야 하는지를 파악하기 위하여 반영 사항과 내부 현황 분석 결과
개선 방향을 중심으로 문제점, 개선 방향, 개선 방안을 기술하
고, 개선 유형을 분류한다.

이 작업은 환경 분석에 분석 결과 반영 사항과 내부 현황 분석
결과에 따른 개선 방향으로 정리된 것들을 다시 대비 표로 작성

한다. 그래야 중복이나 누락을 방지하고 보완이 쉽기 때문이다. 그렇게 해서 그리고 개선 방안이 도출된 논리적 근거를 정리함으로써 프로젝트 팀원뿐만 아니라 고객의 공감을 유도할 수 있다.

아래 〈표 26〉는 모 공공기관의 ISP 프로젝트에서 진행한 분석표를 예로 들었다. 이 내용에서 개선 방안 중에 예산관리 정보시스템 개발은 ERP를 고려한 것이다.

〈표 26〉 모 공공기관의 외부 환경 분석 결과 표

구분	외부 환경 분석 결과	
	시사점	고려 사항
법 / 제 도	통계사업의 정확성, 실효성을 높이기 위하여 ○○질환 정보 입수처의 확대가 필요	국민건강보험법 제10조 등록통계사업 내용 참고해서 통계 정보 기반 마련
	생활이 어려운 사람에게 의료급여를 하도록 규정하고 있으므로 희귀병자에 대한 특별적용을 고려	의료 급여법에서 지정한 의료급여 대상자에 ○○ 질환자에게 특례 적용을 하는 경우 상호 정보 연계 방안 수립
정 부 정 책	산정특례와 의료비지원사업의 정보제공 확대 중	의료보험공단의 산정특례 정보 연계를 통한 의료비 지원 정보관리 체계 마련
	보건복지부의 보건의료정보화 부분에서의 정보화 추진 방향은 ICT기반의 의료서비스 확대 및 진료 정보 교류 기반 조성이 가장 큰 축	진료 정보, 환자 정보 교류를 위한 IT적 기반 마련
이 해 관 계 자	원활한 정보관리를 위하여 의료법의 기록 열람 부분에 ○○질환에 관한 개인정보열람 가능성의 검토가 필요함	열람이 가능한 경우 ○○ 질환자의 정보관리 체계 마련
정 보 기 술	인공지능 기술의 대상과 범위 확대 중	○○질환에 대한 사회적 동향 파악과 통계의 인공지능 적용 방안 검토
타 사 례	Orphanet이 제공하는 검색 서비스 중에는 ORDO(Orphanet Rare Disease Ontology)가 있으며, 이는 검색대상 객체(질환, 연구, 전문가 등) 간에 상호 연관 관계를 검색하여 제공하고 있음.	Orphadata에서 제공하는 온톨로지 기반의 자료를 검색하기 위해서는 OWL format이 제공되어야 함(Web Ontology Language)

또 다른 예는 문서공유 솔루션 도입에 관한 것으로서, 보안법과 B공사의 사례를 참고로 했다. 즉, 업무 현황, IT 현황, 설문 및 면담 분석 등을 통해 도출한 내부 현황 분석 결과를 토대로 개선 방안을 제시한 것이다.

〈표 27〉 현황 및 환경 분석 결과 종합 대비 표

구분	내부 현황 분석 결과				
	분석 항목	문제점	개선 방향	개선 방안	개선 유형
업무 현황 분석	업무 기능 효율성	예산/지출 관련 중복 업무 활동 수행	시스템 간 연계를 통한 업무 효율화	예산관리 정보시스템 개발	IT
	정보 시스템 관리체계	전사적 IT 표준관리가 부족해서 정보화 업무 지연, 혼란 발생	전사 IT 관리 표준 정립 및 관리 체계 개선	정보화 규정 제정	프로세스
IT 현황 분석	기능	생산 외주 관리, 물류 관리 기능 설비 관리 기능 없음,	업무지원 시스템 신규 개발	외주 관리, 물류관리 설비관리 시스템 신규 개발	IT
	DB	응모자 접수에서 학력, 경력을 응모자 임의로 입력을 해서 무결성이 훼손되고 있음	학력, 경력 사항에 일관성이 없음(무결성 훼손)	학력, 경력 기준은 회사 측에서 제공	IT
	기반구조	내용연한이 지난 서버 과부하 서버	해당 서버에 대한 교체, 증설	해당 서버에 대한 교체, 증설	IT
	보안	ISMS-P 대비 점검 대상이 없거나, 존재하여도 준거성이 없는 경우로 판단	준거성 확보를 위한 조치가 필요	DB암호화 솔루션 도입	IT
설문 및 면담 분석	CEO 및 임원 면담 결과	임원급이 볼만한 내용이 화면에 특별히 없음(대부분 부하 직원으로부터 보고를 받고 있음)	임원급이 사용할 수 있는 시스템 개발	BI 솔루션 도입	IT

정보전략계획 체계 수립

현황 및 환경 분석 결과에 대한 진행과 정보전략계획에 첫 작업인 정보화 비전 수립은 서로 다른 팀원들이 병행으로 할 수 있다. 이것은 목표 모델 수립을 위한 정보화 과제를 체계적으로 구성하기 위한 것이다. 현황 및 환경 분석 결과에서 도출된 개선 방안과 정보화 비전을 일치시키고, 그 비전을 달성하기 위한 과제를 도출하는 것이다.

정보전략 체계 수립은 하향식(Top Down)과 상향식(Bottom Up)이 있다.

하향식 접근은 전사 경영 전략에 따라서 정보화 전략을 수립하는 것이고, 상향식 접근은 환경과 현황 분석 결과에 따라서 정보화 전략을 수립하는 것인데, 전체 조화를 위해서 두 가지 방식을 병행해서 결합하는 것이 현실적으로 진행에 무리가 없다. 즉, 최고 경영층에서는 전체적인 방향(경영 전략)을 제시하고, 각 부서에서는 현장의 요구 사항을 반영하여 구체적인 실행 계획(정보화 과제)을 수립하는 방식으로 진행한다는 뜻이다.

이러한 작업은 비전 작업과 정보화 과제 설계 작업을 나누어서 병행으로 진행할 수 있다. 두 개의 작업이 완성되면 서로 결합시키는 것이다. 비전 작업은 다소 추상적이기 때문에 정보화 과제의 개념적 모음이라고도 할 수 있다.

정보화 비전

정보화 비전 수립에서 비전문(Vision Statement)은 지금 진행 중인 ISP가 추구하는 최종의 목표를 짧은 문장으로 표현하는 것이다. 전사적인 경우도 있고, 부분적인 경우도 있다. 하지만, 그 어떠한 상황에도 ISP의 당초 요구 범위에 벗어나지 않도록 해야 한다. 간혹 컨설턴트의 의욕에 따라서 설계된 미래 모형 이후에 고객이 고려해야 할 먼 미래에 모델을 개념적으로 제시하는 경우가 있는데, 고객이 이번 사업에 설계를 포함할 것을 요구할 때도 있으므로 반드시 당초 요구 범위에 없는 것은 거론하지 않는 것이 좋다. 자칫하면 사업의 범위가 감당하기 어려울 정도로 확대될 수도 있기 때문이다.

비전 작업의 개념은 ISP는 계획이므로 이 계획대로 정보시스템이 구축되었을 때 어떠한 기대효과가 있을 것이며, 궁극적으로 어떠한 목표를 달성할 것인가를 표현하는 작업이다.

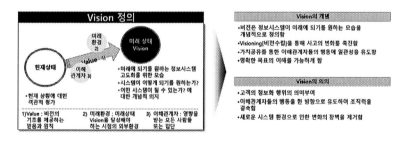

[그림 74] 비전 수립 개요도

이 작업은 상징적이고 개념적이기 때문에 때로는 형식적으로 보일 수도 있다. 하지만 정보화 비전이란 현재 진행 중인 프로젝트의 목표 달성을 위한 선언이며, 그 목적과 목표를 명확하게 상징하는 의미를 담고 있다. 또한 이것은 조직 비전에 정보기술이 어떤 가치를 부여할 수 있도록 구성되고 운영되어야 할 것인가에 대한 미래 모습을 지향한다. 즉, 정보화 비전은 정보화 추진을 통한 미래의 모습을 개념적으로 정의하는 것이라고 할 수 있다.

IT 가치를 통한 경영과 IT의 공동 가치 실현을 통해 고객의 미래 모습(경영 목표)을 달성하기 위한 비전 선언문(Vision Statement)을 작성한다. 비전 수립은 조직이나 프로젝트의 목표 및 방향을 정의하는 과정이다. 먼저, 핵심 가치 및 목표를 식별하고 고객과 논의하여 공감대를 형성한다.

비전 수립 과정은 다음과 같다.

- **목표 식별**: 고객의 전사 경영 비전과 가치를 확인하고, 현재 프로젝트의 핵심 가치 및 장기 목표를 경영 비전과 동기화시킨다.
- **공감대 형성**: 고객을 포함해서 팀원들과 개방적인 대화를 통해 다양한 의견을 수렴하고, 공감대를 형성한다.
- **핵심 가치 도출**: 구성원들과 함께 현재 프로젝트의 핵심 가치를 도출하고, 조직의 핵심 가치에 대한 공감대를 형성한다.
- **도전적이고 구체적인 목표 설정**: 비전을 달성하기 위한 구체적이고 도전적인 목표를 수립한다. 목표는 측정 가능하고 현실적이어야 한다.
- **비전문 작성**: 수립된 정보를 바탕으로 명확하고 간결한 비전문을 작성한다. 이것은 프로젝트의 방향성, 가치, 목표를 명시

적으로 표현해야 한다.

- **비전의 공유**: 비전문을 고객 및 팀 구성원과 공유해서 참여와 지지를 얻는다.
- **피드백 수렴**: 고객과 팀 구성원들로부터 피드백을 수렴하고 필요한 수정을 한다.

정보화 추진 과제는 정보화 비전을 달성하기 위한 추진 전략과 전략 목표를 구성하고, 이에 맞도록 향후 추진 과제를 배치한다.

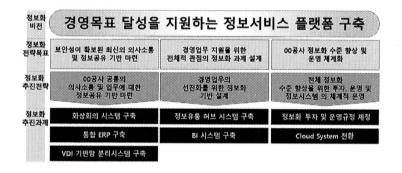

[그림 75] 정보화 비전 수립과 정보화 과제 구성도(사례)

[그림 75] 정보화 비전 수립과 정보화 과제 구성도(사례)에서는 고객의 경영 목표를 구체적으로 제시하지는 않았지만, '매출 증대', '소비자 만족도 극대화', '온도문화 창출' 등 구체적인 단어를 사용하는 것이 좋다.

정보화 추진 전략의 키워드는 하부에 각 과제를 상징적으로 대표하는 가능한 명사의 상태나 성질을 나타내는 한 단어의 형용사로 표현하는 것이 좋다. 선진화, 표준화, 동기화, 극대화 같은 것들이다. 전략은 과제를 이끌기 위한 큰 개념이기 때문에 긴 문장 형태로 표현하면 전략의 핵심을 직관적으로 이해하기가 어렵기 때문이다.

추진 전략은 특정 과제 한 개에만 속하는 것은 아니고, 여러 개의 과제에 공통 부분을 모아서 표현하기도 한다.

정보화 추진 과제

정보화 추진 과제는 분석 결과 도출된 개선 방안에 대해서 업무 프로세스 과제(Non-IT)와 IT 과제로 나누어서 작성한다.

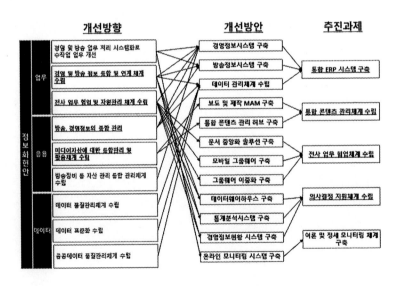

[그림 76] 정보화 추진 과제 도출도

정보전략계획 ISP 수립 실무

■ 업무 프로세스 과제(Non-IT)

• 현황 분석 결과 개선이 필요한 것 중 업무 프로세스에 관한 사항(프로세스, 활동, 작업)

• 정보화 투자 및 운영 규정 제정

■ IT 과제(IT Task)

• 통합 정보시스템 구축

• 화상회의 시스템 구축

• VDI 기반 망 분리 시스템 구축

• 정보 유통 허브 시스템 구축

• BI 시스템 구축

정보화 추진 과제를 확정하는 단계에서 주의 사항이 있다. 과제 설계에 분석에 관련된 내용을 삽입하는 것이다. 이것은 분석 근거가 없이 갑자기 과제가 생기는 경우에 발생하는데, 분석 과정 이후에 고객의 요구나 컨설턴트의 의지에 따라서 새롭게 생기는 것들에 대해 목표 과제 내용에 환경이나 현황 분석에 대한 내용을 미래 모형을 정립하는 과정에 갑자기 추가하는 것은 피해야 한다.

부득이 이런 경우가 생기면 반드시 환경이나 현황 분석 과정에 그 내용을 간략하게나마 추가해야 한다. 그렇지 않으면 고객은 혼란을 느끼게 되며, 보고서에 신뢰성과 추적성이 떨어지기 때문에 컨설턴트는 이를 경계해야 한다.

업무 프로세스 미래 모형

업무 프로세스 재구성

업무 현황 분석 단계에서 작성한 개선 방안 및 정보화 요구 사항을 반영하여 목표 업무 프로세스를 설계한다. 궁극적으로는 목표 업무 프로세스를 고객의 통합 정보시스템 구축 계획 수립에 반영하는 것이다.

업무 프로세스가 현재에 비해서 바뀐 부분이 있다면 우선 미래 업무 관계도를 작성한다.

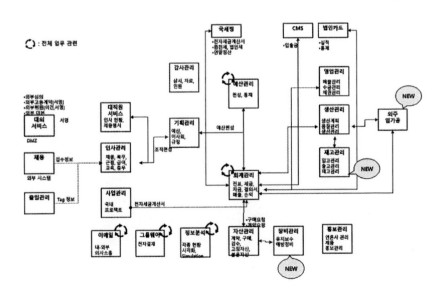

[그림 77] 미래 업무 관계도

앞의 [그림 77] 미래 업무 관계도를 보면 외주임가공, 재고 관리, 장비 관리 업무에 대한 프로세스가 추가되었음을 알 수 있다. 이것은 새로운 업무일 수도 있고, 기존의 업무 프로세스를 개선시킨 것일 수도 있다. 정보화를 위해서 기존 업무 틀에서 분리했다는 뜻이다.

[그림 77] 미래 업무 관계도와 같이 각각의 산출물에 변화된 부분을 표기('NEW')하는 것도 좋은 방법이다.

이행 수립 단계에서 기대효과를 분석할 때 정량적 기대효과 산출을 위해서 현황 분석 결과에 대하여 계수적으로 측정해야 하듯이, 미래 모형도 가능한 것은 미리 측정해 두는 것이 좋다. 즉, 개선되면 무엇이 얼마나 좋아지는가에 대해 말이다.

'측정할 수 없으면 관리할 수 없고, 관리할 수 없으면 개선할 수 없다.'라는 말을 다시 한번 상기하자.

예를 들어서 외주임가공 업무를 정보화함으로써 생산의 효율성이 증가된다면 생산 원가가 어느 정도 절감 가능한가를 측정하는 것이다. 이러한 작업은 매우 고통스러울 정도로 많은 시간과 노력이 필요하지만, 현황 분석 단계에서부터 측정해 두면 수월하게 분석할 수 있다.

중요한 것은 측정 항목의 발굴이다. 어떠한 관점으로 기대효과를 볼 것인가가 첫 단추라는 뜻이다. 하지만 프로세스 측면에서만 개선하고 정보화에 반영할 수 없는 것이라면, 아쉽지만 ISP 기대효과로서 반영은 포기하는 것이 좋다. 자칫 BPR 방향으로 가면 곤란해지기 때문이다.

ISP의 기대효과는 오직 정보화를 통해서만 기대할 수 있는 것이다. 업무 프로세스 재구성은 현재에 비해서 개선된 프로세스를 의미하지만, 그 프로세스를 지원하는 정보시스템이 없다면 기대효과 역시 없다고 할 수 있다.

미래 업무 관계도에서 기술했듯이 새로운 것일 수도 있고, 기존의 프로세스에 비해서 개선된 것일 수도 있다. 이것을 위해서 목표 프로세스의 구조와 현행 프로세스 대비 미래 프로세스의 상관관계를 부여한다.

그리고 미래 프로세스를 바탕으로 미래시스템 기능과의 연관도를 정립하고, 업무 효율화에 필요한 문서 표준화를 설정한다. 이렇게 재구성된 업무 프로세스는 현행 정보시스템의 현황을 개선하기 위한 정보화 비전과 전략의 기초자료로 활용된다. 꼭 필요하지 않다면 업무 프로세스 자체의 개선 방안은 수립하지 않는 것이 좋다는 뜻이다.

이것은 BPR 영역에 해당하는 것이며, 기승전결의 논리적 구성이 어렵다면 ISP에서는 참고 정도만 하는 것이 좋다. 개선 목표는 핵심 업무 프로세스 및 정보시스템에 관련된 개선 활동을 통하여 추구하는 미래 모습의 추상적인 개념이다.

개선 전략 체계하에서 개선 목표는 전략 체계의 최상위에 존재하는 것으로서 다소 추상적이기는 하나, 업무 프로세스 및 통합정보시스템이 추구하여야 할 최종의 방향 및 목표를 제시하는 것으로서 의미를 가진다.

개선된 업무 프로세스 재구성을 위한 산출물

새롭게 개선된 업무 프로세스 재구성을 위한 산출물은 업무 현황 분석의 그것과 작성 방법은 동일하다.

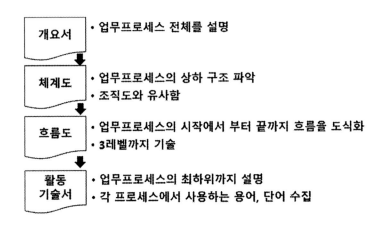

[그림 78] 업무 프로세스 재구성을 위한 설계 산출물 작성 순서

다음 [그림 79] 목표 업무 프로세스 흐름도와 같이 기존 업무 혹은 새로운 업무에 'IT'로 표현한다.

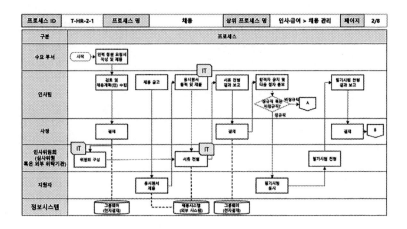

[그림 79] 목표 업무 프로세스 흐름도

현황 분석과 마찬가지로 작성해야 할 목표 업무 프로세스의 양이 많다면 본문보다는 별첨으로 하고, 본문은 요약 형태로만 작성하는 것이 좋다.

정보시스템 미래 모형

정보시스템 미래 모형 설계 개념

ISP에서 정보시스템 모델은 각종 분석 결과 기존 시스템의 개선 혹은 신규 개발을 통하여 미래에 지향하는 정보시스템 관리 체계, 소프트웨어와 하드웨어, 네트워크, 시스템 보안에 대한 기초 설계를 하는 것이다.

이것은 고객의 업무에 대한 기술적 지원 방안을 수립하는 것이

정보전략계획 ISP 수립 실무

지만 그 자체가 사업의 수단이 되는 경우도 있다. 플랫폼 개발이 그것이다. 이 책에서는 주로 고객의 업무 지원에 관한 사항으로서 비전 수립에 따른 정보화 추진 과제를 중심으로 구성하였다.

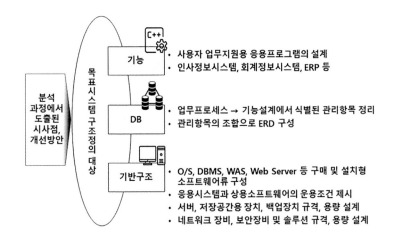

[그림 80] 목표시스템 구조 정의 대상과 내용

기능설계

설계의 대상은 현재 회계, 생산, 설비, 외주임가공(수작업) 등 각 업무별로 별개의 시스템으로 운영 중이어서 통합 혹은 연계가 필요하거나 개선 혹은 현재 시스템이 없는 업무를 예로 했다.

분석을 통하여 통합 시스템 구축할 것을 검토했고, 전사적으로 전체 업무를 대상으로 시스템을 신규로 구축할 것을 제안하는 것을 예로 삼은 것이다.

다음 [그림 81] 목표시스템 청사진은 앞서 현황 분석에서 제시한 모 제약회사의 시스템을 사례로 했다.

그동안 각 개별 업무 단위별로 정보시스템을 구축하여 이용 중에 있거나 정보시스템 사각지대에 있는 업무를 모두 하나의 정보시스템에 담은 청사진이다.

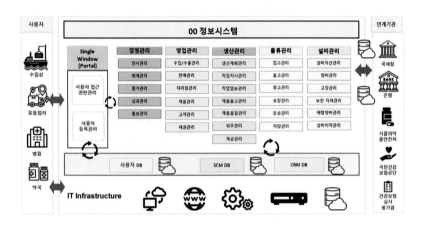

[그림 81] 목표시스템 청사진

기능은 업무 프로세스를 기반으로 설계한다. 즉, 업무 프로세스에서 결정된 프로세스(단계, 작업, 활동)를 기능으로 옮기는 작업이다. 물론 이 과정에서 업무 프로세스에는 없는 활동이지만, 정보시스템 구성상 추가나 변형이 있을 수 있다. 더 작게 나누거나 합쳐지거나 신규 기능으로 생길 수 있다는 뜻이다. 기능설계는 단위 프로세스(활동 수준)별로 작성한다.

정보전략계획 ISP 수립 실무

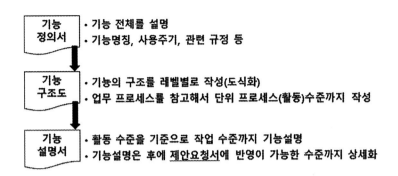

[그림 82] 기능 설계를 위한 산출물 작성 절차

우선 기능정의서부터 작성한다. 이것은 해당 기능에 대해서 설명을 하는 것으로서, 사용 주기, 사용자, 관련 시스템, DB 등에 대해 기술한다.

기능 ID	F-HR-2-1	기능 명	채용관리	상위 기능 명	인사관리	페이지	1/1
기능 설명	정규직 혹은 전문직 직원을 신규로 채용하는 시스템 기능						
사용주기	• 사용주기 : 인력 충원 요청 시 • 인사팀의 처리시간 : 1주 이내			내부규정	• 인사규정 • 채용관리내규 • 별정직 인사관리 내규 • 신규임용 직원 인사처리 내규 • 비정규직 채용 사전심사제 운영지침 등		
사용자	• 수요 부서: 인력 충원 요청서 • 인사팀: 채용 계획(안), 서류전형 결과 보고서, 필기시험 전형 결과 보고서, 면접전형 결과 보고서, 최종합격자 선발 결과 보고서 • 지원자: 응시 원서			관련 시스템명(내부)	• 전자결재시스템 • 경영정보시스템 • 홈페이지		
DB	• 채용, 인사위원, 학교, 경력(법인), 주소, 조직, 발령			관련 시스템명(외부)	• Job Korea • Work-Net • 사람인		
특기사항							

[그림 83] 목표시스템 기능정의서

기능정의서 작성이 끝나면 기능도를 작성하는데, 그 전에 정보시스템으로 해당 업무를 지원할 것인지 여부를 고객과 협의에 따라서 결정해야 한다. 이것은 분석 결과에 대해서 워크숍에서 결정했겠지만 다시 한번 더 확인하는 것이 좋다.

[그림 84] 목표업무 프로세스 대비 정보시스템 기능 반영도는 이러한 과정을 쉽게 하기 위해 목표업무 프로세스 흐름도에 정보시스템 기능이 필요한 부분을 표시(√)한 것이다.

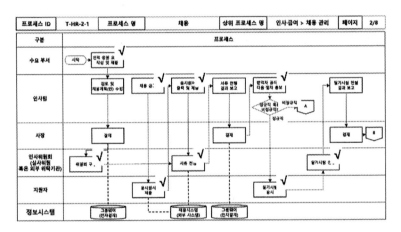

[그림 84) 목표업무 프로세스 대비 정보시스템 기능 반영도

목표 업무 프로세스를 정보시스템 기능으로 변환하는 작업 과정에서 [그림 85] 프로세스 흐름도와 기능과의 관계도와 같이 활동 명칭과 기능 명칭이 일치하도록 해야 한다.

정보전략계획 ISP 수립 실무

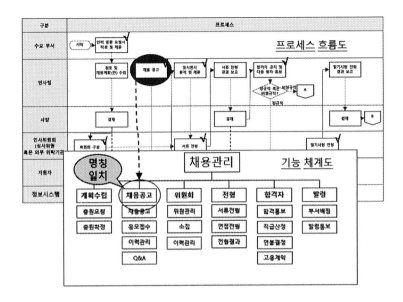

[그림 85] 프로세스 흐름도와 기능과의 관계도

업무 프로세스를 지원하는 기능은 더 세분화되기도 하기 때문에 컨설턴트의 통찰력(Insight)이 필요하다. 인사업무와 시스템 부분에 경험이 있다면 쉽게 접근 가능하지만, 그렇지 못하다면 타 사례, 문헌, 담당자 면담이 필요하다. [그림 86] 인사채용관리 기능도는 인사관리 업무 중 채용관리에 관한 업무를 정보시스템 기능으로 재구성한 것이다.

[그림 86] 인사채용관리 기능도

　기능구성도가 완성되면 기능설명서를 작성한다. 이것은 프로
세스 활동기술서와 유사하다. 기능설명서는 기능의 수준(Level)
별로 작성하고, 상세할수록 좋지만 개발비 산정을 위한 것이므
로 굳이 상세하게 하지 않아도 좋다. 나는 2Level까지가 적당하
다고 생각한다. 개발 단계에서 변경이 되거나 더 상세하게 설계
하게 될 것이기 때문이다. 단, RFP에 제시가 가능한 수준까지는
작성해야 한다.

〈표 28〉 인사채용관리 기능설명서

기능명		기능 설명	관리 항목	관련 시스템	사용 빈도	
L1	L2				평소	Peak
계획 수립	충원 요청	인력 충원이 필요한 부서에서 인사팀에게 인력 충원을 요청	요청 부서명, 요청 인력 수, 구분(신입, 경력)		• 1회/월 • 100명	
	충원 확정	요청받은 건에 대하여 담당자 검토 후 의사결정권자의 승인 여부에 따라서 결정(반려될 수도 있음)	충원 요청 내역, 요청 부서 인력 변동 이력	• 전자결재 시스템	• 1회/월 • 3명	
채용 공고	채용 공고	채용하고자 하는 사항을 일반에 공고하기 위한 내용을 표기	요청 인력 수, 구분(신입, 경력), 분야, 학력, 경력, 응모 기간	• 홈페이지 • Job Korea • Work-Net	1회/월 • 3명	
	응모 접수	응모자의 응모 내용 접수	응모자 인적 사항, 학력, 경력, 응모 분야, 자기소개서	홈페이지 • Job Korea • Work-Net	1회/월 • 1,000명	1회/월 • 10,000명
	이력 관리	채용 공고의 이력 관리	공고 일시, 응모자 수, 응모 분야, 응모자 인적 사항		1회/월 • 3명	

기능을 설계할 때는 기능 설명에 대해서 가능한 상세하게 하는 것을 권한다. 이 내용은 후에 개발 프로젝트 사업자 선정을 위한 제안요청서에 반영해야 하기 때문이다. 이 내용을 부실하거나 너무 간략하게 작성하면 후에 제안요청서에 기능 요구 사

항을 제시할 때 다시 보완해야 하는 번거로움을 피할 수 있다.

<표 29> 제안요청서(RFP) 기능 요구 사항 명세(예)

요구 사항 고유번호				SFR-002		
요구 사항 명칭				채용 공고		
요구 사항 정의				채용 공고를 위한 기능		
기능명		기능 설명	관련 시스템	사용 빈도		
L1	L2				평소	Peak
채용공고	채용 공고	채용하고자 하는 사항을 일반에 공고하기 위한 내용을 표기	• 홈페이지 • Job Korea • Work-Net	1회/월 • 3명	
	응모 접수	응모자의 응모 내용 접수	• 홈페이지 • Job Korea • Work-Net	1회/월 • 1,000명	1회/월 • 10,000명
	이력 관리	채용공고의 이력관리 공고 차수별로 공고한 내용을 저장		1회/월 • 3명	

프로세스와 기능 그리고 DB와의 관계에 대한 이해를 돕기 위해서 전체 관계를 아래와 같이 [그림 87] 프로세스 > 기능 > DB 구성의 연관 관계도로 표현했다.

정보전략계획 ISP 수립 실무

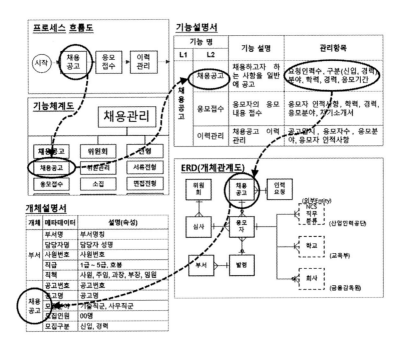

[그림 87] 프로세스 〉 기능 〉 DB 구성의 연관 관계도

기능설명서를 작성할 때는 활동기술서에서 파악된 관리 항목을 보완해야 한다. 이 관리 항목으로 DB를 설계해야 하기 때문이다. 관리 항목은 가능한 엑셀로 정리를 해서 정렬하고, 중복되는 항목은 그대로 두지만, 유사(이음동의어와 동음이의어) 항목은 통일시키는 것이 좋다.

기능과 DB 설계를 하면서 경계해야 할 것은 그것들의 상세화 수준이다. 몇 차례 반복해서 강조했지만, ISP는 예산 수립을 위한 것이지 개발에 바로 착수하는 설계서가 아님을 명심해야 한다.

오랫동안 프로그래밍 실무나 PM 등 개발 분야에서 일하던 사람이 컨설팅을 시작하면서 겪는 오류인데, 상세 설계를 할 시간도 없고 굳이 그렇게 해도 쓸모가 없다. 예를 들어서 화면을 설계한다든가, DB 물리 ERD 혹은 물리 테이블을 작성하는 것이 바로 그런 경우이다. 하지만 개발은 다른 사람이 하게 되고, 그 개발자의 관점과 시각에 따라서 다른 방향으로 설계가 진행되기도 하기 때문에 컨설팅에서는 오직 예산 수립을 위한 정도의 기능과 DB 설계에 맞게 구성해야 한다.

기능설명서에 내용 중에 특히 신경 쓸 부분이 사용 빈도이다. 평소에 발생하는 트랜잭션 수와 부하가 가장 많이 걸릴 수 있는 피크(Peak)치를 산정해야 한다. 이것은 시스템 구조정의 시에 CPU, Memory 그리고 네트워크 부하와 깊은 관계가 있기 때문이다. 이때 조사를 하지 않으면 나중에 다시 해야 하는 번거로움이 있다.

우리는 Peak Time에 대비하지 못하여 업무가 마비되는 상황을 종종 보기 때문에 이 작업이 기능설계에 있어서 매우 중요하다. 2022년, 질병관리청에서 운영하는 코로나19 방역 관련 웹사이트가 사용자 폭주(약 1,000만 명)로 인해서 시스템이 며칠간 마비되고, 대학교 입시 철에 교육부의 입시 관련 웹사이트가 마비되는 사례가 바로 그러한 것이다. 선거관리 시스템과 국세청의 연말정산 시스템도 마찬가지이다.

물론 일시적인 사용량 폭주를 대비해서 과도한 예산을 투입하기에는 어려움이 있겠지만, 이 문제는 클라우드 임대 등 다른 방법으로 해결하더라도 Peak Time에 대비해서 충분하게 부하량 계산을 해야만 한다.

■ 정보화에 따른 기대효과 측정을 위한 준비

정보시스템 기능은 업무 프로세스를 효율적이나 효과적으로 향상시켜 주는 것이 주요 목표이므로 이에 대한 기대효과를 측정한다. 이 일은 지금 하지 않으면 추후 이행 계획 수립 단계에서 기대효과를 종합적으로 분석할 때 큰 어려움을 겪는다. ROI나 BC 분석과 같은 종합적인 기대효과 산출은 프로젝트 끝 무렵에 하기 때문에 다시 분석하는 것이 현실적으로 어렵기 때문이다.

정보화에 따른 기대효과는 3가지 측면에서 측정을 한다.

- 비용 절감 측면: 업무의 정보화를 통하여 시간, 비용 등이 개선되는 경우
- 매출 이익 측면: 업무의 정보화를 통하여 판매량 혹은 이익이 증가하는 경우
- 고객 만족도 측면: 기업의 매출과 이익 혹은 정부 정책에 영향을 주는 고객을 위한 정보시스템 개발 혹은 개선의 경우

이것은 주로 목표 업무 프로세스 대비 정보시스템 기능 반영도를 참고해서 정보시스템 기능 개발로 인한 변화 내용을 파악한다.

<표 30> 기대효과 산출 내역 표

기능명		변화 내용	기대효과(개선, 향상)		비고
L1	L2		정성적	정량적	
계획 수립	충원 요청	신규 정보화	업무 정확도 개선	5%	
	충원 확정	N/A	-	-	
채용 공고	채용 공고	신규 정보화	업무 정확도 개선	5%	
	응모 접수	신규 정보화	업무 정확도, 응모자 편의성 개선	5%	
	이력 관리	신규 정보화	업무 정확도 개선	5%	
위원회 구성		신규 정보화	업무 정확도, 처리 속도 개선	20%	

앞의 <표 30> 기대효과 산출 내역 표에서 정량적으로 표시된 수치를 산출하기 위해서는 기존의 업무, 즉 기능 수행에 어느 정도 자원(시간, 비용, 인력 등)이 소요되는지를 먼저 측정해야만 한다. 그 후에 개선된 기능이 도입되었을 때 어느 정도 개선이 가능한지 정량적 측정이 가능하다.

목표로 하는 시스템의 기능이 많을수록 이러한 작업에 어려움이 있을 수 있으나, 고객과의 면담이나 설문에 의해서 기능을 설계하는 과정에서 추출할 수 있으므로 최대한 작성하는 것이 좋다. 만일 모든 기능을 상세하게 산출하는 것이 어렵다면 효과가 크게 나타날 수 있는 부분이라도 작성해야 한다.

예를 들어 앞의 <표 30> 기대효과 산출 내역 표의 사례는 L2와 같은 작은 업무 단위이지만, L1이나 그 이상의 업무 단위(예:

채용관리)에 대해서 정보화를 한다면 반드시 필요한 작업이다. 그 나마도 어렵다면 메모라도 해 두어야 한다. 나중에 기대효과 산 정할 때 착안 사항을 비교적 쉽게 추출하기 위해서이다.

메모의 핵심은 착안 사항, 즉 기대효과 항목이다. 계산은 그다 음이라는 뜻이다. 어떤 부분에 비용 절감이 있을 것이며, 어느 부문에 매출 증대 혹은 고객 만족이 있을 것인지를 메모하고, 이 것들을 어떻게 표현할 것인지를 메모하는 것이다.

DB 설계

DB 설계는 아래와 같은 절차로 진행한다.

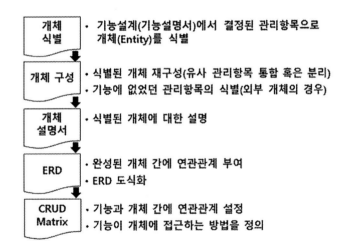

[그림 88] DB 설계를 위한 산출물 작성 절차

▓ 개체 식별

ISP에서의 DB 설계는 개념적 설계를 의미한다. 이것은 앞의

〈표 28〉인사채용관리 기능설명서에서 작성한 관리 항목을 중심으로 출발한다. ISP에서 DB 설계는 개념적 데이터 모델 수립을 의미하는 것이며, 데이터 모델링의 결과물이고 추상적 개념이다. 논리 모델링이나 물리적 모델링은 개발자의 몫이다. ISP에서는 업무나 기능을 뒷받침해 주는 데이터의 주제 영역을 정하고, 이에 대한 관계성을 개념적으로 표현하는 것이다.

앞의 기능설명서에 관리 항목을 충분하게 추출했다면 이를 기반으로 스키마라고 부르는 메타데이터의 집합을 주제 영역별로 분류한다. 여기서 주제 영역은 채용이지만 다시 소분류하면 여러 개의 개체로 표현할 수 있다. ([그림 89] 개념적 데이터 모델 구성을 위한 개체 목록 구성도 참고)

스키마는 데이터베이스를 구성하는 데이터 개체(Entity), 관계(Relationship), 속성(Attribute) 등에 관해 전반적으로 정의해야 하지만, ISP에서는 개체와 관계 정도만 표현한다. 속성까지 정의해도 개발 과정에서 논리, 물리 DB 설계를 할 때 많은 부분이 변경되거나 새롭게 정의되므로 ISP에서 속성을 다루는 것은 적합하지 않기 때문이다.

■ 개체 구성

기능에서 추출된 관리 항목을 다시 정리해서 개념적 데이터 모델 구성을 위한 개체를 구성한다. 이것은 기능정의서에 추출된 관리 항목만 가지고 그대로 개념적 데이터 구성하기에는 부족하다는 뜻이다.

기능설명서의 관리항목	
프로세스	관리항목
채용	요청부서명
	요청구분
	학교
	전공
	회사
	응모자 성명
	응모분야
	날짜
	응모자 생년월일
위원회	심사위원명
	심사일자
	심사이력
	심사명
심사	심사일자
	심사유형
	심사항목
	심사결과
발령	발령일자
	부서
	직급
	피발령자 성명
	사원번호
	생년월일
학교	학교명
	학교구분
회사	회사명
	회사구분

개념적 데이터 모델을 위한 개체 목록		
개체	메타데이터	참조
부서	부서명	
	담당자명	
	사원번호	
	직급	
	직책	
채용공고	공고번호	
	공고명	
	모집분야	NCS직무분류
	모집인원	
	모집구분	
	학력	교육부
	경력	금융감독원
	모집이력	
응모자	응모자 성명	
	생년월일	
	응모분야	NCS직무분류
	응모일자	
	응모구분	신입, 경력
	전공	
	학력	
NCS직무분류	직무별 대, 중, 세분류	국가직무능력표준 분류
위원회	심사위원명	
	심사일자	
	심사이력	
	심사명	
심사	심사일자	
	심사유형	
	심사항목	
	심사결과	
발령	발령일자	
	부서	
	직급	
	피발령자 성명	
	사원번호	
	생년월일	
학교	학교명	교육부 오픈데이터 활용
	학교구분	초, 중, 고, 대, 대학원
회사	회사명	금융위원회 오픈데이터 활용
	회사구분	소, 중, 대, 외국기업

[그림 89] 개념적 데이터 모델 구성을 위한 개체 목록 구성도

　기능설명서에 기술한 관리 항목을 다시 개체로 변형하기 위해
서는 업무 현황 분석 과정에서 이해한 것들과 추가로 탐색적 노
력이 필요하다. 분석 결과로 나타난 프로세스와 관리 항목이 그
대로 개체가 되는 것은 아니라는 뜻이다. 예를 들어 [그림 89] 개
념적 데이터 모델 구성을 위한 개체 목록 구성도에서 채용 활동
에서 채용이라는 개체는 없어지고 부서와 채용 공고, 응모자로

나누어진다. 여기서 컨설턴트는 응모자로부터 받아야 할 응모 분야에 표준화된 분류를 생각하고, 이러한 표준이나 기준을 적용하는 것이다.

기존의 인사업무에서 이러한 기준을 적용하고 있다면 이를 사용하면 되지만, 그렇지 못할 때에는 타 사례를 찾아봐야 한다. 학교나 회사도 마찬가지이다. 응모자로 하여금 학교명이나 회사명을 입력하도록 하는 것보다는 공개된 기준 정보를 활용하는 것이다. 이렇게 함으로써 오타나 서로 다른 이름으로 인하여 데이터의 무결성이 훼손되는 것을 방지할 수 있다. 특히 이런 부분들은 집계나 통계를 작성할 때 오류를 예방할 수 있고, 사용자의 편의성을 제공할 수 있다.

학교 정보는 교육부의 오픈 데이터를 활용하고 회사 정보는 금융감독원의 오픈 데이터를 활용한다. 앞서 회계와 영업에 거래처 데이터에 무결성이 훼손되는 경우에 이러한 외부에 공신력 있는 표준 데이터를 활용하면 미리 방지할 수 있고, 별도의 노력을 들여서 정합성을 맞추는 작업이 필요가 없는 것이다. 학교 정보와 회사 정보를 연계시키는 아이디어는 담당 컨설턴트의 몫이다. 다양한 경험적 지식도 필요하지만, 새로운 방법을 찾는 노력도 해야 한다는 뜻이다.

개체와 메타 정보의 구별 작업 중 개체 간에 반복되는 메타 정보가 있다면 이것들을 묶어서 또 다른 개체로 분류해야 한다. DB 정규화 규칙 중 1차 정규화로서 반복 그룹의 제거이다.

ISP에서 DB 정규화를 하는 것은 아니고, 다만 반복 그룹을 식별해서 개체로 묶는 것뿐이다. 정규화 작업은 개발 단계에서 해야 할 일이다. 동일한 속성을 가진 것들이 있는데, 예를 들어 날짜와 같은 것이다. 이러한 것들은 도메인으로 분류하는데, 이것역시 개발 단계에서 해야 할 일이다.

ISP에서 메타 정보까지는 식별이 가능하지만 구체적인 속성까지 정의하기는 어렵다는 뜻이다. 설혹 정의를 했어도 개발 과정에서 많은 변화가 있을 수 있으므로 무의미한 작업이 될 수도 있기 때문이다.

프로세스를 개체로 변형하는 과정은 규칙이 없기 때문에 산술적이나 공학적이지는 못하며 컨설턴트의 경험적 지식이 필요하다. 컨설턴트의 역량에 따라서 데이터의 구조가 달라질 수 있다는 뜻이다.

■ 개체 설명서

각 개체에 대해서 각 메타 정보에 대한 길이, 초기량, 발생량을 기술하는 이유는 시스템 구조 정의를 할 때 저장공간의 용량과 네트워크 부하량, CPU 및 메모리 용량을 고려하기 위한 것이다. 이 작업은 이때 하지 않으면 시스템 구조 정의를 할 때 다시해야 하는 시간 낭비를 사전에 제거할 수 있다.

<표 31> 개체 설명 표

개체	메타데이터	설명(속성)	참고	길이 (Byte)	초기 (건)	발생량 (건/일)
부서	부서명	부서명		20	1,000	1
	담당자명	담당자명		20	3,000	10
	사원 번호	사원 번호		20	3,000	10
	직급	1급~5급, 호봉		20	50	1
	직책	사원, 주임, 과장, 부장, 임원		20	60	1
채용공고	공고번호	공고번호		20	10,000	1
	공고명	공고명		20	10,000	1
	모집 분야	기술직군, 사무직군	NCS 직무분류	20	10,000	1
	모집 인원	○○명		5	10,000	1
	모집 구분	신입, 경력		2	100	0.1
	학력	고, 대, 대학원		20	10,000	0.1
	경력	근무 경력 (회사명, 근무 기간)	금융감독원	20	10,000	0.1
	모집 이력	채용 공고 이력 (공고번호, 공고일자, 공고명)		20	10,000	1

■ ERD 작성

개체가 정의되었으면 이제부터 ERD를 작성한다. ERD는 개체와 메타 정보 그리고 개체 간 관계를 구성하여 작성한다. 작성 방법은 현황 분석 단계에 데이터베이스 분석 과정에서 작성한 개념 ERD와 동일하다. 다음 [그림 90] 채용 업무 개념 ERD에서 위원

정보전략계획 ISP 수립 실무

회는 여러 건의 심사를 할 수 있고, 1개의 심사는 여러 명의 응모자를 심사한다. 응모자 중 합격자에 한해서 발령하며, 합격자가 없으면 발령도 없다. 그 발령은 여러 개의 부서로 나누어진다.

응모자의 NCS[32])직무 분류와 학교, 회사는 외부 Entity를 활용하며 신입은 과거에 근무했던 회사가 없을 수도 있음을 표현한 것이다.

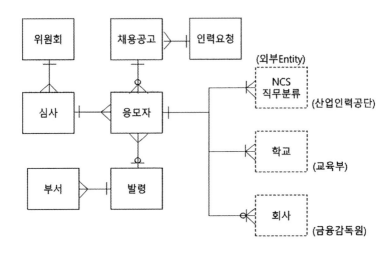

[그림 90] 채용 업무 개념 ERD

응모자 중 합격자가 없는 경우에는 발령이 없을 수 있기 때문에 발령 ERD에 그렇게 표현한 것이다.

---

32) NCS(국가직무능력표준)는 한국산업인력공단에서 산업 현장에서 직무를 수행하는 데
     필요한 능력(지식, 기술, 태도)을 표준화한 제도

각 메타정보에 대한 길이, 초기량, 발생량을 기술하는 이유는 시스템 구조 정의를 할 때 저장 공간의 용량과 네트워크 부하량, CPU 및 메모리 용량을 고려했다. 이 작업은 이때 하지 않으면 시스템 구조를 정의할 때 다시 해야 하는 번거로움을 피하기 위해서다. 통상적으로 중규모 이하의 ISP 프로젝트에 업무별로 기능을 설계하는 컨설턴트는 여러 명이지만 시스템 구조를 설계하는 컨설턴트는 1명 내외이고, 그조차도 간헐적으로 투입하는 경우가 많기 때문에 시스템 구조정의 단계에서 그 1명이 많은 산출물을 모두 이해하고 기반구조를 설계해야 하는 어려움을 미리 피해야 한다.

■ 기능 대비 개체 매트릭스 작성

기능설계와 DB설계가 완성되면 이것들 간에 상관관계를 설계한다. 어떠한 기능이 어떤 DB(개체)와 관계가 있는지를 설계하는 것이다. 개수가 많은 기능을 좌측에 위치하고 상단에 DB(개체)를 나열한다. CRUD[33) 매트릭스라고도 부르는 이것은 데이터의 생애 주기에 영향을 미치는 기능과의 관계를 표현한 것이다.

이 작업을 하는 이유는 추후 개발비 산정을 위해서 기능 점수(Function Point)를 산정할 때 유용하게 쓰일 수 있기 때문이다.

이렇게 미리 준비하지 않으면 기능 점수 산정을 위해서 재조사를 하거나 경험치로 산정하게 되는데, 이렇게 하면 개발비의

---

33)   CRUD(생성(Create), 읽기(Read), 갱신(Update), 삭제(Delete)), 기능(응용프로그램)
      의 DB 접근 방식

신뢰도가 저하될 수밖에 없다. 기능 점수 산정 방식은 간이법 (Function Point Simplified Counting Method, FP Lite)과 정통법(Function Point Original Counting Method, FPA)이 있는데, 두 가지 방법 모두 기능과 DB에 관련이 있다. ISP에서는 간이법을 사용한다. 정통법은 개발 과정에서 논리, 물리 등의 DB 설계가 완성된 다음에 할 수 있기 때문이다.

<표 32> 기능 대비 개체 매트릭스

기능		개체								
L1	L2	부서	공고	응모자	위원회	심사	발령	NCS	학교	회사
계획 수립	충원 요청	R								
	충원 확정	R								
채용 공고	채용 공고		C							
	응모 접수		C					R	R	R
	이력 관리		C							
위원회	위원회 관리				C					
	소집				C					
	이력 관리				C					
전형	서류전형					C				
	면접전형					C				
	전형 결과					C				

기능 점수에서는 File 개념을 적용하고 있는데, DB보다는 더 포괄적 의미로 쓰이고 있지만, 게시판에 첨부 파일을 추가하는 형태도 DB로 설계하므로 특별한 경우를 제외하고 설계된 DB

대부분 기능 점수에서 필요로 하는 File 개념을 충족한다고 할 수 있다.

개발 과정에서는 논리 혹은 물리 테이블을 기능 점수 산정 대상으로 하기 때문에 더 정확한 산정(정통법)이 가능하지만, ISP에서는 그럴 수 없으므로 Entity를 대상으로 하며, 간이식으로 산정하고 추후 개발 과정에서 상세 설계 후에 기능 점수를 재산정한다. 이 작업은 ISP 범위에 따라서 다르겠지만 많은 시간과 노력이 필요할 수도 있다. 하지만 분석 단계부터 차근차근 작업했다면 별로 어려울 것은 없다.

CRUD 매트릭스를 활용한 개발비 산정 방법은 이 책 예산 수립 부문에서 상세하게 다루었다.

DB 설계 과정을 종합적으로 다시 정리하면 아래와 같다.

개체 설명 표

개체	메타데이터	설명(속성)	참고	길이 (Byte)	초기 (건)	발생량 (건/일)
부서	부서명	부서명칭		20	1,000	1
	담당자명	담당자 성명		20	3,000	10
	사원번호	사원번호		20	3,000	10
	직급	1급 ~ 5급, 호봉		20	50	1
	직책	사원, 주임, 과장, 부장, 임원		20	60	1
채용공고	공고번호	공고번호		20	10,000	1
	공고명	공고명		20	10,000	1
	모집분야	기술직군, 사무직군	NCS 직무분류	20	10,000	1
	모집인원	00명		5	10,000	1
	모집구분	신입, 경력		2	100	0.1
	학력	고, 대, 대학원		20	10,000	0.1
	경력	근무경력(회사명, 근무기간)	금융감독원	20	10,000	0.1
	모집이력	채용공고 이력(공고번호, 공고월자, 공고명)		20	10,000	1

[그림 91] 개체 목록-ERD-개체설명표 연관도

정보전략계획 ISP 수립 실무

기능과 DB 설계 과정은 개발의 그것과 동일하다. 다만 ISP에서는 개발 설계보다는 내용 구성이 간략하다는 것뿐이다. 그 이유는 누차 설명했지만, ISP는 개발하고자 하는 정보시스템의 범위와 예산을 수립하는 것이 주요 목적이기 때문이다.

ERP 도입 검토

정보시스템 미래 미래 모형으로 통합정보시스템에 대한 기능과 DB를 설계했지만, 그 결과, SI 개발보다는 ERP 패키지를 도입하는 것으로 결정한 것으로 예로 들었다.

이 책에서 여러 가지 정보시스템 미래 모형 중 ERP 도입을 예로 든 이유는 응용시스템 설계에 모든 상황이 포함된 사례이기 때문이다. 전사의 업무를 지원하기 때문에 단순하게 구입해서 설치하고 사용하는 것이 아니라는 뜻이다. 옷으로 비교하면 SI 개발은 맞춤복이고, ERP 패키지는 기성복이라고 할 수 있다. 다만, 기성복도 바지의 경우에는 길이를 조정해야 하는 것과 마찬가지라고 생각할 수 있다.

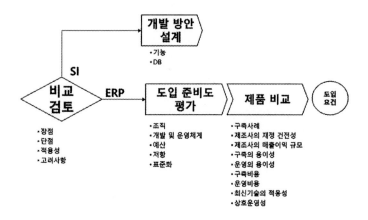

[그림 92] ERP 도입 절차도

■ SI 대비 ERP 도입 비교 검토

SI로 개발을 할 것인지 혹은 ERP 패키지를 도입할 것인지 의사결정을 위한 비교 검토를 한다. 다음 〈표 33〉 SI 대비 ERP 도입 검토 비교 표는 잘 알려진 일반적인 비교와 ISP 대상 업무 및 정보시스템 분석 결과를 대입한 결과이다.

⟨표 33⟩ SI 대비 ERP 도입 검토 비교표

구분	SI	ERP	비교
장점	개선된 프로세스에 최적화된 시스템 개발로 인한 사용자 만족도 극대화	국내외 표준화된 프로세스를 받아들임으로써 자연스럽게 PI가 가능	
	운영 중에 사용자 요구변화 수용이 용이함	변화하는 정보기술에 대한 부담 최소화	
		동일 제품의 동종업계 사례 참고 가능	
		조직 내 정보기술 인력의 탄력적 운영 가능	
		업무 간 데이터 무결성 유지 용이함	
단점	임의 변경에 따른 표준화 준용의 어려움	특정 제품에 종속적이어서 타 제품으로 변경이 어려움	
	사용자와의 원활한 소통이 부족하면 다양한 오류가 생길 가능성이 있음		
	개발에 참여하는 업무 담당자와 개발자의 역량에 따라서 시스템의 기능 수준이 달라짐(저하 가능)		
	업무 간 데이터 무결성 유지에 어려움	사용자 변경 및 개선 요구에 즉시 대응 어려움	
	정보기술 인력의 확보와 유지에 많은 비용과 조직 관리에 부담이 됨	유지 보수 및 운영 비용 부담이 높을 수 있음	
	정보기술의 변화에 즉시 대응이 어려움에 따라 기회 손실이 있을 수 있음		
적용성	목표 응용시스템의 모든 기능을 개발할 수 있음	목표 응용시스템의 일부 기능은 SI로 개발 해야 함(특히 타 시스템과의 연계)	업무 및 정보 시스템 분석 결과
		사용자의 거부에도 불구하고 패키지 특성상 적용을 해야 할 기능이 있음	
고려 사항	개발자는 개발 대상 업무에 경험이 있어야 함	시장에 범용적인 제품이 아니면 개발자(운영 포함) 확보에 어려움이 있을 수 있음	

이러한 비교 검토 결과에 따라서 ERP를 도입하기로 결정한 것이다.

■ ERP 패키지 도입 준비도 평가

ERP를 도입하기로 결정했으나, 그것을 위해서 현재 대비 정보시스템 목표 모델과 비교평가를 한다. 현재 대비 무엇이 부족한지, 무엇을 준비해야 하는지에 대한 평가를 함으로써 미리 준비를 하고 도입에 시행착오를 최소화하고자 하는 것이다.

〈표 34〉 ERP 도입 준비도 평가 표

평가 항목	도입 준비도 평가 내용	비고
조직	ERP 도입을 위한 전사적 조직화	현업의 사용자와 정보기술 인력의 통합 조직(한시적 TFT)
개발 및 운영체계	조직, 규정	• IT 분산 조직의 경우 통합 혹은 위원회 구성 • 개발 및 운영 규정
예산	도입 및 운영 예산의 충분성	SI는 예산 관계로 자체 운영이 가능하지만 ERP는 업체에 의존성이 강함
저항	기존 시스템 대비 변화하는 ERP 시스템의 구조에 대한 사용자 혹은 IT 인력의 예상되는 심리적 저항 기존 업무 프로세스 적용 요구	지속적인 변화 관리와 설득이 필요함 ERP에 대한 이해 기존 업무 프로세스 개선의 필요성 홍보 심리적 저항을 극복하기 위한 업무 안정화 대책 수립
표준화	각 업무 및 정보시스템의 데이터(관리 항목)의 표준화 여부	ERP는 표준화(특히 마스터 데이터)를 위한 시간이 초기에 많이 소요됨

■ 제품 비교

ERP 제품에 대한 비교를 한다. ISP 대상 고객이 가장 최적의 제품을 선택하기 위한 기준을 수립하고 평가하는 작업이다. 제품 비교는 상대평가 방식으로 했다. 이 과정에서 관련 업체로 하여금 자신들의 제품에 대한 소개를 요청할 수도 있다.

PoC[34]는 아니지만 실제 검토 대상 업체의 제품의 기능에 대해서 소개받고 참조하는 것이다. 이 자리는 고객도 함께 참석해서 같이 검토하는 것이 좋다. 그 업체는 자신의 제품에 대한 홍보를 할 수 있고, 고객의 입장에서는 부담 없이 미리 제품을 살펴보는 기회가 되기 때문이다.

---

34)   PoC(Proof of Concept, 즉 개념 증명은 어떤 아이디어, 제품, 프로세스 또는 기술이 실제로 실행 가능하고 가치를 창출할 수 있는지 입증하는 방법)

<표 35> ERP 제품 비교표

평가 항목	가중치	제품 A		제품 B		비고
		평가 점수	환산 점수	평가 점수	환산 점수	
구축 사례	20%	90	18	70	14	
재정 건전성	10%	90	9	80	8	신용평가 등급
매출액	10%	90	9	90	9	최근 3년 평균
조직	10%	80	8	80	8	직원 수
구축의 용이성	10%	80	8	80	8	
운영의 용이성	10%	80	8	80	8	프로그래머 확보의 용이성
구축 비용	10%	80	8	80	8	
운영 비용	10%	80	8	80	8	사용료, 라이선스비
최신 기술	5%	90	4.5	90	4.5	
상호운용성	5%	50	2.5	50	2.5	타 시스템과의 연계 용이성
합계	100%	810	83	780	78	

※ 환산 점수: 가중치 * 평가점수

상기와 같이 평가한 결과에 따라서 제품 A를 선정했다.

시스템 기반구조 기본 설계

기능, DB를 설치하고 운영할 하드웨어, 네트워크 등에 대한 기본 설계를 할 차례이다. 이 회사는 수시로 인력을 채용하고 있고, 국내뿐만 아니라 해외에 지사를 운영하고 있다. 이 회사는 현재 5천 명의 직원이 일하고 있고, 이 업계 특성상 인력 이동이 잦아서 수시로 인력을 채용하고 있다. 주요 고객은 국내외 병원과 약국이며, 해외에도 바이어가 있다. 이러한 고객 특성을 고려해서 시스템 기반을 설계한다.

■ 응용시스템 구조 설계

응용시스템 구조는 소프트웨어 측면에서 현재까지 설계한 기능과 DB를 서버 단위로 구성도를 그리고, 그 구성 요소에 대한 내용을 기술하는 것이다. 응용시스템은 직접 개발하는 개발시스템과 구입하는 유틸리티 소프트웨어로 나누어서 구성한다. 우선 [그림 93] 응용시스템을 위한 소프트웨어 아키텍처 구성도와 같이 전체 구성도를 작성한다. 어떤 서버에 응용시스템을 위치시킬 것인지는 각각의 역할과 부하 정도를 고려한다.

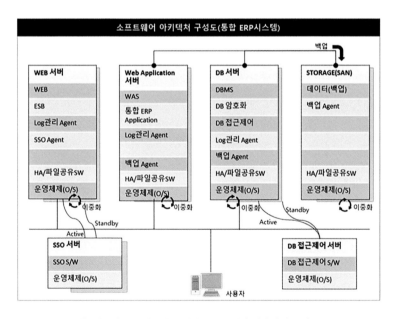

[그림 93] 응용시스템을 위한 소프트웨어 아키텍처 구성도

- WEB 서버

프레젠테이션(Presentation)단을 지원하는 소프트웨어와 Web 관련 HTML 등을 지원하며 외부 연계를 위한 ESB 기반의 SOAP 혹은 REST 방식을 지원하는 S/W, SSO와 LOG 관리 S/W, 운영체제(O/S)를 구성했다.

- 웹 애플리케이션(Web Application) 서버

응용 프로그램(통합 ERP 소프트웨어군)을 구성하고 DBMS와의 연계(오픈, 조작 등)를 위한 기능과 사용 현황 관리를 위한 Web Log 관리 S/W를 구성했다.

- DB 서버

DBMS(데이터베이스 관리 시스템)을 탑재하고, DB 암호화, DB 접근 제어, 이미지, 데이터 백업을 위한 백업 S/W를 구성했다.

■ 하드웨어 구조 설계(Hardware Structure Design)

• 서버

서버는 가상화를 전제로 구성했다.

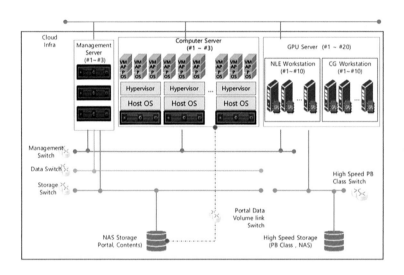

[그림 94] 서버 구성도 사례 1

• 스토리지

스토리지를 위해서 WAS, DBMS 데이터(백업)와 이미지, 데이터 백업을 위한 백업 S/W를 구성했다. 그리고 모든 서버에 이중화 지원을 위한 HA/파일 공유 S/W를 구성했다.

• 유틸리티 소프트웨어 선정을 위한 평가

유틸리티 소프트웨어의 선정은 공통으로는 기술적 성숙도 및 구입비, 안정성, 활용 사례를 기본으로 고려하는데 제품군의 구체적인 비교는 별도로 한다.

〈표 36〉 응용 소프트웨어 선정을 위한 평가 표

평가 기준	내용	비고
기술 성숙도	기술의 안정성 및 성능, 확장성, 표준, 보안 등의 수준	
라이선스 비용	솔루션 도입 비용은 없거나 최소로 제공하며, Subscription 계약에 의한 기술지원 위주의 라이선스 계약 가능 여부	Open source 고려
기술지원의 안정성	솔루션 개발/공급 업체의 자체적 기술 지원 또는 공식적인 파트너 자격을 획득한 국내 지원 기업의 기술지원 가능 여부	
설치 사례	국내에서 충분한 활용 사례를 참고하여 개발/운영 경험자 확보가 용이한지 여부	

제품군 별로 동일 특성을 비교하여 제품을 선택할 수 있는 기준을 수립하고, 해당하는 제품을 선택한다. 다음 〈표 37〉 WAS 제품 비교 표는 WAS를 대상으로 제품을 비교한 것이다.

<표 37> WAS 제품 비교 표

구분	제품 A	제품 B	제품 C	비고
고성능(동시처리능력)	상	하	상	
경량화(메모리 사용량)	상	하	상	
파일 캐시 처리 역량	양호	양호	양호	
HTTP/2 Draft 지원 여부	지원	지원	N/A	
TLS 1.0~1.2 지원 여부	지원	지원	지원	
IPv6 지원 여부	지원	지원	지원	
AJP Proxy 기능	지원	지원	지원	
Fast CGI 기능	지원	지원	지원	
Simple CGI 기능	지원	지원	지원	
WSGI 기능	지원	지원	지원	
Reverse Proxy & LB	지원	지원	지원	
Vhost	지원	지원	지원	
URL Rewrite	지원	지원	지원	
Admin Console	지원	지원	지원	
BAA (Basic Access Authentication)	지원	지원	지원	
DAA (Digest Access Authentication)	지원	지원	지원	
Compression	지원	지원	지원	
기술 지원	상	중	하	

상기와 같이 응용소프트웨어는 제품 나름대로 특성이 있기 때문에 동일한 기준으로 비교하는 것은 쉽지 않다. 그래서 나는 응용소프트웨어 대한 비교나 자료가 필요할 때에는 늘 조달청에서 운영하고 있는 '나라장터 디지털서비스몰'을 이용한다.

이곳에는 대부분의 소프트웨어가 등록되어 있고, 제품 규격과 특성 그리고 가격까지 공개되어 있다. 정부에 납품되는 모든 제품이 등록되어 있는데, 정부뿐만 아니라 기업에서도 동일하게 사용하는 소프트웨어와 하드웨어 네트워크 제품이 대부분 있다. 그리고 최근에는 IT 분야만 별도의 쇼핑몰 서비스를 하고 있다.

조달청 '디지털서비스몰'은 국민 누구나 조회가 가능하므로 자유롭게 정보를 입수할 수 있다. 이 정보를 활용해서 규격과 가격의 비교가 가능하다. 이곳에 등록된 모든 제품은 조달청의 검토와 승인을 받은 제품이며, 소프트웨어는 GS[35]등 인증을 받은 제품들이 많기 때문에 어느 정도 신뢰할 수 있다.

[그림 95] 조달청 '디지털서비스몰'에서 검색한 WAS 제품

(출처: https://digitalmall.g2b.go.kr:8058/index.jsp)

---

35)   GS(Good Software, 한국정보통신기술협회의 소프트웨어 시험 인증 제도)

이렇게 도입할 제품을 비교하는 것은 ERP 검토 과정과 같게 관련 회사를 초청해서 각 제품별로 설명을 직접 듣는 것도 좋은 방법이다.

- 개발 프레임워크(Development Framework)

이렇게 응용소프트웨어 대한 물리적인 구성을 했는데 응용소프트웨어 중 ERP 패키지 도입만으로는 충분하지 못해서 SI 개발이 필요할 때가 있다. 혹은 ERP 이외에 시스템을 SI로 개발한다면 이에 관한 표준 프레임워크에 대한 것도 제안하는 것이 좋다. 현황 분석 단계에서 고객의 응용시스템에 구조 파악을 할 때 각 응용시스템의 기반이 서로 다른 구조였다면 말이다. 응용시스템의 기반구조란 개발 프레임워크를 의미하는 것으로서, Net, JAVA 등이 대표적인 그것이다.

그런데 .Net은 단일회사(마이크로소프트사)의 제품이므로 표준화에 별문제가 없지만, 자바(JAVA) 프레임워크는 오픈소스에서부터 상용에 이르기까지 각 회사별로 다양하게 사용하고 있으므로 사용자 입장에서는 운영 및 유지·보수에 어려움이 있다. 각 사의 프레임워크에서 개발된 프로그램은 다른 프레임워크에서 원활하게 작동하지 않기 때문이다. 이러한 이유로 인해서 유지·보수 업체가 변경되면 더 많은 비용이 필요하거나 지연되는 문제가 발생하기도 하고, 오류가 생겼을 때 조치가 어려운 문제가 생기기도 한다. 동일한 자바 소스(JAVA Source)로 코딩을 했음에도 불구하고 말이다.

만일 계열사가 많거나 응용시스템 기반이 다양한 기업이라면 하루라도 빨리 이 부분에 표준화할 것을 추천하고 싶다. 한국정부는 다행히도 전자정부 프레임워크라는 공통 기반을 개발해서 무상으로 제공하고 있고, 모든 공공기관이 이를 준용하도록 하고 있다. 그래서 이를 준용하는 기관은 유지·보수 업체가 바뀌더라도 별문제 없이 운영하고 있다. 특정 업체에 기술적으로 종속되지 않는다는 것이다.

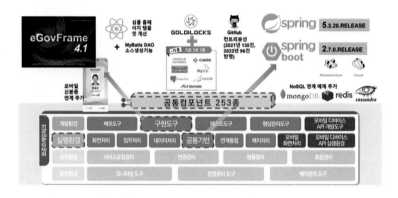

[그림 96] 전자정부 표준 프레임워크 V4.1 소개

(출처: NIA)

[그림 96] 전자정부 표준 프레임워크 각 구성 요소의 기능 및 역할에서 아키텍처에 영향을 미치는 핵심 영역은 스프링(Spring)[36]으로 구성되어 있다. 공통 표준 프레임워크가 주는 이점은 여러 가지가 있으며, 그중 특히 중요한 것은 상호운용성과

---

36) Java 개발을 위한 미국의 Java 공개 프레임워크

유지·보수성이다.

컴포넌트의 재사용도 이점이라고 말은 하지만 현실적으로는 적용에 어려움이 있다. 나는 오래전에 전자정부 프레임워크 개발 이전에 관련 부처(구. 정보통신부)의 자문회의에서 프레임워크 표준화의 필요성을 주창하였고, 비표준으로 인한 폐해에 대해 설명했다. 이것은 정부와 공공기관이 개발 및 유지·보수 업체의 자유로운 선택이 극히 제한되던 문제로 인하여 비용 증가를 감수해야만 했으며, 결국 고스란히 국민의 세금으로 메꾸어야만 했는데, 기반 기술을 SI 사업자에게만 의존하던 시절이었다. 그 이후에 정부와 업체들이 모여서 워킹그룹을 만들었고, 지금의 전자정부 프레임워크 모태가 되었다. 2000년 후반의 일이었다.

나는 ISP에서는 굳이 신기술을 도입해야 할 특별한 상황이 아니라면 가장 안정적이고 사례가 많은 프레임워크를 적용하는 것이 좋다고 생각한다. 그래서 나는 소프트웨어 개발 표준에 대해서는 기업도 전자정부 프레임워크 참고를 권하고 싶다. ISP 대상이 연구 개발이 아니고 일반 기업이거나 공공기관의 경영을 지원하는 것이라면 말이다.

■ 서버 구성

서버의 구성은 앞서 구성한 응용시스템 구조와 크게 다르지는 않지만 네트워크가 포함된 것이 약간 다르고, 물리적인 위치를 표시한다.

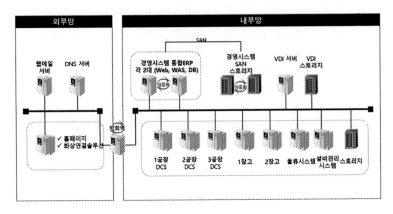

[그림 97] 서버 구성도 사례 2

　　서버의 선택 역시 소프트웨어와 동일하게 제품군별로 비교하
는데, 그 이전에 필요한 용량 산정부터 한다. 이것은 통합정보시
스템 설계를 할 때 작성한 기능 설명서에 사용 빈도, 특히 피크
타임(Peak Time)을 고려해서 서버의 규모(처리 속도)를 산정하고, 개
체 설명 표에 데이터 발생량을 참고해서 저장 장치의 용량을 산
정한다. 서버는 물리적인 제품이며 내구연한을 고려해야 하므로
향후 5년 업무 증가율을 적용한 용량 산정 결과와 현 운영 서버
를 비교 그리고 비용 효율성, 사용 연한(노후화) 및 유지·보수 용
이성(제품 생산/서비스 지원 종료)을 고려한다.

　　각 서버의 규모 산정 방법이나 기준은 제조사별로 다르기 때
문에 기초 자료를 가지고 TTA[37]에서 발간한 '정보시스템 하드웨
어 규모 산정 지침'을 활용한다.

---

37)　　TTA(Telecommunication Technology Association): 한국정보통신기술협회

이 표준은 하드웨어 규모 산정의 개념 및 규모 산정의 대상이 되는 하드웨어 구성 요소를 설명하고, 규모 산정을 위한 서버별 (OLTP 서버, WEB/WAS 서버) 성능 기준을 제시하며, 규모 산정 시 일반적인 고려 사항과 규모 산정의 절차를 기술한다. 또한 CPU, 메모리, 디스크, 스토리지 등 하드웨어 구성 요소별 규모 산정식과 세부 기준값을 제시한다.

〈표 38〉 서버 규모 산정 목록

시스템	이중화 여부	수량	용량 산정(평상시)	Peak Time
통합 ERP 서버	이중화	2	총 사용자 400명 기준 → 동시접속 30%(10~30% 중 최댓값 30% 적용) APP 서버 : TPMC : 40,189 / CPU : 2.5Ghz 10core *2 / MEM : 57GB DB 서버 : TPMC : 40,189 / CPU : 2.5Ghz 10core *2 / MEM : 57GB WEB 서버 : max-jOPS : 112 / CPU : 2.5Ghz 10core *2 / MEM : 15GB WAS 서버 : max-jOPS : 330 / CPU : 2.5Ghz 10core *2 / MEM : 15GB Storage : 5,466GB (시스템 DISK 용량 합산)	인사 채용 : 평상시 10배/년 6회/ 1일간 물류 : 평상시 10배/년 6회/3일
포털 시스템	이중화	2	총 사용자 400명 기준 → 동시접속 30%(10~30% 중 최댓값 30% 적용) APP 서버 : TPMC : 40,189 / CPU : 2.5Ghz 10core *2 / MEM : 57GB DB 서버 : TPMC : 40,189 / CPU : 2.5Ghz 10core *2 / MEM : 57GB WEB 서버 : max-jOPS : 112 / CPU : 2.5Ghz 10core *2 / MEM : 15GB WAS 서버 : max-jOPS : 330 / CPU : 2.5Ghz 10core *2 / MEM : 15GB Storage : 1,748GB (시스템 DISK 용량 합산)	인사 채용 : 평상시 10배/년 6회/ 1일간 물류 : 평상시 10배/년 6회/3일
의사결정 지원 시스템	-	1	APP 서버 : TPMC : 40,189 / CPU : 2.4Ghz 10core / MEM : 57GB	

앞의 〈표 38〉 서버 규모 산정 목록에서 산정한 서버의 규모
산정은 평상시 용량을 산정한 것이며, 피크 시간대는 별도로 산
정해야 한다. 하지만 〈표 38〉에서 서버의 규모 산정에 계산된
수치는 최소한의 용량이며, 실제로 적용할 때에는 5년 이상 가동
기간을 고려해서 충분한 여유를 가지고 산정해야 한다.

〈표 39〉 App 서버 용량 산정 표

산정 항목	산정 기준	산정값
① 분당 트랜잭션 수	총사용자 400명 → 동시 접속 30%(10~30% 중 최댓값 30% 적용) → 동시 사용자 400명 업무 수 2개(일반값), 업무당 트랜잭션 수 4(4~6중 일반 값 4 적용) 120 * 2 * 4 = 960	960
② 기본 tpmC 보정	기본 tpmC 보정값은 고정값으로 5를 적용	5
③ 피크 타임 부하보정	특정 시간대에 매일 혹은 매주 피크타임이 있는 경우로 가정	1.3
④ 데이터베이스 크기 보정	가중치 적용이 어려울 경우, 일반값 1.7 적용	1.7
⑤ 애플리케이션 구조 보정	사용자의 서비스 요청에 3초 이내 응답 시간 가중치 1.2 적용	1.2
⑥ 애플리케이션 부하 보정	온라인 트랜잭션 및 일부 배치 작업이 이루어지는 상황으로 가정하여 중간값 1.7 적용	1.7
⑦ 클러스터 보정	Active-StandBy 구성에서는 클러스터 보정을 반영하지 않음	n/a
⑧ 시스템 여유율	일반값 1.3 적용	1.3
⑨ 시스템 목표 활용율	최대 70%를 고려하여 0.7 적용	0.7
산정 결과	((① * ② * ③ * ④ * ⑤ * ⑥ * ⑦ * ⑧) / ⑨ 각 산정값) = 40,189 tpmc	

정보전략계획 ISP 수립 실무

■ 네트워크 구성

네트워크는 기존 노후 장비를 교체하고 새로운 시스템 도입을 고려하여 설계한다.

기존 인라인 구성의 QoS 단일 장비의 이중화 구성으로 안정성을 확보했고, 노후연한 장비 교체(메인 방화벽), 추후 공장자동화 인프라를 고려해 현재 각 부문별 메인 장비(백본, 방화벽 등)까지 구간을 증속(기존 백본-공장 구간은 10G 구성)해서 설계했다.

내부 경영시스템과 구분된 DMZ 영역의 개별 구성과 별도 스위치 구성(추후 외부 웹서비스 추가에 따라 L4 스위치 등의 구성 추가), 보안 강화를 위하여 논리적 망 분리를 위한 내부 업무망용(경영시스템 접속용) VDI 구성(100인 이하 소규모 시범적으로 1단계 추진) 등으로 새롭게 네트워크를 구성했다.

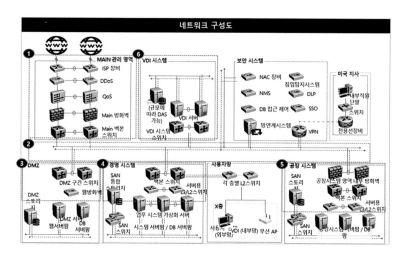

[그림 98] 네트워크 구성도

네트워크 구성에 필요한 장비 규격과 목록을 작성하고 도입을 위한 제품 비교 방법은 서버와 동일하고, 용량 산정 방법은 TTA의 네트워크 구축을 위한 장비 규모 산정 지침을 활용한다. 이 지침에서는, 예를 들어, '업링크 대역폭 = 다운링크 포트 수 * 다운링크 대역폭 * 최대 보정 계수' 등 네트워크 성능 규모의 산정식 등을 제공하고 있다.

■ 클라우드 시스템 타당성 검토

서버 용량 산정을 할 때 과부하 시점(Peak Time)을 고려해 평상시에 비해서 10배가 넘는 규모로 도입해야 하는데, 이렇게 되면 서버뿐만 아니라 DBMS, WAS 등 그 서버에 탑재되는 소프트웨어의 도입과 유지 및 보수 비용에도 영향이 있다. 소프트웨어 판매 기준이 CPU 모델과 개수에 따라서 다르기 때문이다.

이 책에서 소개되었던 사례는 의약품 제조회사이다. 직원 채용과 물류 업무에서 1년에 6차례 정도 총 20일가량의 부하 때문에 평소에 10배가 넘는 서버와 관련 소프트웨어를 도입하는 것은 무리라고 판단하고, 그 대안으로 클라우드 시스템을 검토했다. 유사시 클라우드 시스템의 자동 확장 기능(Auto Scale Out) 기능을 고려한 것이다.

클라우드 시스템에 관한 기술적 내용은 타 자료를 참고하고, 이 책에서는 클라우드 시스템 도입 타당성 검토에 필요한 사항을 다루기로 한다. 클라우드 서비스의 도입 비용은 초기 투자비를 의미하는 것이며, 클라우드 시스템은 대부분 계약에 따라서 사용료를 청구하므로 큰 의미는 없지만 기존 시스템의 폐기 비용이 있을 수 있다.

<표 40> 클라우드 서비스 도입 타당성 검토 표

비용 검토 항목	주요 내용	비고
비용 산정 기간	5년으로 산정함(고정 자산에 관한 감가상각 평균 기한)	
비용 산정 대상 서비스	PaaS, IaaS 사용료	
내부 인건비	클라우드 서비스를 받지 않고 온프로미스로 구축할 경우 내부 운영자 인건비	
서비스 중단 피해 복구비용	과부하의 원인으로 서비스 중단에 다른 피해 복구 비용 보안사고로 인하여 서비스 중단에 따른 피해 복구 비용	
기존 시스템 폐기 비용	감가상각 완료 이전에 폐기를 하는 경우 산정 보험 약정 기간 이전에 폐기를 하는 경우 손해 비용 산정	

　　운영 비용은 운영 및 유지·보수 측면에서의 비용을 의미하며 특히 클라우드 시스템의 사용료를 의미한다. 과부하의 우려 때문에 일시적으로 추가 이용할 클라우드 서비스를 선택한다면 IaaS만 선택할 수도 있다. 하지만 개발과 운영 기간 동안 각 서버에 탑재된 유틸리티 소프트웨어에 대한 관리 비용(라이선스비 + 관리 인건비)을 고려해서 PaaS까지 반영하는 것이 좋다.

　　서비스 중단 피해 복구 비용은 과부하와 보안 사고로 인한 서비스 중단을 고려했다. 이 비용은 서비스 중단으로 인하여 발생하는 모든 비용(경영 손실, 피해 보상 복구 비용 등)을 의미한다. 매우 광범위하고 복잡한 변수를 적용해야 하지만, 우선은 아래와 같이 산정한다.

- 경영 손실: 이 시스템으로 인하여 생기는 이득(ROI 혹은 BC)을 취할 수 없음으로 해서 생기는 기회 손실 비용만 고려한다.
- 피해 보상: 대외적으로 서비스를 받는 고객의 소송 비용(변호 비용, 보상 예상 금액)을 산정하기 위하여 비교할 수 있는 유사 소송의 판례를 참조한다.
- 복구 비용: 수리 복구 실제 비용

서비스 중단에 대해서 일시적인 과부하는 예측할 수 있으나, 보안 사고는 예측하기가 어렵다. 게다가 일반 기업이나 공공기관에서 운영하고 있는 각종 시스템에 대한 보안 장치가 전문 클라우드 서비스 회사의 그것과는 비교가 안 될 정도로 부족하다. 특히 보안시스템은 단지 시스템만의 문제가 아니고, 이를 운영하는 전문 인력의 확보와 유지에 관한 문제도 고려해야 한다. IT 분야에 보안 범죄는 날로 지능화되고 있고, 이를 방어하는 비용도 급증하고 있는 추세이기 때문에 IT 시스템이 회사 운영에 핵심이라면 가능한 전문 클라우드 회사의 서비스를 받을 것을 권고하고 싶다.

사실 특별하게 보안에 주의와 투자를 지속적으로 기울이는 몇몇 기업과 공공기관을 제외하고 대부분의 조직은 보안 위험에 노출되어 있는데, 이는 방어시스템과 전문인력 부족 탓이라고 할 수 있고, 이에 대한 대응책으로 클라우드 서비스를 받을 것을 권고하고 싶다는 말이다.

클라우드 시스템 도입에 관하여 참고할 만한 자료는 TTA에 공공부문의 클라우드 서비스 도입 적합성에 대한 단체 표준(TTA.KO-10.0707)을 권고한다. 이 중 실무자가 클라우드 서비스 도입의 적합성 여부를 자가 진단(Self-Check) 할 수 있도록 하기 위한 적합성 자가 진단 도구가 있다. 이것은 총 37개의 측정 항목을 제공하고 있으며, 공공부문에만 해당되는 것은 아니며, 기업에서도 참고할 만한 내용이 충분하게 있다.

정보시스템 관리 체계 수립

앞서 업무 프로세스의 기대효과에 대해서 언급했고 ISP의 기대효과는 '오직 정보화를 통해서만 그 효과를 제시할 수 있다'라고 했다. 그런데 정보시스템 관리 체계는 응용시스템을 전제로 하는 것은 아니지만, 이것은 정보시스템을 관리하는 방법이므로 현업의 업무를 지원하는 것은 아니고, 정보화에 속한다고 할 수 있다.

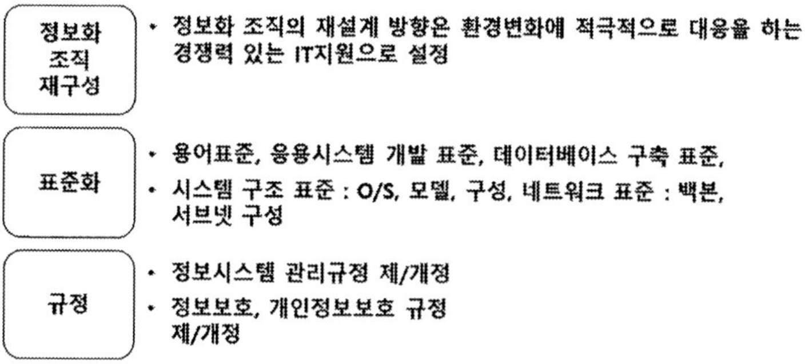

[그림 99] 정보시스템 관리 체계 수립 범위

정보시스템 관리 체계에 대해서 논하기 전에 그 특성에 대한 이해가 필요하다. 정보시스템은 응용시스템과 DB, 시스템 기반(Infrastructure), 네트워크로 구성된 복합체이다. 이 중 가장 많은 부분을 차지하고 있는 응용시스템, 즉, 기능과 DB이다.

이것을 우리는 통틀어서 소프트웨어라고 하며, 그 특성 중에 가장 대표적인 것이 바로 불가시성이다. 이것은 소프트웨어 구조가 눈에 보이지 않고 각종 코드로 숨어 있다는 뜻이고, 그 결과물(화면)과 코드와의 관계를 파악하기가 쉽지 않다는 뜻이다.

그래서 이를 관리하는 체제가 타 기술에 비해서 더 필요한 것이고, 강한 관리가 필요하기까지 한 것이다. 이것은 통제(Governance)를 의미하기도 한다. 절차와 표준 그리고 이를 관리하는 체제(규정, 조직 등)가 그것이다.

전사적으로 그것이 필요하고 부분적으로도 필요하며 이것들 간에 상호 유기적으로 움직여야만 한다. 정보시스템은 체계적으로 관리하지 못하면 혼란이 생기고, 자칫하면 현업 업무의 효율성을 저하시키기 때문이다. 전사적으로 사용하기 위해서 개발된 정보시스템의 관리일수록 더욱 그렇다. 게다가 예측할 수 없을 정도로 그 기술이 혁신적으로 바뀌기까지 하기 때문에 끊임없는 관리가 필요한 것이다.

지난 40여 년간 소프트웨어의 기술은 비교할 수 없을 정도로 바뀌고 있으며, 이를 운영하기 위한 기반인 CPU, Memory, 저장장치, Display, 네트워크의 발전은 가히 경이로울 정도이다. 그래서 무분별한 개발에 앞서서 체계적인 통제가 필요한 기술이기도 하다.

정보시스템 관리 체계는 정보화 조직, 표준화, 규정으로 나누어서 기술을 한다. 이것은 고객의 요구에 따라서 ISP 범위에 해당할 수도 있고, 그렇지 않을 수도 있지만, 아래의 경우는 모 A 공사 ISP를 사례로 들었다.

○○공사는 내부적으로 여러 개의 정보시스템 조직이 있고, 혹은 각 부서의 담당자가 정보시스템 관련 사업을 추진하고 있어서 전사적으로 통제나 공유가 필요한 상태였다.

■ 정보화 조직 재구성

○○공사의 정보화 조직의 재설계 방향은 환경 변화에 적극적으로 대응하는, 경쟁력 있는 IT 지원으로 설정했고, 조직 설계 전제 사항과 충족의 원칙 그리고 재설계에 따른 주요 과제를 도출했다.

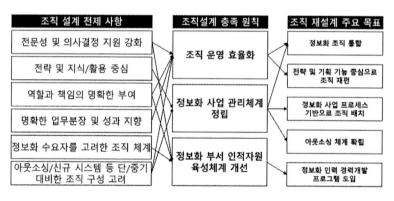

[그림 100] 정보화 조직 재설계 방향도

○○공사는 현재 IT 조직 운영의 형태는 분권형 조직구조이지

만, 공사의 전사 규모와 IT 인력 배정의 타당성을 고려할 때 향후에는 중앙집중형의 조직 구조로 변화할 것을 추천했다.

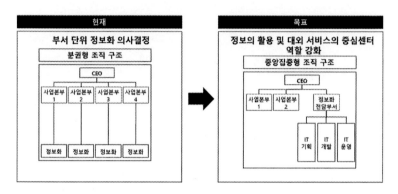

[그림 101] 전사 정보화 조직의 변화도

현재 A 공사는 경영지원실, ○○사업팀 등에서 정보시스템 관리에서 운영, 서비스까지 정보시스템 전주기를 각자 관리함으로써 비효율적인 정보 자원의 중복 현상이 발생하고 있었다. 이러한 중복 등 문제 사례를 찾아서 개선 근거로 제시하는 것이 공감대 형성에 긍정적 영향을 줄 수 있다.

정보서비스 제공 관점에서 분산되어 있던 IT 서비스 부문의 통합과 정보 서비스의 정보자원 통합 조정 및 정보화 기획 기능 수행(정보 자원의 도입~폐기)을 할 것을 제안하였고, 책임자와의 면담을 통해 그 필요성을 설명했다. 현재 정보화 관련 업무를 3개 부서에서 관리하고 있으나, 1단계에 업무 재분류를 통하여 핵심 업무와 비핵심 업무를 분류하고, 2단계에 이를 수행하기 위한 조직으로 제시했다.

정보전략계획 ISP 수립 실무

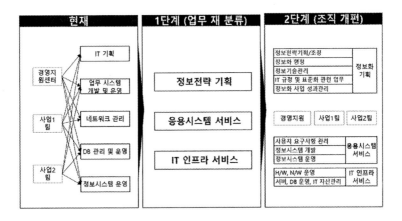

[그림 102] 정보화 조직 개편 수행도

이 결과에 대해서 비핵심 업무로 분류된 부분의 외주 처리 방안을 수립했다.

■ 정보시스템 표준화

동일 기관 내에 산재되어 있는 정보시스템 관련 조직이 비록 물리적인 통합을 못하더라도 서로가 필요로 하는 정보의 일관성과 무결성 유지를 위해서 표준화는 반드시 필요한 체제이다. 세부적인 사항들은 국내외에 많은 사례가 있으므로 이 책에서는 간략하게 표준화 대상만 거론하기로 한다.

- 용어 표준: 응용시스템 개발과 DB 구성
- 응용시스템 개발 표준: 개발방법론
- 데이터베이스 구축 표준: 메타데이터 표준으로서 용어 표

준과 일치시키고 속성을 부여
- 시스템 구조 표준: O/S, 모델, 구성
- 네트워크 표준: 백본, 서브넷 구성

■ **정보시스템 관리 규정 제/개정**

정보시스템 규정은 다수의 정보화 부서를 운영하고 있는 조직의 경우 특히 정보시스템 규정이 필요하다. 불가시성의 특성을 가진 정보시스템의 변화 과정을 전사적으로 통제해야 하기 때문이다. 그 필요성은 공공기관과 기업에 공통으로 있는 현상으로써 회계 정보가 생산 정보와 연계되지 못하고 있거나 설비 관리 시스템이 별도로 운영되고 있어서 전사적 효율성을 저하시키는 요인을 방지하는 역할을 할 수 있다. 특히 요즘과 같이 아웃소싱에 의존도가 높아지는 때에는 더욱 필요하다.

정보시스템 규정 역시 참조 사례가 많으므로 이 책에서는 해당 항목만 나열하기로 한다. 아래는 공공기관에서 필요로 하는 정보화 규정 목록이며, 정보시스템 운영 규정의 경우 주로 ITIL에서 권고하는 것들이다.

〈표 41〉 정보시스템 규정 목록

규정	지침 및 주요 내용	비고
정보화 업무 규정	조직, 책임과 역할, 투자 관리	조직 내 최상위의 규정으로서 타 규정을 통제
정보시스템 서비스 규정	사용자 요구 관리	
	서비스 관리	SLA
정보시스템 운영 규정	표준화 관리	개발 및 운영 포함
	백업관리	
	성능관리	
	시스템 변경 관리	
	자원관리	
	장애처리	
	장애예방 관리	
정보화 사업관리 규정	외주관리	
	정보화 사업관리	
	성과관리	
정보화 사업 개발 규정	개발 방법론	
	운영이관	

미래 모형 수립이 끝났으니 이제 90%가 완성되었다.

미래 모형의 실현을 위한 이행 계획 수립

이행 계획은 미래 모형 수립을 통해 정의된 세부 실행 과제(단위 프로젝트)를 실행하기 위한 계획을 수립하는 것이다.

우선순위 평가 및 소요 예산 산정을 통해 중장기 로드맵과 단계별, 과제별 소요 자원을 산정하고 끝으로 기대효과를 분석한다.

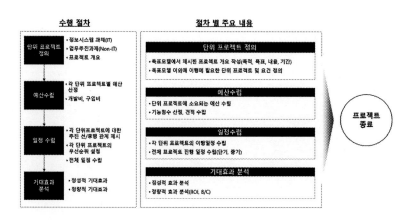

[그림 103] 이행 계획 수립 절차도

정보전략계획 ISP 수립 실무

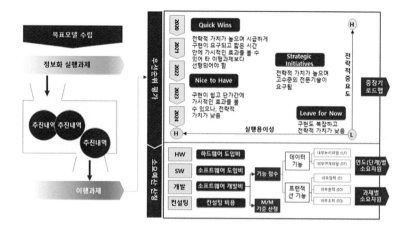

[그림 104] 이행 계획 수립을 위한 Framework

단위 프로젝트 정의

액션 아이템(Action Item)이라고도 부르는 단위 프로젝트는 미래 모형 수립에서 제시한 업무 프로세스와 정보시스템 각 구성별로 요약하는 것이다. 그리고 미래 모형에는 없지만, 미래 모형을 지원하기 위한 것들도 제시한다. 예를 들어, 이행을 위한 조직 체계 수립 등이 이에 해당된다.

이것을 작성하는 목적은 아래 2가지다.
- 단위 프로젝트의 충분한 재구성을 통한 누락 방지
- 세부 내용을 요약하여 이해의 용이성 제고

〈표 42〉 단위 프로젝트 목록

구분	단위 프로젝트명	주요 내용	프로젝트 도출 근거
관리 체계	정보화 조직 재구성	이행을 위한 향후 조직 구성(현업 TFT 포함)	미래 모형 수립
	정보시스템 표준화	DB 표준화(기존 DB 정제 포함)	미래 모형 수립
	정보시스템 관리 규정 제/개정	운영 및 서비스 규정 등	미래 모형 수립
통합 ERP 시스템 구축	통합 ERP 시스템 구축	ERP 도입	미래 모형 수립
BI 시스템 도입	BI 시스템 도입	의사 결정 지원	현황 분석 결과 개선 방향
시스템 기반구조	시스템 기반 도입	서버, 네트워크, 상용 S/W 도입	미래 모형 수립
시스템 보안	시스템 보안 컨설팅	• 정보보호 컨설팅 • 개인정보보호 영향 평가	현황 분석 결과 개선 방향

〈표 42〉 단위 프로젝트 목록과 같이 대부분의 단위 프로젝트는 프로젝트 도출 근거가 미래 모형 수립 과정에서 나온 것들이다. 하지만 상황에 따라서는 시스템 보안과 같이 사정상 미래 모형에서 상세하게 다루지 못하고 현황 분석 단계에서 개선 방향 정도로만 제시된 것도 있을 수 있다.

보안은 국가로부터 지정받은 보안 컨설팅 전문업체에서 수행해야 하므로 이를 구체화하지 않고 차기 프로젝트로 컨설팅할 것으로 제안했다.

이렇게 목록화된 단위 프로젝트를 [그림 105]와 같이 단위 프로젝트 정의서로 작성한다.

정보전략계획 ISP 수립 실무

단위 프로젝트 명	통합 ERP시스템 구축	
정의	전사적 경영활동과 공장자동화를 지원하는 정보시스템 구축	
목표	현재 회계, 생산, 설치, 외주임가공(수작업) 등 각 업무별로 별개의 시스템 운영 중이거나 시스템이 없는 업무를	
추진사항		**고려사항**
• 경영관리,영업관리, 생산관리, 물류관리, 설비관리 업무의 정보화 • 공장자동화용 각 공장 시스템별 DB 연계 • 국세청 등 타 기관 시스템 연계 • 거래처 시스템 연계 • 통계, 예측을 위한 시스템 구축		• 커뮤니케이션 접점활용도 제고를 위한 모바일 시스템 구축 • 자료/정보 중요도를 고려한 시스템 보안성 확보를 위하여, PC 기반의 서비스 환경 우선 제공 (모바일 환경 제약)
		소요예산
		• ERP 도입비용 : 90억원 • 시스템 연계비용 : 10억원 • BI 시스템 도입비용 : 5억원
추진일정		**기대효과**
• 1단계(3개월) : ERP도입을 위한 업무프로세스 재정리 • 2단계(10개월) : ERP 구축 • 3단계(3개월) : 시범운영		• 정성적 기대효과 : 빠르고 정확한 업무처리로 인한 고객만족 극대화 • 정량적 기대효과 : 매출증대 약 100억원/년

[그림 105] 단위 프로젝트 정의서

프로젝트 정의서에 있는 내용 중에 일정, 예산, 기대효과는 아직 작업 전이지만, 정의서는 전체를 표현해야 하므로 그 작업이 끝난 후에 다시 보완해야 한다.

예산 수립

예산은 단위 프로젝트별로 개발비, 구입비, 추진비 등에 대해서 그 비용을 산정한다.

개발비 산정

이 책에서 응용시스템은 SI 개발보다 ERP 도입하기로 했으므로 별도의 개발비 산정은 필요 없고, 구입비만 산정하면 되지만 일부 SI 개발 부분도 있다고 가정하고 개발비 산정도 했다.

개발비 산정은 3가지 방법이 있다.

• 기능 점수(Function Point) 방식: 기능의 개수를 기준으로 규모를 산정

• Man/Month 방식: 개발자 투입 공수 * 인건비로 산정

• LOC(Line Of Code) 방식: Program Source를 구성하는 Code Line 수를 산정

이 중 맨/먼스(Man/Month) 방식과 LOC 방식은 요즘은 사용하지 않는다. Man/Month 방식은 너무 주관적이고, LOC 방식은 3세대 언어(C, COBOL, PL/1, FORTRAN 등)에 적용이 가능한 산정 방식이기 때문이다. 따라서 이 책에서는 기능 점수 방식을 채택한다. 이 방식은 잘 알려진 바와 같이 SW의 규모를 측정 및 예측하는 기법으로써, 1979년 미국 IBM의 Allen J. Albrecht에 의해 제안되었고, 미국에 본부를 둔 IFPUG(International Function Point User Group)에서는 기능 점수 분석 매뉴얼 제작 및 배포를 하고 있다. 한국에서는 KOSMA(Korea FUNCTION POINT USERS GROUP, 한국소프트웨어측정원)에서 그 기준 관리와 교육 및 자격증을 관리하고 있다. 그리고 이것은 ISO/IEC 14143(FSM: Functional Size Measurement)으로, SW Size에 대한 국제 표준이기도 하다.

기능 점수 산정 방식은 KOSA의 소프트웨어 대가 산정 가이드를 참고해서 산정하는데, ISP에서는 간이법을 적용한다. 기획 단계라서 기능의 복잡도 산출이 불가능하기 때문이다.

기능 점수 산정은 정보시스템 미래 모형 수립 단계에서 작성

한 기능과 DB 기본 설계에서 작성한 기능 대비 개체 매트릭스를
참고하고, 그 절차는 [그림 106] 기능 점수 산정 절차도와 같다.

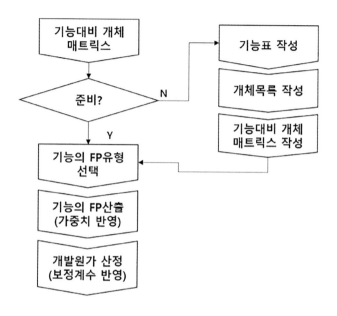

[그림 106] 기능 점수 산정 절차도

기능 점수 도출을 위해서는 우선 기능을 분석해야 하는데 앞
에 정보시스템 미래 모형 수립을 할 때 작성한 〈표 32〉 기능 대
비 개체 매트릭스를 활용한다. 이 매트릭스에서 나타난 기능과
파일(DB)을 적용한다.

FP 유형은 다음과 같이 정한다.

- 내부논리파일(ILF): C, U, D의 경우
- 외부연계파일(EIF): R의 경우

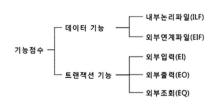

- ILF(Internal Logical File) : 내부논리파일(산정 대상 시스템이 유지/관리하는 파일)
- EIF(External Interface File) : 외부연계파일(산정 대상 시스템이 참조하는 파일)
- EI(External Input) : 외부입력 (외부에서 입력되는 값)
- EO(External Output) : 외부출력(외부에 출력되는 값 (데이터 가공 수반)
- EQ(External Query) : 외부조회(외부 입출력 (데이터 가공 없음))

[그림 107] 기능 점수의 구조도

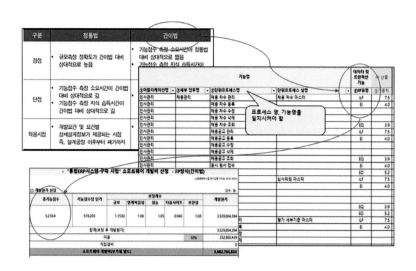

[그림 108] 간이법에 의한 기능 점수 산정 연관도

정보전략계획 ISP 수립 실무

<표 43> 기능 점수 산정 표

기능명				데이터 및 트랜잭션 기능	FP 산출	비고
어플리케이션 명	세부 업무명	단위프로세스명	단위프로세스 설명	FP유형	평균 복잡도 가중치	
채용 관리	계획 수립	충원 요청	인력 충원이 필요한 부서에서 인사팀에게 인력 충원을 요청	EIF	5.4	
		충원 확정	요청받은 건에 대하여 담당자 검토 후 의사결정 권자의 승인여부에 따라서 결정(반려될 수도 있음)	EIF	5.4	
		채용 공고	채용하고자 하는 사항을 일반에 공고	ILF	7.5	
		응모 접수	응모자의 응모내용 접수	ILF	7.5	
		이력 관리	채용공고 이력관리	ILF	7.5	

이것은 '기능 대비 개체 매트릭스'를 바탕으로 하고, 단위 프로세스 설명은 '기능설명서'의 내용을 반영한다. 이것은 미래 모형 수립 과정에서 작성한 산출물들이다.

기능 점수가 모두 도출되면 보정계수를 조정하는데, 일반 소프트웨어 개발은 특별하게 바꿀 필요 없이 KOSA의 소프트웨어 사업대가기준을 적용하면 된다. 이것조차도 협회에서 제공하는 엑셀을 활용하면 매우 쉽게 산출 가능하다. 기능 점수만 도출되면 개발비는 자동으로 계산을 해 주기 때문이다. 게다가 매년 바뀌는 기능 점수 단가를 제공해 주니 더 편리하다.

이 방식으로 최종 개발 비용을 금액으로 환산하여 산정하는 것이다. 혹자는 이러한 기능 점수 산정 방식이 신뢰할 수 없는 형식적인 것이라고 치부하기도 하는데, 그것은 기능 점수 산정 방식의 문제가 아니고, 설계한 기능의 완성도 문제라고 할 수 있다.

아래 〈표 44〉 기능 점수 도출 사례에서 총 기능점수는 5,218.4점이고, 〈표 45〉 기능 점수 대비 개발 원가 산정 사례에서는 총 기능 점수(5,218.4점)×기능 점수당 단가(519,203원)에 보정계수를 반영해서 총 개발 원가를 산정했고, 이윤과 직접경비를 반영해서 총 개발비는 38.8억 원 규모로 산정했다.

여기서 주목해야 하는 부분은 기능 점수 도출 표에서 애플리케이션명, 세부 업무명, 단위 프로세스를 구분하는 것과 그 단위 프로세스에 FP 유형을 결정하는 일이다. 각각의 구분은 미래 모형 설계에서 작성한 CRUD 매트릭스를 기준으로 하면 되며, 이것만 제대로 만들어졌다면 나머지는 KOSA에서 제공하는 엑셀 계산식에 따라서 자동으로 계산해 준다. 결국 예산 수립은 업무 프로세스의 분석과 설계로부터 출발해서 기능과 DB 설계에 따라 결정되므로 업무 프로세스의 분석이 얼마나 중요한지 다시 한번 또 깨닫게 된다.

아래 〈표 44〉 기능 점수 도출 사례에서 애플리케이션은 단계, 세부 업무명은 활동, 단위 프로세스는 작업으로 이해할 수 있다.

〈표 44〉 기능 점수 도출 사례

기능명				데이터 및 트랜잭션 기능	FP 산출
①어플리케이션명	②세부 업무명	③단위프로세스명	단위프로세스 설명	④FP유형	⑤가중치
성과관리	기준정보 관리	평가종류 관리	평가종류 마스터	ILF	7.5
성과관리		평가차수 조회		EQ	3.9
성과관리		평가항목 등록		EI	4.0
성과관리		평가 기준관리	평가 기준 마스터	ILF	7.5
성과관리		KPI 및 목표 등록		EI	4.0
성과관리	조직 성과평가	업무실적 관리	업무실적 마스터	ILF	7.5
예산관리	기준정보 관리	예산코드 관리	예산코드 마스터	ILF	7.5
예산관리		예산코드 등록		EI	4.0
예산관리		예산계정 조회		EQ	3.9
예산관리		계정코드 연관성 관리	계정코드 연관성 마스터	ILF	7.5
예산관리		계정코드 연관성 등록		EI	4.0
예산관리		예산부서 등록		EI	4.0
인사관리	기준정보	인사코드 관리	인사코드 마스터	ILF	7.5
인사관리		인사코드 등록		EI	4.0
인사관리		발령코드 조회		EQ	3.9
인사관리		근태유형 등록		EI	4.0
회계관리	기준정보 관리	계정코드 관리	계정코드 마스터	ILF	7.5
회계관리		계정코드 등록		EI	4.0
회계관리		관리항목 조회		EQ	3.9
회계관리		계정별 관리항목 등록		EI	4.0
합계(중간 생략)					5218.4

〈표 45〉 기능 점수 대비 개발 원가 산정 사례

○ 개발원가 산정								(단위 : 원)
총기능점수	기능점수당 단가	보정계수						개발원가
		규모	연계 복잡성	성능	다중 사이트	보안성		
5,218.4	519,203	1.1530	1.06	1.05	0.940	1.08		3,529,804,394
합계(보정 후 개발원가)								3,529,804,394
이윤							10%	352,980,439
직접경비								0
소프트웨어 개발비(부가세 별도)								3,882,784,834

○ 직접경비		(단위 : 원)
구분	산출내역	금액
	생략	0
	생략	0
합 계		0

○ 보정계수 산정		
보정계수 구분	복잡도 및 난이도 수준	보정계수
SW규모	= 0.4057 x (log e(5218.40000000001) - 7.1978)^2 + 0.8878 (단, 500FP 미만 1.28, 3,000FP 초과 1.153 적용)	1.1530
연계복잡성	4. 6~10개의 타 기관 연계	1.06
성능 요구수준	4. 응답시간이나 처리율이 모든 업무시간에 중요하며, 처리 시한이 명시되어 있다.	1.05
다중사이트 운영성	1. 다중사이트 운영성에 대한 요구사항이 없다.	0.94
보안성 요구수준	5. 항목 4)에 더하여 추가적인 요구사항이 있다.	1.08

○ FP집계							
구분		ILF	EIF	EI	EO	EQ	계
기능수		208	25	350	116	397	1096
기능점수		1545.0	135.0	1396.0	598.0	1544.4	5218.4
비중		30%	3%	27%	11%	30%	100%

보안 컨설팅 비용 산정

정보보안 컨설팅과 개인정보보호 영향 평가 비용 산정은 관련 법률에 따라서 한국인터넷진흥원에서 제공하는 방식을 따르는데, 투입공수 방식과 컨설팅 업무량 방식으로 총 2가지가 있다.

이 방식도 한국인터넷진흥원에서 웹사이트를 통해 제공하고 있다. (참고: https://www.privacy.go.kr)

개인정보영향평가는 대가 산정을 투입 공수와 컨설팅 업무량 방식으로 나누어서 그 산정식을 제공하고 있다.

이곳에서도 역시 엑셀로 산정식 템플릿을 제공하고 있어 매우 유용하게 사용할 수 있다.

구입비 산정

구입해야 할 서버, 네트워크 장비, 유틸리티 소프트웨어 등은 각 업체로부터 견적을 받아서 비교 평가를 하므로 이 책에서는 그 과정은 생략한다.

그리고 일부 제품을 제외하고는 대부분 조달청에서 운영하는 '디지털서비스몰'에 가격이 공개되어 있으니 이를 참고할 수 있다. 다만 공공기관에 조달하는 가격이므로 기업체가 구입하고자 할 때는 가격이 달라질 수도 있다.

공공기관은 조달청에 등록된 제품은 입찰 과정이 없이 수의계약으로 구매가 가능하지만, 제품 비교 평가 과정은 필요하며, 이를 위해서 제품선정위원회 구성도 필요하다.

예산 전체 구성

개발비, 구입비 등에 대하여 전체를 구성한 예산표를 작성한다.

〈표 46〉 프로젝트 이행 예산 총괄 표

구분	항목	소요 비용 (백만 원)	비고
정보화 조직 재구성	추진 TFT 구성	N/A	자체 활동
정보시스템 표준화	DB 표준화	500	기존 DB 정제 포함
정보시스템 관리 규정 제/개정		N/A	자체 활동
통합 ERP 시스템 구축	ERP 시스템 도입	9,000	
BI 시스템 도입	BI 시스템 도입	2,000	서버포함
시스템 기반 도입	서버	3,000	WAS서버외 19종
	상용 소프트웨어	2,500	DBMS외 10종
	네트워크 장비	1,600	공사비 포함
시스템 보안 컨설팅	정보보안 컨설팅	300	
	개인정보보호 컨설팅	200	
합계		17,300	

상기의 총괄예산표는 전체 집계를 예로 한 것이며 각 프로젝트별로 세분화하여 작성한다. 예산은 향후 3년~5년에 걸쳐 소요되는 예산으로 수립하는 것이 좋다. ISP는 미래를 설계하는 것이

기 때문이다.

얼마 전에 모처에 ISP를 수행했는데, 3년간 총예산을 420억 원으로 산정했다. 전사적 정보화 마스터플랜이기 때문에 많은 비용이 필요했던 것이다. 이에 보고받은 경영진과 예산 담당자가 거의 분노할 정도로 나에게 항의했다.

내년도에 가용할 수 있는 예산이 70억 원 미만이고 그나마도 기초 예산이 54억 원인데, 다른 예산을 전용해도 그 정도라는 것이다. 나는 그분들에게 몇 가지로 나누어서 설명했다.

ISP는 미래 계획을 수립하는 것이므로 예산에 저촉을 받으면 제대로 된 계획을 세울 수가 없다.

지금 산정된 총예산은 3년 합계이고, 내년도 예산은 약 100억 원 정도다.

내년도에는 필수로 구축해야 할 시스템을 구성했고, 2년차부터 점진적으로 투자해야 할 시스템을 배치했다.

예를 들어서 빅데이터, BI 시스템 등은 20억 원 이상의 예산이 소요되는데, 이것은 데이터가 충분하게 쌓여야만 하므로 3년차 예산에 배정했다.

경영진의 예산 승인을 받기가 어려울 것이라는 담당자의 우려를 불식시키기 위해서 환경 분석에서 조사한 유사 규모에 타 조직에 초기 투입 예산 조사 및 분석 자료를 가지고 가면 설득될 것이라고 부연 설명을 해서 결국 총액 370억 원, 차년도 예산은 120억 원으로 내부 확정했다.

중요한 것은 차년도 이후에도 이 ISP보고서가 유용하게 쓰일 것이라는 것이다. ISP를 매년 할 수는 없기 때문이다. ISP는 단

기간에 필요한 정보화 계획을 수립하는 경우도 있지만, 기본적으로는 중장기로 3년에서 5년을 대상으로 그 전략을 수립하는 일이다. 하지만 요즘은 급변하는 정보기술 탓에 5년은 어렵고 3년 정도를 대상으로 계획을 수립한다.

투자 일정은 전체 일정 수립과 별도로 작성한다.

일정 수립

일정 역시 단위 프로젝트별로 기간을 산정하여 작성하는데, 우선은 프로젝트의 우선순위를 산정하고 선·후행관계를 파악한 후에 전체 일정을 수립하고, 예산 일정도 별도로 작성한다.

프로젝트 우선순위 평가

각 단위 프로젝트별로 특성과 상호 관계가 있다. 예를 들어 DB 표준화의 경우, 기존 DB에 대한 정제 작업을 하기 전에 ERP 시스템을 도입하면 시스템 도입이 계획보다 지연될 수도 있다는 것이다. 물론 ERP 시스템 도입 과정에서 할 수도 있지만, 어쨌든 동시에 할 수 없는 작업이다. 정보화 조직 구성도 마찬가지이다.

이 책에서 예로 든 단위 프로젝트는 ERP 시스템 도입 등 몇 가지 안 되지만 ERP 시스템을 세분화해서 각 단위 업무별로 도입한다면 우선순위에 대한 평가가 더욱 필요하다.

ERP에서 회계 업무보다 영업 업무를 먼저 도입하면 나중에 정합성 문제가 생길 수 있기 때문이다.

이 작업은 고객과 함께 진행하며, 이 책에 예는 간단하지만, 실제 프로젝트에서는 훨씬 복잡할 수 있기 때문에 이러한 우선순위 평가 없이 프로젝트의 일정 수립은 어렵다.

우선순위는 고객과 함께 평가한다.

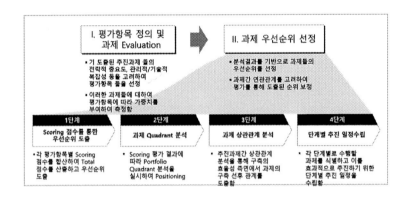

[그림 109] 과제 우선순위 선정 절차도

〈표 47〉 단위 프로젝트 우선순위 평가 표

단위 프로 젝트 명	중요성 평가 (1~5점)			구현의 용이성 평가 (1~5점)				종 합	순위
	시 급 성	업무 영향 / 효과	(A) 소계	프로 세스 명확 도	사 용 자 참 여 도	위 험 도	(B)소계		
	60 %	40 %	환산	30 %	40 %	30 %	환산	((A +B) /2)	
정보화 조직 재구성	5	5	5	5	4	5	4.6	4.8	1
정보 시스템 표준화	5	5	5	5	4	5	4.6	4.8	2
정보 시스템 관리 규정 제/ 개정	3	3	3	5	3	2	3.3	3.15	4
통합 ERP 시스템 구축	5	5	5	5	4	4	4.3	4.65	3
BI 시스템 도입	3	5	3.8	5	4	4	4.3	4.05	7
시스템 기반 도입	4	5	4.4	5	4	4	4.3	4.35	5
시스템 보안 컨설팅	4	4	4	5	4	4	4.3	4.15	6

이 평가표에 의하면 정보화 조직 구성을 가장 우선해야 하고, BI 시스템은 맨 나중에 해도 된다는 것을 나타내고 있다.

BI 시스템을 맨 나중에 해야 하는 이유는 통합 ERP 시스템 구축 후에 시스템이 안정적으로 가동되는 시점에 구축해야 한다는 뜻이다. BI 시스템의 특성상 원천 데이터가 불안정하면 그 신뢰도가 떨어지고, 그에 따라서 이 시스템의 주 사용자인 임원급의 신뢰도가 저하되면 향후 정보화 추진에 치명적인 부정적인 요소로 작용하기 때문이다.

후속 프로젝트 일정 계획

본 ISP에서 제시하는 향후 개발 일정 계획은 각 단위 프로젝트 우선순위 평가 결과와 절대 소요 기간을 반영하여 작성한다.

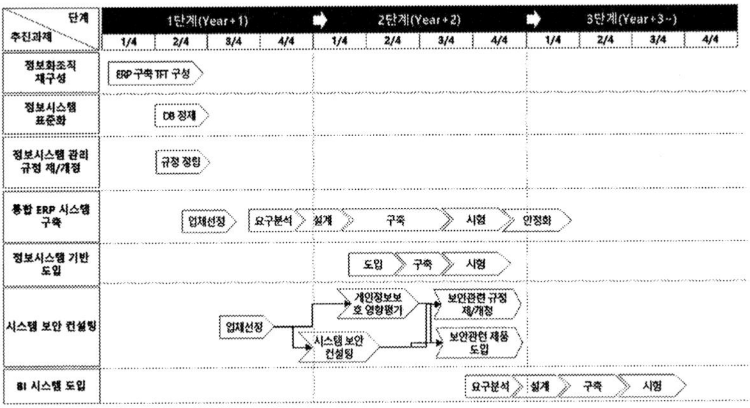

[그림 110] 후속 프로젝트 진행 일정표(사례 1)

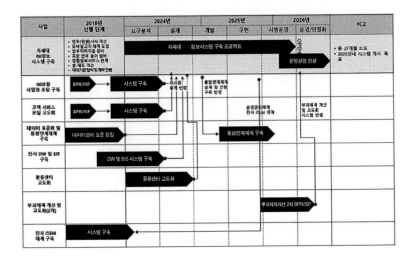

[그림 111] 후속 프로젝트 진행 일정표(사례 2)

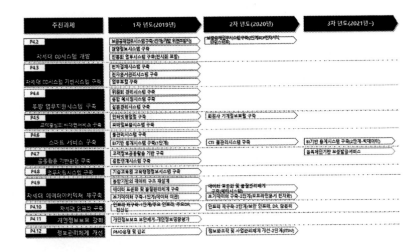

[그림 112] 후속 프로젝트 진행 일정표(사례 3)

투자(예산) 일정 계획

투자 일정은 과제(단위 프로젝트)별로 수립한다.

〈표 48〉 투자 일정표

(단위: 억 원)

정보화 과제명	총예산	2026		2027		2028		비고
		상	하	상	하	상	하	
정보화 조직 재구성	0	0	0					내부
정보시스템 표준화	0	0	0					내부
정보시스템 관리 규정 제/개정	0	0	0					내부
통합 ERP 시스템 구축	15	10	5					용역
BI 시스템 도입	3					3		용역
시스템 기반 도입	10		10					용역
시스템 보안 컨설팅	2		2					용역
합계	30	10	17			3		

기대효과 분석

기대효과 분석은 ISP 이후에 실제 시스템 구축을 했을 때, 그 이전보다 어느 정도의 향상이 이루어졌는지를 미리 가늠해 보는

작업이다. 이것을 통해서 투자의 타당성을 확보하고, 의사결정
권자의 승인을 위한 설득력 있는 근거를 바탕으로 원활한 진행
을 하고자 하는 것이다.

이것은 정보시스템 미래 모형을 설계할 때 준비했다면 어려움
없이 할 수 있다. 가장 먼저 해야 할 일은 몇 차례 강조했지만,
기대효과의 관점과 항목의 분류이다. 증가와 감소가 관점이고,
상품 매출 증가와 고객 불만 처리 시간이 항목이다.

즉, 통합 ERP 시스템 구축으로 인해서 매출과 이익 그리고 업
무 처리 정확도가 증가하는 부문도 있고, 처리 시간 감소로 인하
여 비용이 절감되는 경우도 있다.

중요한 것은 기대효과 항목과 근거를 찾는 일이다. 현황 분석
단계에서 분석했고, 미래 모형 설계할 때 산정했다면 그것을 기
초로 하면 되지만, 그렇지 못한 상황에는 새롭게 찾아야만 한다.

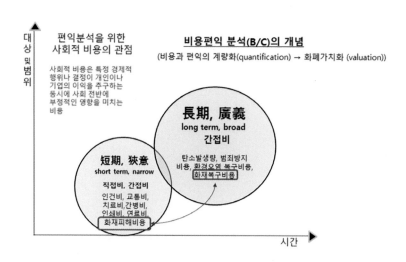

[그림 113] 비용편익 분석의 변화 추세도

예를 들어 채용 업무를 정보시스템으로 개발했을 때는 당연히
업무 처리 시간 감소와 정확도 향상으로 단기적으로는 인건비
감소, 장기적으로는 인력 증가 억제가 될 것이다. 그 억제가 되
는 인력을 금액으로 환산한다.

기존 인력의 인건비 감소는 미미해서 설득력에 한계가 있기
때문이다. 여기서 업무 처리 시간 감소와 정확도 향상은 정성적
기대효과로 분류하고, 인건비 감소, 인력 증가 억제로 인한 금액
은 정량적 기대효과로 분류한다.

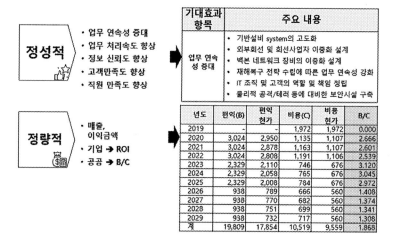

[그림 114] 정성적 기대효과와 정량적 기대효과 구분도

기대효과 항목을 찾는 일이 우선이고, 이것을 다시 정성과 정
량으로 분류하는 것은 그다음이라는 뜻이다. 기대효과 분석이
중요한 이유는 의사결정자의 판단에 영향을 미칠 수 있는 근거

이기 때문이다. 정량적 기대효과는 더욱 그렇다.

정성적 기대효과

서비스의 질적 향상, 업무효율화로 처리 속도 향상, 신뢰성 향상, 직원 만족도 향상, 고객 만족도 향상 등 이러한 것들이 정성적 기대효과 항목으로 꼽을 수 있다.

정성적 기대효과는 제3자로 하여금 공감할 수 있는 내용을 다음 〈표 49〉 정성적 기대효과 항목 표와 같이 서술식으로 작성한다.

〈표 49〉 정성적 기대효과 항목

기대효과 항목	주요 내용
업무 연속성 증대	• 기반 설비 system의 고도화 • 외부 회선 및 회선사업자 이중화 설계 • 백본 네트워크 장비의 이중화 설계 • 재해 복구 전략 수립에 따른 업무 연속성 강화 • IT 조직 및 고객의 역할 및 책임 정립 • 물리적 공격/테러 등에 대비한 보안 시설 구축
재해 대처 능력 증대	• 체계적인 재해 복구 절차 확보 • 재해 대처 전문 인력의 향성이 가능해짐 • 재해에 대한 대비 인식 확산
침해 방지	• 장애 해결 관리를 위한 운영 측면의 단일 접점 제공 • 침해 사고 대응 절차 수립 • 주요 정보 자산의 식별과 위험관리기법의 도입으로 인한 정보자산의 보호 체계 확립 • 유해 트래픽의 원천적인 차단 • 자동 보안 취약점 진단 도구 도입으로 인한 정보보호 상시 관리 체계 확립

정성적 기대효과를 측정하는 기준으로 BSC[38]를 활용하기도 한다.

BSC관점	핵심 효과	정성적 기대효과
재무적 영역 (운영비용, 처리비용, 인력감소 등)	00의 병원정보시스템 을 통한 의료진 및 고객의 처리비용 최소화	• EMR 구축으로 각종 진료기록에 대한 종이 진료기록차트 종이차트 인쇄 비용 최소화 및 보관비용 감소 • 각종 동의서 등의 데이터 저장으로 인쇄물 비용 절감 • 온라인 제증명발급서비스를 통한 환자 병원 방문 최소화로 교통비 감소 및 최소화, 대기시간 최소화 • 병원 내 그룹웨어,ERP 등을 통한 외래, 병동의 업무단위 통합으로 의료진의 실시간 커뮤니케이션 실현
내부 프로세스 영역 (업무처리 소요시간, 업무 품질 등)	00 병원정보시스템을 통한 의료진 수작업 최소화, 환자 대기시간 감소로 의료서비스 품질 향상	• 진료화 검사 진행 및 검사결과의 실시간 연동으로 신속한 진료업무 환경 제공 및 환자 진료의 신속성 확보 • 전료 협진 및 원격 관측 등의 외부 협력서비스와의 원활한 연계로 신속한 의료서비스 제공 가능 • 의료진의 맞춤형 및 개인화된 User-Interface 제공으로 진료 편의성 확보 및 진료 생산성 증대 • 환자의 진료부터 검사, 진료협력, 병원행정, 고객관리, 의료데이터 분석 및 활용까지 병원 진료업무와 행정업무의 통합연계를 통한 의료진의 업무 연속성 확보 및 의료서비스의 질적 향상 기대
혁신 및 발전영역 (새로운 서비스, 커뮤니케이션 혁신, 정보의 공유, 교육, 훈련)	의료데이터 기반 AI의 지능형 스마트 서비스로 소방의학발전에 혁신적 기여	• 선진형 스마트한 00의 병원정보시스템 구축으로 미래형 00으로 위상 강화 • 선진형 병원정보시스템을 통한 소방공무원의 생애주기 건강관리로 소방행복 만족도 향상 • CDW, CDSS, BI 등 진료데이터의 체계적인 지식축적 및 분석활동기반을 통한 소방임상연구 기속화 역할 • STT기반의 음성인식 서비스 등 AI(인공지능)의 의료서비스 접목으로 00의 의료 선진화 기여
고객 영역 (고객서비스, 편의성, 만족도 등)	의료진과 환자에게 의료 편의성 및 만족도 향상	• 홈페이지, 모바일 앱 등을 통한 소방공무원과 지역주민 환자의 의료서비스 접근성 확대 및 편의성 증대 • 환자를 위한 AnyTime, AnyWhere 비대면진료의서비스 환경 제공으로 환자의 만족도 향상 • KIOSK, 모바일 등을 통한 진료예약과 진료비 수납의 다양한 채널 제공으로 환자의 대기 시간 감소

[그림 115] BSC(Balanced Score Card) 기반의 정성적 기대효과

정량적 기대효과

정량적 기대효과는 항목에 대한 더 구체적인 접근이 필요하다. 모바일 고지·수납 통합서비스를 통한 고지 업무 비용 절감, 온라인 등기 우편 서비스를 통한 우편물 제작 및 발송 비용 절감, 쇼핑몰 구축으로 인한 매출 증대 등이다. 이것들은 대부분 기능 설계를 할 때 그 기대효과를 분석해 두어야 하지만, 복합적

---

38) 균형성과표(balanced scorecard, BSC)는 기업의 성과를 재무(Finance), 고객
(Customer), 내부 비즈니스 프로세스(Internal Business Process) 그리고 학습과 성장
(Learning and Growth)의 네 가지 관점에서 종합적이고 균형적으로 측정하는 성과 평
가 시스템, David Norton & Robert Kaplan

일 때도 있고, 그때에는 구체적으로 다루지 못하는 경우도 있다. 추가로 더 많은 노력이 필요하다는 뜻이다.

　때로는 정성적인 것을 다시 정량화할 필요가 있다. 예를 들어 종업원 만족도를 화폐 가치로 표현해야 할 때가 그것이다. 이런 때를 대비해서 평균 임금을 조사하거나 만족도 조사를 위한 설문을 할 때 '당신의 근무 만족도는 얼마의 화폐 가치가 있다고 생각하는가?'라는 질문의 답변을 통계치로 분석한다. 그렇게 해서 주관적인 것도 모집단의 유형과 규모에 따라서 객관화시키기도 한다.

〈표 50〉 이행과제별 정량적 기대효과 산출 사례

구분	이행 과제	편익산출 개요	참고 근거	편익지표
그룹 1	통합 ERP 시스템 구축 전사업무 협업체계 수립 온라인 미디어 플랫폼 구축	통합 ERP 시스템 및 문서 관리 시스템을 구축함으로써 경영의 효율성 증가 인력 증가 억제	2018년 사업연도 경영평가보고서(○○○이사회) 2018년 ○○○ 정보화 사업 결과 만족도 증가 사례(4.31%) 반영	통합 ERP 시스템 구축에 따른 기회이익 창출
그룹 2	차세대 경영인프라 환경 구축	장비 고장으로 인한 서비스 중단 사고 사전 방지율(기회손실 방지) ○○○방송의 경제적 가치 훼손 비율 반영	「○○○TV의 기능 수행의 경제적 가치에 대한 연구」, (2017. 4., 인하대학교 언론홍보학과 외	장비 고장에 따른 사업중단 기회손실 방지
그룹 3	정보보안 인프라 환경 구축 전사 네트워크 환경 구축	보안사고로 인한 복구 비용 산정	「국가 사이버보안 피해 금액 분석과 대안」, 2013. 12., KAIST 정보보호대학원	보안시스템 구축에 따른 경영 손실 방지

정량적 기대효과는 정성적인 것과 달리 수학적 산출 근거가 필요하다. 기업의 경우에는 ROI 방식을 채택하기도 하고, 공공의 경우에는 BC 방식을 채택한다. 2가지 방식의 공통점은 투자 대비 이익율을 산출하는 것이다. 그리고 이것들은 일정 기간 동안 누적된 재화의 가치를 계산하는 것이다.

공공분야는 아래와 같은 공식으로 B/C율을 산정한다.

$$B/C\ ratio = \Sigma_{t=0 \to n} \frac{B_t}{(1+r)^t} / \Sigma_{t=0 \to n} \frac{C_t}{(1+r)^t}$$

[그림 116] 비용편익비율(B/C ratio)의 산출 공식

여기서 B_t는 t 시점의 편익, C_t는 t 시점의 비용, r은 할인율(이자율), n은 사업 기간을 의미한다. 즉, 사업 기간(대략 10년) 동안 비용 대비 편익의 비율에 할인율(매년 기획재정부에서 고시)을 적용하는 것이다. 우리나라는 이론적으로 최소 비용편익비율이 약 1.10~1.15 이상은 되어야 경제적 타당성을 충분히 인정할 수 있다고 한다. (KDI, 한국개발연구원/기획재정부)

나는 공공분야 ISP 프로젝트에서 모 지자체에 인공지능형 감시카메라 설치에 관한 기대효과를 분석한 적이 있었다. 감시카메라의 설치는 당연히 범죄 예방과 감소에 효과가 있음은 많이 알려진 사실이다. 하지만 감시카메라가 과연 어느 정도 범죄 예방이 가능하고, 그것을 화폐 가치로 환산을 해서 설치에 필요한 투자비를 능가할 수 있는가를 객관적인 수치로 제시해야만 했다.

담당자와의 인터뷰, 논문, 연구보고서, 통계자료 등을 참조하여 투자 타당성의 논리를 구성했다. 그것은 '범죄율 감소에 따른 사회적 비용의 감소' 관점으로 1대의 감시카메라가 어떤 유형의 범죄에 어느 정도의 범죄율 감소에 기여하는지를 분석했다. 그렇게 해서 1건의 범죄가 어느 정도의 사회적 비용을 초래하는지를 분석했다.

<표 51> CCTV 감시 대상 범죄로 인한 사회적 비용 분석 표(예시)

구분	발생(건)	1건당 사회적비용 (백만원)	총 사회적 비용 (백만원)
강도	516	46	23,672
방화	1,233	3,689	4,549,092
폭행	125,217	9	1,180,687
절도	164,143	2	317,062
합계	291,109	3,746	60,705,13

　나는 여러 가지 범죄 유형 중 CCTV에서 감시가 가능한 5가지를 대상으로 분석했다.

　앞에 <표 51> CCTV 감시 대상 범죄로 인한 사회적 비용 분석에 건당 비용은 사회적 비용을 의미하는 것으로, 범죄 예방을 위한 경찰의 보호 조치, 예방 행위, 범죄 대응, 보호 감호 등을 금액으로 환산한 것이다. 그것은 재산 손실, 정신적·육체적 충격, 생산성 손실, 피해자 지원 비용, 의료 비용이 포함된 금액이다.

<표 52> CCTV 구축 사업에 따른 B/C 분석 결과 표

(단위: 백만 원)

년도	편익(B)	편익 현가	비용(C)	비용 현가	B/C	NPV[39]	IRR[40]
2019	-	-	1,972	1,972	0.000	-1,972	
2020	3,024	2,950	1,135	1,107	2.666	1,844	
2021	3,024	2,878	1,163	1,107	2.601	1,772	
2022	3,024	2,808	1,191	1,106	2.539	1,702	
2023	2,329	2,110	746	676	3.120	1,434	
2024	2,329	2,058	765	676	3.045	1,382	
2025	2,329	2,008	784	676	2.972	1,332	
2026	938	789	666	560	1.408	228	
2027	938	770	682	560	1.374	209	
2028	938	751	699	560	1.341	191	
2029	938	732	717	560	1.308	173	
계	19,809	17,854	10,519	9,559	1.868	8,295	0.87

　〈표 52〉 CCTV 구축 사업에 따른 B/C 분석 결과 표에 따르면 초기 구축 비용이 약 19억 원 정도이며, 10년간 약 95억 원 정도의 총비용(비용 현가 기준)이 발생한다. 이에 비해서 편익은 약 178억 원의 이득이 생기는 것으로 계산되었으며, B/C는 1.868로서 투자의 타당성이 있다는 결론을 얻었다.

　그리고 CCTV의 특성상 설치 즉시 효과가 나타난다는 것이 다

---

39)　Net Present Value(순현재 가치)
40)　Internal Rate of Return(내부 수익율)

　　　　　　　　　　　　　　　　정보전략계획 ISP 수립 실무

른 시스템과 다른 점도 반영했다. 그리고 일반 감시카메라 대비 인공지능 감시 카메라의 효과도 반영했다.

사실 이러한 작업들은 경영학적 접근이 필요하고, 그 분야의 전문가가 하면 좋겠지만 요즈음 ISP는 과거와 달리 투자의 타당성을 객관적으로 요구하는 일이 많아지고 있다. 그러한 동향은 점차 더 구체적으로 요구할 것으로 생각한다. 따라서 IT 분야의 컨설턴트도 숙지해야만 한다.

정량적 기대효과 산출을 위한 방법(계산식)은 비교적 쉬우므로 이것보다는 기대효과 항목을 발굴하는 노력이 더 필요하다. 어떤 관점으로 기대 항목을 설정하는가에 따라서 그 방향과 대상이 결정된다. 산출 방식은 그다음의 문제이다.

'사무자동화로 인한 기대효과를 종이값 절감으로만 볼 것인가?', '추가로, 탄소 배출량 감소도 볼 것인가?'와 같이 관점에 따라서 그 기대효과 결과값은 달라질 수 있다는 뜻이다.

요즘 전 세계적으로 ESG(Environmental, Social, Governance) 경영이 화두가 되고 있고, 그중 탄소배출이 가장 중요한 관리 요소가 되고 있다. 그래서 탄소 배출량 감소를 기대효과로 고려한 것이며, 이러한 사회적 동향에 따라서 기대효과의 관점과 대상이 변화할 수 있다는 뜻이다.

이행 계획 수립이 끝났으니 이제 100%가 완성되었다.

컨설턴트는 점쟁이가 아니다

돌이켜 보면 ISP 프로젝트를 많이 했지만, 그중 나 스스로 만족을 했던 프로젝트는 별로 없다. 1장에 50만 원짜리라고 내세울 만한 보고서는 없다는 뜻이다.

프로젝트를 시작할 때는 늘 의욕에 차서 흥분되는 마음을 가라앉히며 시작하지만 뜻대로 진행되는 경우가 별로 없었다. 예상치 못했던 상황이 생기거나, 나 스스로 안일하게 진행하려고 했거나, 납기에 쫓겨서 허둥지둥했기 때문에 그런 것일 것이다.

아무튼 컨설턴트는 점쟁이가 아니다. 보지도 않고 현상을 알아맞히거나 주사위를 던져서 미래를 예측하는 사람이 아니라는 뜻이다. 때로는 그럴 수만 있으면 참 좋겠다는 허망한 생각을 해보기도 한다.

꽤 오랜 기간 동안 컨설팅을 하면서 느낀 점은 컨설팅은 내가 하고 싶은 말을 하는 것이 아니고, 고객이 듣고 싶은 말을 글로 제공하는 것이라는 것이다. 그렇게 하기 위해서는 입을 닫고 귀를 열어서 고객의 말을 많이 들어야 하고, 그 고객의 말을 체계적으로 정리해서 보고서로 제출하는 것이다.

그런데 '내가 이 일에 적성이 안 맞나? 능력이 안 되나?'라는 의문이 드는 것이다. 글을 쓰는 직업이지만 내가 쓴 글을 며칠 뒤에 다시 봐도 이해가 안 되거나, 앞뒤가 안 맞거나, 문장 자체가 문법에도 안 맞고 오자, 탈자가 여기저기서 발견되면 회의감조차 느낄 때가 있다.

현황분석 단계에서 미래 모형이 들락거리고, 미래 모형 수립 단계에서 분석에 관한 내용이 수두룩하다. 그나마 방법론 절차대로 작업을 하는데도 불구하고 이런 실수가 비일비재하게 생긴다.

더 큰 문제는 컨설턴트 중에는 그러한 문제를 별로 심각하게 생각하는 사람이 없다는 것이다. 기술적인 내용이 중요하지 비논리적이거나 문법에 어긋나는 그런 것들이 뭐 그렇게 중요하냐고 반문한다.

테크니컬 라이팅(Technical Writing)이라는 말이 있다.

미국에서 생긴 용어로 알고 있는데, 엔지니어의 보고서 작성 능력을 키워 주기 위한 것이다. 필수 과목으로 이수해야 졸업하는 대학교도 있다고 한다. 공과 계통의 공부를 했거나 일을 하는 사람들은 대체적으로 보고서 작성이 서투르다. 아마 사람보다는 기계하고 상대하는 시간이 많아서 그런가 보다.

아무튼 ISP의 결과물은 보고서이고 그 보고서는 여러 사람이 보는 문서이다. 당연히 눈에 거슬리는 논리나 문장은 없어야 한다.

내가 이렇게 보고서 문장에 신경 쓰기 시작한 이유는, 모 프로젝트에서 담당 부서의 책임자가 느닷없이 종방향 서술식으로 바꾸어 달라고 요구하는 일이 있었다.

약 1,000장이 넘는 파워포인트 횡보고서를 말이다. 그 이유는 제출받은 파워포인트 횡서식은 도형이 많아서 누군가 설명해 주지 않으면 혼자서 읽으면서 이해하기가 불가능하다는 것이었다. 이것은 발표용 자료이지 보고서가 아니라는 것이다. 보고서 안에 그림과 도형 등에 위치와 논리를 파악해 가면서 읽어야 하는데, 잘 이해가 안 되면 당신이 언제든지 와서 설명해 줄 수 있느냐는 것이었다.

몇 차례 실랑이하다가 결국은 연구보고서와 같은 형태로 A4 종방향으로 200장 정도로 요약해서 작성하기로 합의를 보았다. 계약에 없었던 사항이지만 이 세상에 갑보다 똑똑하거나 힘센 을이 있겠는가? 몇 명이서 단계별로 나누어서 다시 쓰기 시작했지만 모두 대학 때 작성한 논문 이외에는 이렇게 작성해 본 적이 별로 없는 사람들이었다. 정말 지루하고 힘든 작업이었다.

며칠 뒤에 그분이 작성하고 있는 것을 가져와 보라고 해서 가져갔더니, 웃으면서 이렇게 쓰면 안 된다고 하면서 작성 방법을 가르쳐 주었다. 이때 처음으로 알게 된 것이 개조식 문장의 작성 방법이었다.

개조식과 서술식 문장을 혼용하면서 보름 만에 보고서가 완성되었고, 검수 승인을 받았다. 납기를 거의 한 달이나 지나쳐서 말이다. 그때 이후로 나는 여러 차례 연구 과제를 수행하면서 종방향으로 서술식 혹은 개조식으로 보고서를 작성했다.

그래서 나는 종방향이나 횡방향이나 별 부담 없이 보고서를 작성하고 있지만, 논리와 문장은 여전히 거칠기만 하다. 지금도 특히 종서식 보고서로 작성하는 프로젝트를 시작하면 글을 많이 써야 한다는 걱정이 앞서기도 한다.

그래도 나는 이 일이 좋다. 가능하다면 다시 태어나도 이 일을 하고 싶다. 늘 새롭고 창조적인 것이 좋기 때문이다.

정보전략계획 ISP 수립 실무

추천 도서

ISP 컨설턴트가 갖추어야 할 여러 가지 능력 중에서 역시 보고서 작성이 가장 중요하다. ISP는 보고서로 말해야만 한다. 프로젝트가 끝나면 모두가 떠나고 남는 것은 보고서뿐이다. 고객이나 개발자가 이 보고서를 보았을 때 눈에 거슬리거나 이해가 되지 않는 부분은 없어야 한다는 뜻이다.

요즘도 비즈니스 프로세스 관련 책들이 많이 나오고 있지만 마이클 해머 박사의 비즈니스 프로세스 관련 책을 추천한다. 고전과 같이 오래된 책이지만 나는 프로세스를 이해하기에는 가장 좋다고 생각하고, 요즘도 필요할 때마다 읽어 본다.

『리엔지니어링 기업혁명』
『아젠다』
『리엔지니어링 그 이후』

오래된 책이라서 인터넷에 중고 서적이 간혹 있을 수 있다. 그리고 보고서를 잘 쓰기 위해서 아래와 같은 책을 추천한다. 이 책들은 효과적으로 보고서를 작성하는 방법에 대해서 안내를 해 주고 있으며, 한글 문법과 일본식, 중국식 표현을 방지하는 방법에 대해도 안내하고 있다. 나 같이 이공계 출신으로 평생을 기술 분야에서 일하는 사람들은 꼭 읽어 보기를 바란다.

배상복, 『글쓰기 정석 - 일반인을 위한』, 경향미디어, 2006

백우진, 『글은 논리다』, 필맥, 2011

토머스 E. 피어설, 김양숙 옮김, 『테크니컬 라이팅의 7가지 원리』, 북코리아, 2014

임재춘, 『한국의 이공계는 글쓰기가 두렵다』, 북코리아, 2006

유세환, 『결론부터 써라』, 미래의 창, 2015

이오덕, 『우리 문장 쓰기』, 한길사, 1992

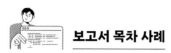

보고서 목차 사례

보고서 목차 사례 1

I.사업개요	사업 배경 및 목적	
	사업 수행방법 및 절차	
	사업수행 일정	
	사업 수행 조직	
II.환경분석	경영환경분석	경영환경 분석 개요
		정책환경
		경제환경
		사회환경
		분석 종합
	법령/제도분석	법령/제도 분석 개요
		법령 분석
		제도 분석
		분석 종합
	정보기술(IT) 환경분석	정보기술(IT) 환경분석 개요
		적용기술 선정
		적용기술 분석
		적용성 평가
		분석 종합
	이해관계자 분석	이해관계자 분석 개요
		이해관계자 식별
		이해관계자 분석
		분석 종합
	환경분석 종합	시사점 종합 및 To-Be 방향성 도출
III.현황분석	업무현황분석	업무현황 분석 개요
		00병원의 수행 기능과 역할
		00병원의 기능별 운영 전략
		조직 및 인력 운영 계획
		분석결과 목표모델 반영 방향
	정보기술(IT) 현황분석	정보기술(IT) 현황분석 개요
		병원 의료정보시스템 구성 계획(안)
		의료정보시스템 구축을 위한 H/W 목록(안)
		네트워크 장비 도입(안)
		보건안전관리시스템
		온라인 대면 서비스
		분석결과 목표모델 반영 방향
	벤치마킹	벤치마킹 개요
		벤치마킹 기준 및 대상
		벤치마킹 실시
		차이(GAP) 분석
		분석결과 목표모델 반영 방향
	설문 및 면담	설문 및 면담 개요
		설문 실시 및 결과분석
		면담 실시 및 결과분석
		분석결과 목표모델 반영 방향
	이슈통합 및 개선과제 도출	

IV.정보화 비전 및 전략 수립	정보화 비전 및 전략 수립 개요	
	정보화 비전 및 전략체계	
	To-Be 개선과제 구조	
	EMR/OCS 병원정보시스템	EMR/OCS시스템 구축(진료, 간호)
		온라인 재활용/의무기록발급시스템
		원무관리
		PACS시스템 구축
	병원행정시스템	인사관리
		구매관리
		자산관리
		재무회계관리
		예산관리
	스마트시스템	모바일
		키오스크(진료접수, 수납, 기초검사)
		스마트병실(SBS, 병실사이니지, 병상사이니지)
		외래통합안내(진료대기, 진료현황)
		환자안전관리(CLMA)
	특화시스템	비대면진료시스템
		건강관리시스템
	업무지원시스템	그룹웨어
		CTI
		CRM
		홈페이지
	데이터기반 지능형시스템	BI
		CDW
		스마트 통계정보시스템(BI) 구축
	데이터 표준화 및 관리 방안	데이터 표준화 방안
		데이터 관리 방안
	내·외부 정보연계	내부연계
		외부연계
	디지털 인프라	
	정보시스템 보안	
	정보화 거버넌스체계 수립	정보화 거버넌스체계 수립 개요
		정보시스템 관리 조직(안)
		정보시스템 관리 규정(안)
		정보화 사업관리 규정(안)
		정보시스템 보안관리 규정(안)
V.통합 이행계획 수립	통합 이행계획	과제 우선순위
		사업 진행 로드맵
		사업 추진 체계
	총구축비 산출	총구축비
		To-Be 과제 별 소요 비용
	효과분석	정성적 효과
		정량적 효과
	제안요청서	

보고서 목차 사례 2

L1	L2	L3	II. 환경분석 L4
1. 환경분석 개요	1.1 분석개요	1.1.1 분석 Framework	
		1.1.2 분석 Approach	
2. 경영환경분석		2.1.1 정책환경	2.1.1.1 100대 국정과제
			2.1.1.2 방송영상산업 중장기 계획
			2.1.1.3 통합방송법 개정 현황
			2.1.1.4 국가브랜드 관리
		2.1.2 경제환경	2.1.2.1 GDP와 주요국 방송시장 규모
			2.1.2.2 방송 및 콘텐츠 산업 규모
			2.1.2.3 지상파 매출액 변화
			2.1.2.4 데이터 경제의 부상
		2.1.3 사회환경	2.1.3.1 전통 미디어의 위기
			2.1.3.2 미디어 환경의 변화
			2.1.3.3 가짜 뉴스 확대
			2.1.3.4 1인 미디어 영향력
		2.1.4 기술환경	2.1.4.1 5G 서비스로 인한 디지털 미디어 환경 변화
			2.1.4.2 방송 인프라 환경 변화
			2.1.4.3 방송 제작 환경의 클라우드
			2.1.4.4 실감형 미디어 기술
			2.1.4.5 방송 분야 인공지능 도입
	2.2 경영전략 분석	2.2.1 경영전략체계	
		2.2.2 조직현황	
		2.2.3 전략목표별 상세분석	2.2.3.1 방송콘텐츠 공익성 강화 (콘텐츠 제작)
			2.2.3.2 미디어 국제교류 활성화 (콘텐츠 유통)
			2.2.3.3 사회적 가치 구현 경영 (경영관리)
		2.2.4 주요 경영평가실적	2.2.4.1 글로벌 방송 네트워크
			2.2.4.2 글로벌 방송 역량
			2.2.4.3 방송기술 개발역량
			2.2.4.4 업무혁신
			2.2.4.5 글로벌 채널 경쟁력
			2.2.4.6 소관부처 어현화
			2.2.4.7 방송 인프라
			2.2.4.8 경쟁 방송사 비교
3. 법제도분석	3.1 관련 법제도식별	3.1.1 정보화 관련 법령 분석 개요 및 대상 선정	
	3.2 법·제도 영향분석	3.2.1 개인정보보호법	
		3.2.2 국가정보화기본법	
		3.2.3 전자정부법	
		3.2.4 정보통신망 이용촉진 및 정보보호 등에 관한 법률	
4. 기술동향분석	4.1 분석 개요	4.1.1 분석 Framework	
	4.2 적용기술 선정	4.2.1 Gartner Hype Cycle	
		4.2.2 국내외 기관 정보기술 예측 변화	
		4.2.3 범정부 기술참조모델(TRM, Technical Reference Model) 개요	
		4.2.4 IT Trend 및 TRM 기반의 적용기술 선정	
	4.3 적용기술 분석	4.3.1 AI(Artificial Intelligence)	
		4.3.2 IoT(Internet of Things)	
		4.3.3 Big data	
		4.3.4 Cloud computing	
		4.3.5 5G	
		4.3.6 AR/VR	
		4.3.7 Blockchain	
		4.3.8 Smart Device	
		4.3.9 HTML5	
		4.3.10 ESB (Enterprise Service Bus)	
		4.3.11 ERP (Enterprise Resource Planning)	
		4.3.12 BPM (Business Process Management)	
		4.3.13 EDMS (Electronic Document Management System)	
		4.3.14 DW (Data Warehouse)	
		4.3.15 EP (Enterprise Portal)	
		4.3.16 ESM (Enterprise Security Management)	
		4.3.17 DB 암호화	
		4.3.18 DRM (Digital Rights Management)	
		4.3.19 서버 가상화	
		4.3.20 데스크톱 가상화	
	4.4 적용성 평가	4.4.1 평가 개요	
		4.4.2 기술 적용성 평가	
5. 시사점 분석	5.1 분석종합	5.1.1 분석대상별 시사점 도출	
6. 정보화 방향성 수립	6.1 정보화 방향성 수립 개요	6.1.1. 방향성 수립 Framework	
	6.2 SWOT 분석	6.2.1 분석 개요	
		6.2.2 환경요인 식별	
		6.2.3 전략대안 도출	
	6.3 정보화 방향성 도출	6.3.1 핵심성공요인(CSF) 도출	
		6.3.1 핵심정보화요구사항(CIR) 도출	
		6.3.3 정보화 전략 방향성 정의	

정보전략계획 ISP 수립 실무

보고서 목차 사례 2-2

		III. 현황분석	
L1	L2	L3	L4
1. 현황분석 개요	1.1 분석개요	1.1.1 분석 Framework	
		1.1.2 분석 Approach	
2. 업무 현황분석	2.1 개요	2.1.1 업무 현황분석 개요	
		2.1.2 업무 현황분석 Framework	
	2.2 Value Chain 정의	2.2.1 Value Chain 정의	
	2.3 업무 기능 분류	2.3.1 개요	
		2.3.2 업무 기능 분류체계 수립 방안	
		2.3.3 업무 기능 구성도	
		2.3.4 업무 기능 분류체계	
	2.4 업무 프로세스 정의	2.4.1 개요	
		2.4.2 Notation 정의	
		2.4.3 업무 프로세스 정의	2.4.3.1 업무 프로세스 정의서
			2.4.3.2 업무 프로세스 맵
			2.4.3.3 업무 활동 정의서
			2.4.3.4 주요 현황 및 문제점
	2.5 핵심 이슈 분석	2.6.1 핵심 이슈 도출	
		2.6.2 핵심 이슈 목록	
	2.7 개선기회 도출	2.7.1 업무 개선기회	
3. 응용시스템 현황분석	3.1 개요	3.1.1 분석 Framework	
		3.1.2 분석 Approach	
	3.2 응용시스템 구성	3.2.1 분석개요	
		3.2.2 응용시스템 구성도	
		3.2.3 응용도메인 정의	
	3.3 응용시스템 프로파일	3.3.1 분석개요	
		3.3.2 프로파일 현황	3.3.2.1 방송정보시스템(BIS)
			3.3.2.2 프로그램 자동송출 시스템(APC)
			3.3.2.3 뉴스시스템(ANS)
			3.3.2.4 제작시스템(NPS)
			3.3.2.5 방송제작시스템
			3.3.2.6 다언어시스템
			3.3.2.7 오디오파일시스템(DALET)
			3.3.2.8 라디오방송시스템
			3.3.2.9 웹서비스(홈페이지, 모바일)
			3.3.2.10 인터넷방송
			3.3.2.11 대본게시판
			3.3.2.12 미디어자산관리시스템(MAM)
			3.3.2.13 아카이브시스템
			3.3.2.14 경영정보(C/S)
			3.3.2.15 자료관리(C/S)
			3.3.2.16 웹메일서비스
			3.3.2.17 그룹웨어
			3.3.2.18 성과관리
			3.3.2.19 무선랜서비스
	3.4 응용시스템 기능구조	3.4.1 분석개요	
		3.4.2 기능 현황	3.4.2.1 방송정보시스템(BIS)
			3.4.2.2 프로그램 자동송출 시스템(APC)
			3.4.2.3 뉴스시스템(ANS)
			3.4.2.4 제작시스템(NPS)
			3.4.2.5 방송제작시스템
			3.4.2.6 다언어시스템
			3.4.2.7 오디오파일시스템(DALET)
			3.4.2.8 라디오방송시스템
			3.4.2.9 웹서비스(홈페이지, 모바일)
			3.4.2.10 인터넷방송
			3.4.2.11 대본게시판
			3.4.2.12 미디어자산관리시스템(MAM)
			3.4.2.13 아카이브시스템
			3.4.2.14 경영정보(C/S)
			3.4.2.15 자료관리(C/S)
			3.4.2.16 웹메일서비스
			3.4.2.17 그룹웨어
			3.4.2.18 성과관리
			3.4.2.19 무선랜서비스
	3.5 응용시스템 연계	3.5.1 분석개요	
		3.5.2 연계 현황	3.5.2.1 방송정보시스템(BIS)
			3.5.2.2 프로그램 자동송출 시스템(APC)
			3.5.2.3 뉴스시스템(ANS)
			3.5.2.4 웹서비스(홈페이지, 모바일)
			3.5.2.5 인터넷방송
			3.5.2.6 미디어자산관리시스템(MAM)
			3.5.2.7 아카이브시스템
			3.5.2.8 경영정보(C/S)
	3.6 정보화 요구사항	3.6.1 분석개요	
		3.6.2 요구사항 분석	
	3.7 업무 Coverage 분석	3.7.1 분석개요	
		3.7.2 커버리지 분석	
	3.8 핵심 이슈 분석	3.8.1 핵심 이슈 도출	
		3.8.2 핵심 이슈 목록	
	3.9 개선기회 도출	3.9.1 응용시스템 개선기회	

보고서 목차 사례 2-3

4. 데이터 현황분석	4.1 개요	4.1.1 분석 Framework	
		4.1.2 분석 Approach	
	4.2 데이터 구성	4.2.1 분석개요	
		4.2.2 데이터 구성도	
		4.2.3 데이터 구성정의	
	4.3 데이터 관리체계	4.3.1 분석개요	
		4.3.2 데이터 관리 현황	4.3.2.1 데이터 표준화
			4.3.2.2 데이터 품질관리
			4.3.2.3 공공데이터 현황
	4.4 핵심 이슈 분석	4.4.1 핵심 이슈 도출	
		4.4.2 핵심 이슈 목록	
	4.5 개선기회 도출	4.5.1 데이터 개선기회	
5. 인프라 현황분석	5.1 개요	5.1.1 분석 Framework	
		5.1.2 분석 Approach	
	5.2 인프라 시스템 구성도	5.2.1 시스템 구성도	
	5.3 HW 구성 현황	5.3.1 HW 구성현황	
		5.3.2 HW 장비목록	
		5.3.3 HW 리소스 사용현황	
		5.3.4 스토리지 사용현황	
		5.3.5 HW 종합 분석	
	5.4 NW 구성 현황	5.4.1 NW 구성현황	
		5.4.2 NW 장비목록	
		5.4.3 NW 장비 사용 현황	
		5.4.4 NW 종합 분석	
	5.5 SW 구성 현황	5.5.1 SW 구성현황	
		5.5.2 DB 구성현황	
		5.5.3 백업 구성현황	
		5.5.4 SW 종합 분석	
	5.6 인프라 현황 종합 시사점	5.6.1 주요 이슈 도출	
		5.6.2 인프라 현황 시사점	
	5.7 개선기회 도출	5.7.1 인프라 개선기회	
6. 보안 현황분석	6.1 개요	6.1.1 분석 Framework	
		6.1.2 분석 Approach	
		6.1.3 보안 현황분석 기준	
	6.2 정보보안 관리체계 현황	6.2.1 정보보안 관리체계 현황	
		6.2.2 정보보안 지침 현황	
		6.2.3 보안 침해사고 대응체계	
		6.2.4 정보보안 국정원 최근 진단 현황	
		6.2.5 주요 정보보안 이슈 현황(침해사례 보고체계 미흡)	
		6.2.6 정보보안 관리체계 종합 분석	
	6.3 위험분석 진단	6.3.1 위험분석 프로세스	
		6.3.2 위험분석 프로세스 세부사항	
		6.3.3 주요 자산식별	
		6.3.4 주요 시스템 위험분석	
		6.3.5 모의해킹 및 웹취약점 분석	
		6.3.6 소스코드 보안약점 진단	
		6.3.7 위험분석 현황 종합 분석	
	6.4 정보보안 인프라 현황	6.4.1 정보보안 장비 구성도	
		6.4.2 정보보안 장비 현황	
		6.4.3 정보보안 인프라 종합 분석	
	6.5 정보보안 현황 진단	6.5.1 정보보호관리체계(ISMS-P) 주요 점검항목별 진단	
		6.5.2 진단결과 분석	
	6.6 개인정보 현황	6.6.1 분석개요	
		6.6.2 개인정보파일 현황	
		6.6.3 개인정보흐름 및 현황	
	6.7 핵심 이슈 분석	6.7.1 핵심 이슈 도출	
		6.7.2 핵심 이슈 목록	
	6.8 개선기회 도출	6.8.1 보안 개선기회	

보고서 목차 사례 2-4

7. IT 거버넌스 현황	7.1 개요	7.1.1 분석 Framework	
		7.1.2 분석 Approach	
	7.2 정보시스템 관리체계 현황	7.2.1 IT 조직 및 인력현황	
		7.2.2 정보화 규정 운영 현황	
		7.2.3 IT 서비스 체제 현황	
	7.3 정보시스템 운영성과 진단	7.3.1 운영성과 진단 개요	
		7.3.2 운영성과 진단 결과	
	7.4 핵심 이슈 분석	7.4.1 핵심 이슈 도출	
		7.4.2 핵심 이슈 목록	
	7.5 개선기회 도출	7.5.1 IT 거버넌스 개선기회	
8. 방송인프라 현황	8.1 방송 시스템 현황	8.1.1 방송 제작 시스템 현황	
		8.1.2 (실별) 방송 장비 목록	8.1.2.1 방송 부문
			8.1.2.2 라디오 부문
			8.1.2.3 디지털콘텐츠 부문
	8.2 방송인프라 요구사항	8.2.1 분석개요	
		8.2.2 관련 현안 도출	
	8.3 핵심 이슈 분석	8.3.1 핵심 이슈 도출	
		8.3.2 핵심 이슈 목록	
	8.4 개선기회 도출	8.4.1 방송인프라 개선기회	
9. 벤치마킹	9.1 개요	9.1.1 수행 Framework	
		9.1.2 수행일정 및 경과	
	9.2 수행결과	9.2.1 벤치마킹 대상 및 재단 현황	
		9.2.2 대상 기관 선정 및 현황	
		9.2.3 벤치마킹 결과	

보고서 목차 사례 2-5

		IV. 목표모델설계	
L1	L2	L3	L4
1. 정보화 전략체계 수립	1.1 전략체계 수립 개요	1.1.1 전략체계 수립 Framework	
		1.1.2 전략체계 수립 Approach	
		1.1.3 전략체계 구성	
	1.2 정보화 비전 수립	1.2.1 비전 수립 개요	
		1.2.2 정보화 비전	
	1.3 정보화 추진체계 수립	1.3.1 추진체계 수립 개요	
		1.3.2 경영전략 연계	
		1.3.3 정보화 실행과제 도출	
		1.3.4 정보화 추진체계	
	1.4 정보화 전략체계 수립	1.4.1 정보화 전략체계도	
		1.4.2 정보화 과제 요약	
2. To-Be 목표모델	2.1 목표모델 이미지	2.1.1 목표모델 개념도	
3. 목표 업무 프로세스 설계	3.1 개요		
	3.2 목표 업무 프로세스 설계 방향성		
	3.3 목표 업무 구성도		
	3.4 목표 업무 기능 분할도		
	3.5 목표 업무 프로세스 정의	3.5.1 전략기획	
		3.5.2 인사급여	
		3.5.3 ○○○	
		3.5.x ○○○	
	3.6 목표 업무 기능 관계도		
4. 정보화 과제 추진 방안	4.1 통합ERP시스템 구축	4.1.1 정보화 과제 정의서	
		4.1.2 목표모델 개념도	
		4.1.3 As-Is vs. To-Be	
		4.1.4 경영부문 ERP 시스템 구축	4.1.4.1 이행과제 정의서
			4.1.4.2 경영부문 ERP 시스템 개념도
			4.1.4.3 응용시스템 구성 및 기능설계
			> 전략기획
			> 인사급여
			> xxxxx
			> ○○○
			4.1.4.4 데이터 개념설계
			> 핵심 엔터티 정의
			> 개념데이터 모델링
			4.1.4.5 기술기반 설계
			> 하드웨어 구성도
			> 소프트웨어 구성도
			> 네트워크 구성도
			> 보안 구성도
			4.1.4.6 규모 산정
			4.1.4.6 구축 일정
			4.1.4.7 추진 조직
			4.1.4.8 기대효과
	4.2 ○○○ 시스템 구축	4.2.1 정보화 과제 정의서	
		4.2.2 목표모델 개념도	
		4.2.3 As-Is vs. To-Be	
		4.2.4 ○○○	4.2.4.1 이행과제 정의서
			4.2.4.2 ○○○개념도
			4.2.4.3 ○○○

정보전략계획 ISP 수립 실무

보고서 목차 사례 2-6

L1	L2	L3
1. 통합이행계획 수립 개요	1.1 수립 개요	1.1.1 통합이행계획 수립 Framework
		1.1.2 통합이행계획 수립 Approach
	2.1 이행과제 정의	2.1.1 이행과제 도출
		2.1.2 이행과제 정의서
2. 이행계획 수립	2.2 이행과제 우선순위 평가	2.2.1 평가 개요
		2.2.2 우선순위 평가항목
		2.2.3 우선순위 평가결과
		2.2.4 우선순위 평가결과 분석
	2.3 이행과제 연관관계	2.3.1 이행과제간 연관관계 분석
	2.4 이행과제 추진 로드맵	2.4.1 중장기 정보화 추진 로드맵
3. 소요예산 계획 수립	3.1 소요예산 계획 개요	3.1.1 소요예산 산정절차
		3.1.2 소요예산 구성내역
	3.2 연도별 이행과제 추진 비용	3.2.1 이행과제 소요예산 종합
	3.3. 이행과제별 상세 예산 내역	3.3.1 이행과제 #1
		3.3.2 O O O
		...
4. 사업 추진 체계 수립	4.1 사업추진 조직	
	4.2 조직별 R&R 정의	
5. 기대효과	5.1 정성적 기대효과	
	5.2 정량적 기대효과	

V. 통합이행계획

L1	L2	L3
1. 변화관리 개요	1.1 필요성	
	1.2 변화관리 정의	
	1.3 변화관리 요소	
	1.4 변화관리 메커니즘	
2. 변화관리 수립	2.1 영역별 수행내역	
	2.2 변화관리 모델 적용 활용내역	
	2.3 변화관리 추진 및 의사결정 체계 구축	
	2.4 교육 및 홍보	
3. 성공적인 변화관리	3.1 지속적인 변화관리	
	3.2 변화관리의 성공을 위한 요인	

VI. 변화관리